U0898513

汉译经典

〔古希腊〕柏拉图 著
吴献书 译

理想国

译林出版社

目　录

第一章　财产　公道　节制
及以上三者之敌对

问答中之人物

苏格拉底　克拉根[①]　哀地孟德[②]　派拉麦克[③]　塞弗拉[④]　斯拉雪麦格[⑤]　克立托分[⑥]　旁听者数人

以下之问答经苏格拉底于问答之翌日在贝而斯[⑦]塞弗拉家述于泰茂、罕莫克拉底、克立吸及一无名之人之前。

余（苏格拉底）昨日偕哀里斯敦[⑧]之子克拉根至贝而斯。以欲祷于女神。并一观该地人若何举行此极盛之赛会。盖此为本届创举也。既至。吾侪祷神后。观览赛会。意甚愉快。司拉司[⑨]人之赛会。亦颇不弱。久之游兴既阑。准备入城。适为塞弗拉之子派拉麦克所见。彼饬其仆致意。此仆自余身后牵衣曰："派拉麦克君请君等少待。"

---

① 今译为"格劳孔"。
② 今译为"阿得曼托斯"。
③ 今译为"玻勒马霍斯"。
④ 今译为"克法洛斯"。
⑤ 今译为"色拉叙马霍斯"，诡辩派哲学家。
⑥ 今译为"克勒托丰"。
⑦ 今译为"比雷埃夫斯港"，希腊港口名。
⑧ 今译为"阿里斯同"。
⑨ 今译为"色雷斯"，现属希腊。

余反顾。见为派拉麦克之仆。因询其主人何在。

仆：君许稍待。吾主人即至矣。

克拉根：我侪自当稍待之。

不转瞬间。派拉麦克已至。其同行者为克拉根之弟哀地孟德。牛锡之子牛赛拉得。及顷亦在场观览赛会之数人。

派拉麦克：苏格拉底。汝曹已将回城乎？

苏：然。

派：然则汝见吾曹人数之多乎。

苏：然。

派：岂汝较吾侪为强耶。不然者。汝当留此。

苏：余拟说汝曹容吾曹回城可乎。

派：如吾侪不乐闻汝言。汝又乌能说。

克：是诚不能。

派：然则决不听汝言。汝可无疑矣。

哀地孟德：今宵有马上执火炬赛跑。而为女神寿者。汝曹尚未知之乎。

苏：有马乎。诚创举也。骑马人于赛跑时。以火炬互相授受乎。

哀：然。不特此也。今晚礼神。仪节上尚别有一番盛况。亦汝曹所当一观者。吾侪晚餐后。当即莅止。届时彼处想有多数之青年人在。吾侪可借此畅谭。故余为汝计。毋再固执。且住为佳也。

克：感汝殷勤遮留。吾侪亦讵能过拂盛意。

苏：甚善。

余等遂偕派拉麦克至其家。见其弟兄连歇斯及雨雪地麦。开而雪杜牛之司拉雪麦格。彼牛之楷莫乃斯。及哀李斯托泥麦之子克立托分。少长咸集。派拉麦克之父塞弗拉亦在座。此公年已甚迈。

余久不晤矣。是时伊方深坐一软垫之椅。头冠花圈。盖正预备献祭事也。室中其余多椅。列成半圆形。吾侪遂各就坐于塞弗拉旁。伊款余甚殷。且曰。

苏格拉底。汝久未来顾我矣。设余能出外晤汝。则余亦无须汝来。然年老如余。不复能进城过访。故望汝能来此较殷。盖凡人体质上之快乐愈减。谭话上之快乐愈增。此余所以望汝弗拒吾请。竟以此间为汝消遣地。并可常与此三五青年长日盘桓。虽吾一日长乎尔。毋拘束可也。

苏：塞弗拉君。以余一人而论。余诚乐与高年人纵谭。盖余素视高年人为已尝经历绝远路程之旅行家。而此路程或亦为余将来所必至。故余对于过来人。深愿一询此程途之难易险夷。今年已届诗人所谓“老年之阶”。余所愿相质正者。即人之一生果至老而更难乎。抑汝别有所以告余者。

塞：苏格拉底。余当以余一己之感触告汝。吾侪年迈之人。正如谚所谓鸟以类聚。每好集合共处。絮絮谈心。然最普通之谈话。无非“余不能食矣”。或“余不能饮矣”。“少年时与爱情上之快乐。均成过去事矣。”“回忆快乐时代。曾几何时。而今何在。此生其已矣。”怪其亲戚之忽视者有之。以老年为种种苦难之因者有之。以余观之。是皆不然。盖老年果为种种困苦之原因。则余与其他老人。当有同等之感触。顾余与余素所识者。绝无此等之经历。故余敢断言若曹之怨。诚未得其当。余尝记昔有人问年老之诗人沙弗克里[①]曰。“情欲犹于老年时代有用乎。汝仍为昔日之沙弗克里乎。”彼应声曰。“居吾语汝。余甚喜余已脱离汝曹所谓情欲一端矣。余觉脱离乎此。宛如脱离一狂暴之主人。”此言何其确哉。余

① 今译为“索福克勒斯”。索福克勒斯（公元前496—前406年），古希腊三大悲剧诗人之一。

每忆及此。辄叹服其言之真确。盖老年时代。情欲既灭。别有一种清静与自由之乐境。不特脱离一狂暴之主人。实脱离无数之狂暴之主人也。顷告汝之种种之怨天尤人。其原因实若曹之品性与情好使然。而非关老年也。盖凡具恬静而愉快之性情者。亦不觉其年老之压力。使性情而适相反。则老年与少年同此压力之负担也。

余颇佩其言。并欲其继续发言。故应之曰。汝言诚然。但余意常人或未必能深信汝言。彼人谓汝所以不觉年老之苦者。非汝具愉快之性情使然。实汝拥丰富之财产使然也。盖财产为安乐之要素。固人人所知也。

塞：汝言良是。人固不吾信也。彼人所言亦自成理。惟其理不充足耳。昔哀拉分[①]妄毁西米斯托克里[②]。谓彼能成名。非其功绩使然。实以彼为一雅典人耳。西米斯托克里应之曰。“虽然。设令易地而生。汝为此城之人。而余为汝城之人。则汝与余必均之不能成名矣。”

余今亦可以此语答彼老悖而不返省者。盖人之善而贫者。在老年固无如贫何。而尝有莫慰善人之憾。然彼恶而富者。虽少年亦夜气牿亡。滋多忧惧。安乐云乎哉。

苏：余欲一询汝之财产大半为祖宗所遗。抑皆汝所自得乎。

塞：大半为余所自得。汝更欲一知余所得为几何乎。余之生财能力。比较上在吾祖吾父之间。盖余祖所得之遗产。其多寡适如余今所现有。然彼经营生殖。既乃再倍三倍之。以授余父连衰泥斯[③]。余父逐渐销耗。至授余时不及余现有之数。故余将来遗

---

① 今译为“塞里福斯人”。

② 今译为“色弥斯托克勒”。公元前4世纪时期雅典著名政治家。

③ 今译为“吕萨略斯”。

产子孙时。能较余受自余父时为多。则余愿足矣。

苏：余所以发此问者即以此。余觉汝于财产上。毫不介意。盖自来得遗产者大半如此。非彼辛苦创业者所能也。彼创业者之爱财。不特如他人之仅以其功用利益而爱之。每以为财之创自己手。事良不易。而因生一种必使常为己有之爱心。正如诗人之爱己之著作。父母之爱己之子女也。然所见若此。斯为鄙矣。以其吐属不外乎称颂金钱而已也。

塞：此语甚确。

苏：固也。然余欲再进一问可乎。以汝观之。汝自财产上所得之幸福。何者为最大。

塞：仅一端耳。且余亦知此亦不易见信于人也。苏格拉底乎。容余详告汝。凡人至自知其将死时。辄有一种素所未有之恐怖及忧虑。缠绕于其脑中。即来世之说与今世行为上所应得之刑罚是也。人固平日视此为笑谭者。然至此则颇认其说之非虚。于是疑惑惊悸。纷至沓来。使之不得不回忆曩所开罪于人者为几何。人之所以至此时而有如是之景象者。大约以年老神衰之故。或又如飘泊扁舟将抵彼岸时。见解能较清晰耳。若曹设自知其罪恶非轻。则悲观过度。常如小儿之梦中跃醒。亦其势然也。然自省无愧之人。希望二字。确能为其年老时之看护。宾大[①]有言曰。“凡清心寡欲而以公道待人者。希望之在其心。力能滋养其灵性。安慰其老境。而为彼终身之良伴也。”噫、斯言何其高且确哉。至财产之所以能有利于人者。以人有财产。可终其身不致诈欺他人。惟其无诈欺之行为。故死时心中坦然。无祭神未诚之惧与旧债未偿

---

① 今译为“品达”。品达（约公元前 522—前 442 年），希腊著名抒情诗人，有“抒情诗人之魁”之称。

之忧。然此非指常人而言。盖恶人虽富。亦无补也。故以余观之。大凡识解远到之人。其于财产上所得之利益固甚多。而个中最大之一端。即心中安乐。而绝无恐怖之念也。

苏：甚善。然汝顷岂不云公道乎。公道之正义若何。不诳言而悉偿宿逋即公道乎。此外无他乎。且即此二端。竟无不适宜为公道之时乎。设有一友人。头脑清爽时。托军器于余。而至脑筋紊乱时。向余索还。余应取怀而予之乎。想无是理也。苟余竟还诸其人。谅又无以余为是者。盖人视余之不应偿还。无异于视余之不应诳语也。

塞：诚然。

苏：然则不诳言而偿债。不能为公道正确之解释也明矣。

派：设雪蒙拿(Simanides)[①]之主张可信。此解释固正确也。

塞：余须兴矣。因余当往观祭神。至公道之问题。当授之派拉麦克与在座诸公矣。

苏：为汝嗣子者。非派拉麦克乎。

塞：诚然。

遂含笑而去。余谓派拉麦克曰。辩论之嗣子乎。请告余以雪蒙拿之所谓公道。与汝自己之见解。

派：彼以偿债为公道。余觉此说颇正确。

苏：惜乎彼之明哲也。余又不能无疑于其言。彼所云者。汝或能了解。而我诚不能也。盖吾侪顷间所谓不应以存置己处之军器。偿还一脑筋紊乱之友人。彼必亦以为然。然他人之物。暂为吾有。吾负其责。非债而何。

---

① 今译为“西蒙尼得”。西蒙尼得（公元前556—前467年），希腊抒情诗人。

派：然。

苏：然则人当脑筋失常度之时。而索其存置于余之物。决不应偿之乎。

派：是决不能。

苏：汝谓雪蒙拿以偿债为公道。并不包括余所设喻之一端而言乎。

派：诚然。因彼之意。谓吾人终当以善待友。不当以恶待友也。

苏：设有人欲偿还其友人所存在已处之金。而一时事势之所关。乃偿之适为彼害。则不得谓之偿债。汝谓此为雪蒙拿之命意乎。

派：然。

苏：吾侪之仇敌。亦当得吾侪所负彼等之债乎。

派：然。且余谓敌人对于敌人之负债。即为恶意。

苏：然则雪蒙拿之解释公道。与诗人之解释公道。同一含糊。盖彼所谓公道者。即人人应得其应有之物之意。而此物彼即名之曰债。

派：彼意固如是也。

苏：异哉。设余询以医术所当偿人者惟何。且当偿诸何人。则彼将何以为答耶。

派：彼必曰。“医道当以药品与饮食品偿诸人类。”

苏：烹쇰术所当偿者惟何。且当偿诸何物耶。

派：调和人之食品耳。

苏：公道所当偿者惟何。且受偿者为何人耶。

派：设吾侪取以上数端。与诸如此类之事推之。则公道者。即以善报友。以恶报敌之谓也。

苏：然则汝意果如是乎。

派：然。

苏：人当疾病时。最能以善报友。以恶报敌者为谁。

派：医士也。

苏：当吾侪在危险之海程之中。何人最能施其以善报友以恶报敌之手段乎。

派：舵工也。

苏：一公道之人。当于何事上最能善遇其友。而伤其仇敌乎。

派：当战时与友人联盟而攻敌。

苏：亲爱之派拉麦克乎。然而人无疾病时。医固无用也。

派：然。

苏：不在海上。舵工无用也。

派：然。

苏：然则平时而非战时。公道无用矣。

派：否、否。此与余意实大谬。

苏：汝意谓公道之为物。其在平时与战时。同有功用乎。

派：然。

苏：如种谷之不可无农工乎。

派：然。

苏：亦如欲得屦而不可无屦人之工作乎。

派：然。

苏：平时而非战时。何事上尤不可无公道乎。

派：如订约等事。

苏：汝所谓订约者。即多人的组合之谓乎。

派：然。

苏：公道者与善弈者弈。谁为较能制胜之分子乎。

派：是诚善弈者。

苏：叠砖石以建屋。公道者较匠人尤能日起有功乎。

派：否、否。适相反也。

苏：审如是。更以弹琴论。则乐人又必贤于公道者而知音矣。然则公道须于何种人的组合事业上。始有用乎。

派：于金钱上之人的组合事业。当有用也。

苏：然。惟人当用其金钱时。果无俟与人集合也。设汝欲购或售一马。则未必商诸公道之人。询诸善相马者。已为得之。其然乎。

派：然。

苏：汝设购一船。商于舟子。较诸商于公道之人。殆尤有益乎。

派：然。

苏：然则公道之人。究于何种之金钱的组合上。始有用乎。

派：当汝欲稳便妥慎储金时。则有用矣。

苏：汝其以为彼时金钱适无用而可以储蓄乎。

派：诚然。

苏：汝为此言。何异于云必当金钱无用时。公道始有用乎。

派：此为推论之结果耳。

苏：当汝欲保存一芟草之镰钩时。则公道有用于个人及国家。而当汝欲用此器时。则有用者为种植之艺术。而非公道矣。

派：此固明甚。

苏：设汝欲保藏一盾或一瑟。则公道有用矣。至欲用时。则有用者为兵与音乐家之技术。而又非公道矣。

派：然。

苏：以此类推。万物皆可作如是观。苟其物有用。则公道无用。公道有用。则其物无用矣。

派：此固由推论而来之结果也。

苏：然则公道之功用鲜矣。余意吾侪当再进一层论之。当两人相搏时。彼善击人者。非即善拒人之击者乎。

派：然。

苏：最善避疾病者。岂非即最善制造疾病者乎。

派：然。

苏：一善于整部曲严壁垒之军人。非即最善于袭击其敌人者乎。

派：诚然。

苏：然则最善于保守一物者。亦即为最善于窃物者乎。

派：此又为吾侪推论之结果也。

苏：是则公道之人。既善保藏金钱。亦即善盗金钱之人也。

派：以理而论。是诚然也。

苏：然则公道之人。终不免为盗行者矣。此等见解。余意汝必学自花满（Homer）①。盖彼于称颂其素所崇拜之外祖握托李格②时。曾曰。"彼之善于窃盗及妄宣信誓。实在众人之上。"故汝与花满及雪蒙拿皆以公道为窃盗之术。而行此术之目的。即为以善报友。以恶报敌。汝意果如是乎。

派：否、否。余虽不能断顷间余所云为何。惟余意实不然。

苏：此外尚有一问题。汝所谓友与敌。谓诚为我友与为我敌者乎。抑不过似友似敌者乎。

派：无论真与否。凡己所以为善者。自当友视之。己所以为恶者。自当敌视之。

---

① 今译为"荷马"。古希腊盲诗人。

② 今译为"奥托吕科斯"。

苏：诚然。然世无误辨善恶之人耶。善者彼方以为恶。恶者彼反以为善。岂非常见之事乎。

派：此固常见者。

苏：然则善人反为若曹之仇敌。而恶人反为友人矣。然欤。

派：然。

苏：既如是。则彼等若以善报敌。以恶报友。不为过矣。

派：然。

苏：然善人必公道。而不为不公道之事也。

派：此自然也。

苏：然则如汝所云。人苟以恶报善人。当视为公道矣。

派：否、否。此不道德之说也。

苏：然则我侪应以善报公道之人。以恶报不公道之人乎。

派：此说较可。

苏：然汝盍一察事实乎。世之无知人之明者。往往以恶人为友。善人为敌。而实则此等不良之友。自当恶之。为善之敌。自当爱之。此说果确。则与雪蒙拿之命意。非适相反耶。

派：诚然。诚然。余意吾侪误会友敌二字之义矣。当亟纠正之。

苏：然错点果何在乎。

派：吾侪误于以友字作似乎友人。或凭臆测而认为善人之解。

苏：然则此错解当如何改正之。

派：吾侪当云友者不特似乎善人。当真实至于至善。似乎善而非真善者。不得谓之友。敌之为敌。自亦可准此而解释之。

苏：汝意为人当惟善为友。惟恶为敌。然乎。

派：然。

苏：然则吾侪不应再如顷间之以以善报友。以恶报敌为公道矣。当进一解曰。友而善。当报以善。敌而恶。当报以恶。此为公道。然欤。

派：以余观之。此似真理矣。

苏：然则公道之人。究可伤人乎。

派：凡恶而为其敌者。伤之何不可之有。

苏：设一马受伤。此马较好。抑较坏乎。

派：自较坏也。

苏：较坏欤。此系马所固有之善德较坏。而非犬之善德较坏。其然欤。

派：然。

苏：设犬受伤。则所伤者为犬所固有之善德。而非马之善德。其然欤。

派：是诚伤犬之善德也。

苏：然则人而受伤。则所伤者。岂非人所应有之善德欤。

派：诚然。

苏：公道非人之善德欤。

派：然。

苏：然则人而受伤。岂不为人强迫而为不公道者乎。

派：此其结果耳。

苏：然音乐家能借其音乐上之技能。而使人不谙音乐耶。

派：是诚不能。

苏：善骑者能用其骑术。必使人为不善骑马者耶。

派：是乌能。

苏：公道之人。能以其公道使他人不公道耶。换言之。即善人能以其善德而使人为恶耶。

派：此情理所无也。

苏：如热之不能生冷乎。

派：然。

苏：如干燥之不能产湿气乎。

派：然。

苏：善者不能伤人乎。

派：是诚然也。

苏：然则公道之人。不当伤其友或他人。设伤之。即为不公道之人。汝以为然欤。

派：苏格拉底乎。汝固言之成理也。

苏：然则设有人焉。以偿债为公道。而其所谓债者。即人所应报其友人之善。应报其敌人之恶。则此说不得谓有充分之理由。盖如吾侪以上所云。则伤人之举。万无得为公道之理也。汝意如何。

派：余诚赞同汝说。

苏：然则凡以以善报友以恶报敌之说。为雪蒙拿、或排哀[①]、或毕塔葛[②]、或其他同类之贤哲所主张者。汝与余不将同树旗鼓而攻之乎。

派：余从汝取同一态度。

苏：汝知此说究创自何人乎。

派：未知。愿闻。

苏：余意首创此以善报友以恶报敌之说者。必为毕哀特、或潘笛克、或蛋格西、或西白之益司孟牛、及其他富而有势之人。盖若曹皆甚重视其财势之徒也。

---

① 今译为“毕阿斯”。“古希腊七贤”之一，生活在公元前6世纪前后。

② 今译为“庇塔库斯”。“古希腊七贤”之一。

派：诚然。诚然。

苏：然此而不能为公道之解释。公道究应作何解乎。

当吾侪辩论进行时。斯拉雪麦格屡欲加入发言。而均为在座诸人所阻。因在座者咸欲听辩论之结果也。至余与派拉麦克辩毕稍停时。彼不能再忍。遂振刷精神。勃然而兴。不啻若一怒兽之将吞吾侪者。吾侪见之。不禁战栗。彼向众人抗声曰。苏格拉底乎。汝何冥顽不灵一至于此哉。汝曹蠢物乎。何其易于降人哉。以余之意。设汝欲知公道究作何解。则汝当答人所问。不当徒发疑问相诘难。而以推翻他人之解释为能事。盖世之能问而不能答者。不乏其人。故余决不容汝曹再作模糊影响之谈。如以公道为责任。为裨益。为应得之利。此种无意识之谈。非所愿闻。余所求者。正确与精切之解释也。余闻其言。甚惊恐。见其状。又战栗不自禁。幸余早有觉察。尚能勉置答词。否则必至噤若寒蝉矣。余以战栗之声答之曰。斯拉雪麦格。请勿逼人太甚。余与派拉麦克辩论中或不无小误。然余确知此误非出于故意。设吾侪欲得一金而彼此商榷。度汝必不以商榷为坐失得金之时机也。何以当研究贵于黄金万倍之公道时。乃以吾等之商榷为降服。而谓我侪不尽力于求真理哉。好友乎。吾侪何尝不欲得真理。惟力不及耳。无所不知如汝。当怜吾侪之愚而教诲之。何必以怒气相加也。

斯（冷笑）：此固苏格拉底之特色也。余固知此为汝讥讽之论调。然余岂未料及此哉。余顷已宣布于汝曹之前。彼每遇一问题。终不肯答覆。每借讥讽或别种逃遁之法。以避去直接之答覆。

苏：斯拉雪麦格乎。汝诚一哲学大家也。然设汝以何数成十二之问题问人。又同时禁之曰。“汝不可以二乘六。三乘四。六乘二。或四乘三答余。因此种无意识之答覆。余不愿闻云。”

诚若是。则人将无能答汝矣。当是时。设尚有人答汝曰。“汝意果何谓乎。此问之正确答数。适为汝禁用之诸数之一。岂余当别取此外明知不确之数答汝耶。此果汝之命意乎。”设彼如是问汝。汝将何以覆之耶。

斯：此二事果可同日而语耶。

苏：何以异乎。即果有异。而彼被问者设有此意。则吾侪虽力阻之。彼果不当一申其意乎。

斯：然则汝将即以禁用之数作答覆欤。

苏：设此诸数之中。有余以为正确者在。则余自用之。虽危险亦不顾也。

斯：然使于此诸数以外。余示汝以较优之公道之解释。则汝将有何举动乎。

苏：余固无他举动也。一如未知未觉者必学于先知先觉。此余所应有之举动也。

斯：异哉。乃无代价乎。诚奇事也。

苏：使余多财。愿付代价。

克拉根加入曰。苏格拉底。汝亦无患无财。斯拉雪麦格。汝亦无须虑此。盖吾侪皆愿为付代价也。

斯：甚善。然余恐彼仍守其惯习。推翻他人之答覆。而自己终无答覆也。

苏：噫、好友乎。将欲强一绝无学识者。忽起而侃侃发言。是乌乎可。即令稍有思想。而遇学识高尚者在前。则亦安能发言而中肯。发言者必如汝之富才识而能发挥己意者方可。汝肯不吝金玉。以一开吾侪茅塞乎。

余言至此。克拉根与众人亦均继续请求。斯拉雪麦格始仍要余答覆。继允发言。实则彼之急欲发言。已为人所共悉。盖彼自信有特优之见解。而欲借此以一露其头角也。彼曰。汝曹知苏格拉底之学识乎。彼不自研究而学于人。然而对于人迨未尝有欣感之时。

苏：汝谓余学于人。诚然。谓余负恩。则绝对不能承认。余以无财故。每以称誉他人为报。凡余以为发言中节者。余必称颂之。设汝不信。则俟汝言毕。即可知余言之不谬。盖余固深信汝之言必中节也。

斯：若此。则请听余一言。余谓公道者无他。即强者之利益耳。汝何以尚不称颂余乎。余知汝固不愿也。

苏：容余先一明汝意。汝所谓公道为强者之利益。究作何解乎。潘力笛麦。强有力者也。苟一究其所以强于吾侪者。度汝未必。认多食牛肉。乃长膂力。故吾侪较弱于彼者。亦当以多食牛肉。为正当而公道之举也。

斯：陋哉。苏格拉底乎。汝奈何以至不确切之义。解释此强字哉。

苏：此非出于故意。余实欲解释汝之命意而云然。可与余以较清晰之解释乎。

斯：汝未闻政体之不同。有专制。有民主。有贵族乎。

苏：此固吾所习闻也。

斯：一国之政府。即为一国之治权。汝知之乎。

苏：知。

斯：各种政府。皆以己之利益为前提。或制共和之法。或制贵族之法。或制专制之法。而此法一经制成。即以宣示人民。俾共遵守。凡破坏此法者。即视为非法而不公道。当处相当之刑罚。

此种公道主义。无国无之。而实则所谓公道者。只为政府之利益耳。然政府无无权者。公道既为政府之利益。非即强者之利益乎。

苏：汝为此言。余知汝之见解矣。至汝见解之是与否。当再研究。惟余当谨记汝解释公道时。乃用利益二字。而此即汝所禁余用之者。所异者。惟汝于利益二字上。更冠以“强者的”三字而已。

斯：略加数字。庸何伤。

苏：加字之多少。无足重轻。吾侪所当注意者。即汝所云果为真理否耳。认公道为一种利益之说。汝与余已表同意。惟汝必谓强者之利益耳。此三字之正当与否。余实不能遽下断语。必再研究而讨论之。

斯：发抒所见可也。

苏：唯。请先告余汝认人民之服从治国者为公道乎。

斯：然。

苏：然国家执政之人。竟绝无错误乎。抑有时亦不免错误乎。

斯：是诚不能免。

苏：当若辈治理正当时。则其所措施。皆为若辈之利益。当其错误时。则适与其所蕲向之利益相反。汝以为然乎。

斯：然。

苏：若曹所制之法律。人民有服从之必要。此为公道。其然欤。

斯：此固无疑也。

苏：然则以汝意推之。则不特服从强者之利益为公道。服从其损害。亦为公道矣。

斯：是何言欤。

苏：余不过即汝言重言申明之耳。汝盍不一思顷间所云。彼执政者当其制法治人之际。虽不免有误认其利益之时。而人民之服从。仍为公道。不能以彼之错误而不服从也。此非汝所顷已承认者乎。

斯：此固余所承认也。

苏：汝之认此。无异于承认公道有时亦不得为强者之利益。盖当彼强者设施之际。苟无意中偶有错误。则其所行者。不啻适以自害。汝既以人民服从强者之法律为公道。则强者设果错误。而弱者仍服从之。则其服从非为其利益。而实为其损害矣。此为推论而来之自然之结语也。虽擅辩才。欲为遁词得乎哉。余语至此。派拉麦克插入曰。苏格拉底乎。言之清且切者。莫甚于此矣。克立托分曰然。汝可为之证人也。派拉麦克曰。安用证人哉。斯拉雪麦格固承认治国者不免有时错误。而人民之服从。要为公道也。

克立托分：然。彼果曰人民之服从强者之意旨。即为公道。

派：诚然。彼且谓公道者即强者之利益。彼既承认此二说之后。复承认治国者虽错误。人民亦当服从之。以此三层而论。其自然之结断。岂非以公道为强者之利益。而亦为其损害也。

克立托分：然。彼所谓强者之利益。意或即指强者所自以为利益而言。凡强者所自以为利益。弱者即应负服从之义务。此彼之所谓公道也。

派：此非彼之言也。

苏：此无伤也。设彼谓此诚为吾本意。则吾侪不妨即认为彼之本意而讨论之。斯拉雪麦格乎。汝之所谓公道者。即强者之所自以为利益。抑果确为其利益乎。

斯：余固指确为利益者而言。人当误认其利益之际。尚可称之为强者乎。

苏：余以汝顷已承认彼强者亦不绝有错误之时。故余以为汝意强者虽在错误时。亦不失为强者。

斯：苏格拉底乎。汝真如一善陷人于罪戾者。庸医误投方药而杀人。汝仍许以医士目之乎。算学家与文法家理解错误。失毫厘而谬千里。汝仍许称之为算学家与文法家乎。吾侪固常谓某医士或某算学家或某文法家有错误。然此为普通之论调。不足为准则。即余亦常用之。惟严格论之。则不论文法家与算学家或具别种艺术者。均须名实相符。设其名不符其实。其名即不成立。故不论有何种艺术之人。不当或有错误。有错误时。即其艺术有不良处。艺术不良。即不当以此艺术而称之。汝既素爱精确。则余以为以最精确之理而论。凡治国者苟名实相符。则必措施悉当而无误。既无误。则经营建设。皆为己之利益。而人民自当服从。故余始终谓公道为强者之利益也。

苏：汝视余为善于诬陷人者欤。

斯：然也。

苏：汝疑余所以发以上诸问者。将以有所不利于汝乎。

斯：噫、尚何疑之有。余知之审矣。然汝终常自觉汝终不能徒借辩才以制余也。

苏：余亦岂敢出此哉。惟余欲避去吾二人之误会。故尚有一不得不询之问题在。汝顷间不云弱者之服从强者之利益为公道乎。然汝之所谓强者或治人者。究作何解。当以普通之意义解之。抑当严格解释耶。

斯：余意故取严格之解释。一任汝欺人或诬陷人可也。然余知汝万无此能力。且余亦终不于汝前树降幡也。

苏：汝其以余为病狂者。而竟敢欺斯拉雪麦格乎。余而能若此。则是余之身手捋虎须矣。

斯：噫、顷间汝固已尝试之。惟未奏效耳。

苏：此亦余所不必辩。然再有一问题须询明于汝者。凡业医术者。以严格论之。为治病之人乎。抑为赢得金钱之人乎。

斯：治病者也。

苏：凡为操舟之舵工者。以严格论之。为舟子中之领袖。抑仅为一通常之舟子而已乎。

斯：固舟子之领袖也。

苏：彼固不能以亦在舟中工作。而即以通常之舟子名之。彼之得以舵工名。殆以彼擅技术。且以彼有对于通常舟子之统治权而然欤。

斯：诚然。

苏：大抵每一种艺术。均应有其利益。

斯：然。

苏：凡艺术皆当为此利益而筹划经营。

斯：此固艺术之目的也。

苏：各种艺术之利益。除使其利益完全外。别无他义。其然欤。

斯：此何意欤。

苏：余当以譬喻解释之。设汝询余人能无所求而自足。抑必有所需于人。余当答曰。固有所需。人有时疾病而需医治。则医术当有回复健康之利益以遗人。盖此为医术之正义。而亦汝所承认者非欤。

斯：诚然。

苏：惟然。而即医术论。医术非亦容有错误或不完善之时乎。夫耳目之利益为视听。视听不完善。即耳目之利益不完备。而欲使其完备。自当施之以医术。顾使其医术亦如耳目之有不完备之时。必又需他种艺术补助之。使利益完备。而他种艺术。又需他种艺术。使其利益完备。果如是。辗转相待。而直至无穷尽欤。抑凡得为艺术者。只须加意于其在己之利益。而彼人必无错误或不完善之时。固无庸其他艺术之救济改正。而使之利益完备欤。盖艺术而以严格之意义解释之。诚不当有错误与不完善之时。余言其不谬乎。请详告余。惟毋忘吾侪当取严格之意义可也。

斯：汝言固甚清澈也。

苏：然则业医术者。当筹划关于人身之利益。而不当注意于一己所有之利益。其然欤。

斯：然。

苏：工骑术者。当筹划马之利益。而亦无庸虑及骑术之利益也。以此类推。一切艺术。皆不必虑及其属于一己之利益。以彼固无错误与不完善之时。所当筹划经营者。惟在受其支配者之利益若何。其然欤。

斯：然。

苏：若是。则各种艺术。非即各种受支配者之统治者乎。

斯（踌躅半晌）：然。

苏：然则无一艺术家或治国者。当虑及其属于一己之利益。其所虑及。即弱者或受支配者之利益。其然欤。

彼始思有以置辩。而终乃承认之。

苏：然则医术家当其澄思制方时。决不忽计及其一己之利益。而当惟以病者之利益为前提也。盖纯正之医术家。其地望亦等于一治人者焉。病者即宇下喁喁望治之人民。彼其人固恫瘝在抱。初不专为谋利之徒。此殆汝所已承认者。其然欤。

斯：然。

苏：舵工之名实相符者。不仅为一通常之舟子。实为统治操舟之子之一人。其信然欤。

斯：此亦余所业已承认者。

苏：如此名实相符之舵工或治人者。当不沾沾自为计。而当始终为其部属之利益计。其信然欤。

斯（又踌躇）：然。

苏：斯拉雪麦格乎。然则凡名实相符之治国者。终当以人民之利益为前提。而无以己之利益为前提者。凡其一言一行。惟人民之利益是视。而无他种之利益之见存乎其间也。

吾侪讨论至此。莫不知彼所主张之公道之解释。实已推翻。然彼乃不赓续吾意而发言。反突然更端询余曰。苏格拉底乎。汝有乳母乎。

苏：汝何以当兹语应顺序答覆时。而以此询余乎。

斯：以汝齿牙虽辩给。口鼻间涕泗尚未拭去耳。汝于跳嬉郊野时。彼媪竟未以牧人之如何对付羊群告汝乎。

苏：汝何为而出此调侃之言耶。

斯：余以汝未知牧人之饲羊。非为羊计。实为己计。或为其主人之利益计也。汝以为真正之治国者。必不有己之见存。而专心于人民之利益。此大误也。汝不知公道与公道之人。徒供他人以利益耳。换言之。公道者。即强者与治人者得利益。而弱者与被治者失利益之谓。不公道则反是。盖不公道者常强而治人。懦弱之人民。受其支配。服从其命令。然无非为彼人之利益计。而非为懦弱者自身之利益计也。愚哉苏格拉底也。汝盍一再深思之公道者与不公道者相较。不公道者常为得利之人。而公道者每为失利之人。观于私人合资营业之结果。可晓然矣。设公道者与不公道者而合资营业。至最后解散时。计其所赢。则公道者所得必较少。而不公道者每较多。再以个人对于国家方面而言之。当国家征所得税时。公道者所输纳。必较不公道者为多。而不公道者反是。此亦明证也。不更见夫身在政府中或社会中之人乎。公道者非惟报酬无望其逸获。反常有损失之虞。抑且往往以不肯附和他人之不法行为。而致见恨于人。彼不公道者。又适与此相反。此又一明证也。惟余之所谓不公道者。系指不公道之大而显者而言。试以最高度之不公道论之。当更易了然于余之命意矣。所谓最高度之不公道。即曾累罪恶比于邱山者。然此辈每为最侥幸之人。彼当厄而守正。或行羞出于不公道者。反为最可怜之人。此种最高度之不公道何哉。即专制君主之虐政也。专制之君。习用诈术与强权。夺取他人之所有。而其夺取之法。初不必出之以渐。凡其所欲。不论神圣的、污浊的、公众的、私人的。恣意攫取。无所不便。吾见常人一事陷罪戾。官司侦察逮捕。则必受相当之刑罚。若者为窃。若者为盗。若者为略卖。若者为诈欺。条例綦严。不容末减。尚何名誉人格之能保存哉。然彼设能大举而尽夺人民之财产。而并南面而奴隶之。则非惟不为人所唾弃。而反为人所尊崇。且尊崇之者。不独为其人民。凡闻其成此大不公道之事业者。莫不称崇而畏敬之。人之所以反对不公道者。非为其不愿为之。实以恐为不公道之牺牲物焉耳。以此观之。汝当了然于高级之不公道。较公道为强而自由。故余仍谓公道即强者之利益也。

吾侪倾听之下。一时觉耳中之言之多。有如盈科之湍水。然彼言毕。即作势欲去。幸在座者均愿其少安毋躁。俾可辩护其主张。余亦以谦逊之态度而求其少留。曰。聪明之斯拉雪麦格乎。汝言何其富于意味也。汝将绝不一研究汝言之果确与否。而竟舍此而去乎。人之行为。当依何方针而最有利益。汝乃以此问题为无价值而不屑讨论之乎。

斯：余之视此问题之轻重。岂有异于汝哉。

苏：观汝态度。汝诚似不甚重视此问题者。至吾侪之以不明晓汝意而举止之失措与否。殆与汝无甚关系。故余恳汝勿独善汝身。凡汝能宣诸口而有益于吾侪者。仍请明白赐教。吾侪皆图有以重酬汝。以余一人而论。余实不信不公道固较公道为有利。不公道虽至最高之程度。强权诈术。为所欲为。余亦终不信其果得无上之利益。想与余表同情者。未必无人也。设吾侪因智识之浅薄。而误以公道为胜于不公道。则汝当用汝学识。教诲吾侪至豁然澈悟而后已。

斯：余顷间所云。尚不能见信于汝。则使汝了悟。何施而可。岂当以一有形之证据。而置之于汝无形之灵性哉。

苏：是乌乎能。余所求于汝者。惟汝能始终一致。而不自相矛盾。设有更变。请明白言之。以免有所误会。汝顷间论医术家。则取严格之意义。然汝对于牧人。则未尝就严格之意义而言之也。汝谓牧人牧羊。初不为羊之利益计。其视羊也。不过与食其肉者或贩鬻之者之视羊同。而真正之牧人不若是也。真正之牧人。自当有完备之方术。而专以经营其羊群之利益为目的。余之所谓治国者亦如此。盖倾间岂不云名实相符之治国者。不论为一国。为一人。终当以被治者之利益为目的。彼牧人对于其羊之权。非如治国者之对于其人民之权乎。

斯：余固确知其如是也。

苏：然则人于较低之事业。苟非为己之利益。其心即不愿为之。是何故欤。岂以各种艺术之功用异。而其性质亦遂不同耶。卓识如汝。希详言勿隐。俾余稍开茅塞焉。

斯：各种艺术诚以功用不同。而不可同日语也。

苏：每种艺术除普通之利益外。当供人以特殊之利益。如医术之供人以康健。航术之供人以安渡海洋。其然欤。

斯：然也。

苏：报偿之术当有其特殊之偿人之功用。而不可以他种艺术之功用混合之。如舵工艺术。安可谓与医术无区别。盖为舵工者。尝有时以航海而增益身体之强健。严格论之。汝未必遂谓航术即医术。其然欤。

斯：诚然。

苏：然则人当受人报偿之时。而体适康健。度亦未必遂认报偿之术为疗病之术。其然欤。

斯：然也。

苏：设人以治病而受报偿。汝亦未必谓医术即受报偿之术也。

斯：然。

苏：然则每种艺术之利益。不可与他种艺术之利益相混淆。而并为一谈。此非吾侪所已承认者乎。

斯：然也。

苏：然则设各种艺术。除其特殊之功用外。有一同等之功用。则必有一同等之利益在。其然欤。

斯：然也。

苏：艺术家以受人报偿而得之利益。认为艺术上附属之利益。而非特殊之利益。其然欤。

斯（犹豫半晌）：然。

苏：然则受报偿非艺术本部之利益。艺术本部之利益。如医术之使人康健。建筑术之为人建屋是也。特报偿之术。与各艺术有联带之关系。艺术家能各尽其能。而利益施于人。设令竟无报偿之者。彼有利可得乎。

斯：固无利也。

苏：然而彼之工作。可以无报偿而遂无利益供人乎。

斯：是安可哉。

苏：斯拉雪麦格乎。然则凡艺术与政府之经营工作。非为己之利益。而实为懦弱人民之利益计。亦明矣。盖凡能称为真正之艺术家。当其工作或指挥他人之时。惟他人之利益是视。而不当有己之利益之念参杂乎其间也。然余顷间不云乎。人而无相当之报偿可图。斯不肯尽力谋他人之利益。故余谓凡艺术皆与报偿之术有连带关系。即彼治国者亦必利用有各种报偿之术。乃克使之任事。报偿之道有三。金钱、荣誉、与不愿任事之刑罚也。

克：斯何意乎。前两种之报偿。果不难明。刑罚何谓也。如之何刑罚而可为报偿之道哉。

苏：彼夫好名与嗜利之徒。人皆视为鄙不足道。汝固宜若知其然。彼不好名利。而寄托高尚者。则赖有第三种之报偿。始可使之为众尽力而负责也。

克：请详言之。

苏：对于高尚之人。名与利均不足以动之。若辈不肯以任事之故。而公然求金钱之报偿。致受被人雇用之名。亦不以秘密之手段。因缘为利。致得窃盗之名。是故迫之以清议。责之以义务。于其精神上予相当之刑罚。使之不得不出身任事。以此之故。凡躁进而急于任事者。每为人轻视。至不得已而出者。方为人重。

而此种刑罚之最足以动人者。即斯人不出。则将以一不如斯人者为之代。故凡出身任事者。非以己之有志于此。亦非以己之有利益可图。实以一时无较彼更善或与之同等之人。克荷仔肩。而为事势所迫耳。设一国之人。皆为高尚之人。则避职上之竞争。当不减于今之谋职上之竞争也。盖彼真正之治国者。自知治人当供人以利益。而不为己计。人而知此。谁不愿为被治之人。而受人之利益。谁愿任治人之职。而徒以他人之利益为前提哉。惟其如是。故不得不有刑罚以强迫之。余之不能赞同斯拉雪麦格之公道为强者之利益之说。即以此。然余意此可不必再加讨论矣。克拉根乎。吾侪二人之言。比较上究孰有真理。汝愿为何等之人乎。公道乎。抑不公道乎。至彼所谓不公道者所得利益较多。是为一更重要之问题。当再研究之。

克：以余观之。公道者之利益。较不公道者为多。

苏：汝闻斯拉雪麦格所述之不公道者之种种利益乎。

克：余固闻之。然不能信其言之确也。

苏：然则吾侪当设法使之信其言之不确乎。

克：诚然。

苏：设彼先一一陈述不公道者所得之利益。吾侪亦一一陈述公道者之种种利益。则谁是谁非。势必以各人所述之利益之多寡大小为标准。而须公正人之判断也。然如用顷间问答之法。以彼此可承认者为前提。则辩护者与公正人。吾侪可自为之。宜毋庸别求有道而就正矣。

克：甚善。

苏：汝诚爱用此法乎。

克：然。

苏：斯拉雪麦格乎。然则吾侪可开始讨论矣。汝顷间不云纯粹之不公道。较纯粹之公道为有利乎。

斯：然。此固余所已言。且已申明其理由矣。

苏：汝所对于此二者之见解究如何。汝以一为善而一为恶乎。

斯：然。

苏：汝以公道为善而不公道为恶欤。

斯：抑何可笑也。余既云不公道为有利。而公道为无利。则安有如是之见解。

苏：然则汝何以言之。

斯：与汝所言适相反耳。

苏：汝以公道为恶乎。

斯：否、余当以高尚的无智名之。

苏：汝以不公道为恶意乎。

斯：否、余当以明哲名之。

苏：汝以不公道者为明哲而有善德乎。

斯：诚然。无论如何。凡能降服国家人民。而能为纯粹之不公道者。即较之公道者为有道。汝或以为此非所论于胠箧之徒。孰知即此等事业。设不为人侦察。则虽不能与纯粹不公道者并论。其利益亦自不鲜。

苏：然则余固未尝误解汝意。顾汝以不公道为明哲而有善德。以公道为其敌对。余诚不胜骇异也。

斯：余固如是分别之。

苏：汝为此言。使人益难答覆矣。设汝如众人之以不公道为不道德。则尚可与汝以答覆。今余觉汝以不公道为强而有道。而以顷间属公道之种种善德。如明哲。如德义。一切皆归之于不公道。

则令人如何答覆。汝意诚如是乎。

斯：汝真善忖度余哉。

苏：初非余善忖度汝。余既有理由可信汝之所言。出于诚意。而非以吾等为戏。则余自不当中止余之辩论也。

斯：余之诚意与否。于汝何涉。盖汝之能事。即推翻他人之见解是也。

苏：诚然。此果为余能事。然汝肯更答余所问之一言乎。凡公道之人。欲其所得较多于其他公道者之所得乎。

斯：无此意也。设有之。则不成其为高尚而无意识之人矣。

苏：彼之所为。有逾于公道之事业外者乎。

斯：无之。

苏：彼欲其所得较多于不公道者。彼果自以为公道乎。抑不公道乎。

斯：彼诚以为公道。然彼欲其利益真能多于不公道者。又安能哉。

苏：能不能非讨论之要点。余所欲明者。彼公道者固不愿得利益较多于他公道人。而欲较多于不公道者。非欤。

斯：然也。

苏：然不公道者将如何乎。彼欲得利益较多于公道者。则将行公道以外之事乎。

斯：然。盖彼固欲其所得较多于众人也。

苏：不公道者。对于利益上之努力与竞争。当较烈于公道之人。俾可达其取得最多利益之目的。然欤。

斯：然。

苏：然则吾侪可概括言之。公道者不愿得利益较多于其同类。

而当多于其异类。不公道者既欲所得较多于其异类。且亦欲较多于其同类。其然欤。

斯：言之清澈。莫甚于此。

苏：不公道者。善而明哲。公道者反是。然欤。

斯：然。

苏：不公道者。即善而明哲者之同类。而公道者为其异类。然欤。

斯：是诚然也。盖凡性相同者为同类。性不同者为异类也。

苏：每人均适与其同类相同。然乎。

斯：然。

苏：甚善。请再以艺术论。人之操术不同。设一人为音乐家。而一人为非音乐家。固无不可乎。

斯：固无不可。

苏：然就音乐上之智识言之。二者孰为明哲。孰为愚拙乎。

斯：此固音乐家为明哲。而非音乐家为愚拙也。

苏：凡人明哲之处即其善。愚拙之处即其不善非欤。

斯：然。

苏：本此意以论医术家。汝之见解亦如是欤。

斯：然。

苏：夫音乐家当其整瑟之时。除欲调和其弦外。有欲越出音乐家所当为之意乎。

斯：余以为未必也。

苏：然斯时彼之意向。固欲超乎一般非音乐家之上。其然欤。

斯：然。

苏：设以医家论之。则汝将何谓乎。当其治疾制方之际。其意亦欲超出医家所当为者之上耶。

斯：是诚不然。

苏：请再以知识与愚蠢论之。汝以为真能有知识者之言行。将较其他有知识者之言行为多乎。抑彼之言行。亦仅与其同类之言行相仿乎。

斯：固应相仿也。

苏：然彼愚蠢无识者又如何乎。彼岂不愿其言行能超出有识者与无识者之上乎。

斯：然。

苏：有识者为明哲乎。

斯：然。

苏：明哲为善乎。

斯：然。

苏：然则明哲而善者。仅欲其所得胜于异类。并无欲胜其同类之意。然欤。

斯：大致不谬。

苏：彼无识而不善者。对于其同类与异类。均欲超出之欤。

斯：然。

苏：然汝岂不云不公道者。常欲超出其同类与异类乎。此非汝之所言乎。

斯：此诚余言也。

苏：汝岂不云公道之人。仅欲胜其异类。而不越其同类之范围乎。

斯：余诚言之。

苏：然则公道之人。适如明哲与善者。而不公道之人。适如愚而恶者。其然欤。

斯：此为推论之结语也。

苏：每人均适与其同类相同。此非顷间之言乎。

斯：此固余已承认者。

苏：然则公道之人。适为明哲而善者。而不公道之人。适为恶而无识者矣。

余每次重言申明时。斯拉雪麦格必踌躇半晌。然后勉强赞同。是时正值盛暑。见其汗下如流浆。两面部颜色赧赧然。余生平未见其羞涩若是也。至于问题上之当然认公道为善德。为智慧。而不公道为恶德。为愚蠢。彼实已降心相从。可从而知矣。余因更进一层论之。

苏：此固已解决而无庸费辞矣。抑汝不云不公道为强而有力乎。度汝当未之忘也。

斯：然。此后凡汝所言。余仅以是非然否相应对。而不复作更端之答覆。不然。汝必以强辞夺理为吾过。

苏：虽然。凡与汝之意见相反处。愿汝发挥尽致。畅所欲言可也。

斯：汝既不容余置喙。尚何发挥之有。

苏：余岂不容汝发表意见哉。余欲汝先答覆余之问题耳。

斯：然则汝更发问何如。

苏：当讨论之先。请再一述顷间之问题。俾吾侪于公道与不公道二者性质上之研究。可更有秩序。顷云不公道较公道为强而有力。然公道既证明为善德。为智慧。不公道为恶德。为愚蠢。则公道之强于不公道。可不言而喻。惟余欲以别一方法论之。一国家凭借不公道之暴力。以他国为其奴隶。行使强权。迫人服从。此非不可有之事。汝其以为然欤。

斯：然。且余欲更进一层言之。凡其国愈不公道。则愈易于有此种行为。

苏：余固知此诚汝之本意。惟余所欲知者。即此强有力之国之权势。惟公道可以保存之。抑无赖乎此欤。

斯：设汝顷间公道为智慧之见解不谬。则惟公道是赖。如余之意见为是。则无庸公道也。

苏：汝之答覆甚妙。余且喜汝之不独以然否二字答余也。

斯：过承奖誉矣。

苏：余再有一问。望汝仍惠我答辞。设有一国、或一军队、或一盗薮、或不论何种之作恶团体。彼此自相残害。其可进行无碍乎。

斯：此诚不能。

苏：设彼等不自相残害。则当有较好之进行。然欤。

斯：然。

苏：此以不公道每启争端与仇恨。而公道能调和而联络之故。然欤。

斯：然。

苏：不公道既有启争端与仇恨之性。则凡不公道存在之所。不论在奴隶。或自由人。终必坐是而意见纷歧。不能有共同之举动也。然欤。

斯：诚然。

苏：即不公道在二人之间。则此二人者。非彼此争论而致激战。亦必至成仇敌。而且为公道之蟊贼。然欤。

斯：然。

苏：即不公道在一人之身。汝谓此不公道能保存其本性。抑将失其本性乎。

斯：姑认其能保存可也。

苏：然不公道固有之性为何如哉。不公道之所在。无论为一国。为一城。为一家。为一人。皆足以启争端。即以一人论。既不公道有启衅之特性。则足使其人之行为。不能前后一致。故不公道不独为公道之敌。亦为其自己之敌也。汝以为然乎。

斯：然。

苏：然则不公道虽在个人。亦甚有害。一为使其人不能有一致之行为。一为使其人肝胆楚越。自相仇敌。而亦为公道者之仇敌也。汝以为何如。

斯：余诚以为是。

苏：神果公道乎。

斯：姑谓其公道可也。

苏：设如是。则公道者将为神之友。而不公道者将为之敌矣。然欤。

斯：汝可大奏凯旋矣。汝可称雄辩家矣。余恐见恶于诸君。请自今不复置辩。

苏：然余意尚未毕。望汝再有以答余。就以上所云观之。公道者诚较不公道者为明哲而善而多能。盖不公道者不能有共同之作为也。然严格论之。此尚不得为确。彼共同作恶之徒。而能进行其作恶之行为。尚不得为真正之不公道者。设彼等为真正之不公道者。则必自相残害。而不能有所进行。如能联合为恶。必尚有一部分之公道存乎其间。乃能有此共同之作为。余所信为真理者如此。而非汝开始所云者也。然至于公道者之生命。果较不公道者为安乐与否。则又一问题。而亦吾侪所当研究者。盖人生之当依何方针。殊非寻常琐屑之问题可比也。

斯：愿闻其说。

苏：余当先以一问题询汝。汝岂不谓马有马之事业乎。

斯：然。

苏：凡马之事业。或不论何物之事业。均非他物所能代成。即能之。亦必不能如其成功之完备。然欤。

斯：余实不喻汝所谓。

苏：容余解释之。设汝不用目司视。汝能观乎。

斯：是乌能。

苏：不用耳司听。汝能听乎。

斯：是亦不能。

苏：视听即耳目之功用。质言之即耳目之事业。其然欤。

斯：诚然。

苏：然试以短刀或钻凿等器。斩割葡萄藤。其可乎。

斯：可。

苏：然要不及专任割藤用之钩镰为便利。其然欤。

斯：诚然。

苏：是则以割藤为钩镰之专门事业。可乎。

斯：是无不可。

苏：此而能明。则顷间所云。不难迎刃而解矣。

斯：余了然于汝意矣。且亦以为然。

苏：抑凡物而有其专门之功用或事业者。亦必有一特长之点。如人之目固有其专门之功用也。

斯：诚有之。

苏：有特长之点乎。

斯：有。

苏：人之耳亦然乎。

斯：然。

苏：凡物皆然乎。凡有专门之功用者。皆有其特长之点乎。

斯：然也。

苏：设目之特长之点。不完备而有缺。则此目能成其当成之事业乎。

斯：设已盲则其功用已失。尚安能成其事业哉。

苏：汝谓目而尽失其特长之点。则无所用之。今犹论不及此。余所欲知者。凡物皆以其特长之点而成。以其缺点而败。然欤。

斯：固如是也。

苏：耳亦可以准是论之。耳有缺点。即无以成司听之事业。然欤。

斯：然。

苏：凡物皆可作如是观乎。

斯：诚然。

苏：然人心亦有其专门之功用乎。如指挥、辨别、斟酌等。非皆心之专门之功用乎。抑可以此数端为他物之功用乎。

斯：是诚不能。

苏：人之行为。非心所当司之职务乎。

斯：然。

苏：心亦有特长之点乎。

斯：有。

苏：设其特长之点有缺。则不能尽其功用。然欤。

斯：然。

苏：然吾侪非已承认公道为心之善德或优点。而不公道为缺点乎。

斯：斯固承认之矣。

苏：然则心而恶。其治人必恶。心而善。其治人必善。然欤。

斯：然。

苏：然则有公道心之人。自能天君泰然。终吾生以愉快。而不公道之人。适与相反。其然欤。

斯：即以上所云推之。是诚不谬。

苏：然则惟公道者诚能安乐而有幸福。而不公道者不能。然欤。

斯：然。

苏：换言之。非即公道者安乐。而不公道者困苦之谓欤。

斯：然。

苏：是则利益云者。幸福而非困苦也。汝意殆以为然欤。

斯：诚然。

苏：斯拉雪麦格乎。然则不公道者。终不能较公道者为有利也明矣。

斯：苏格拉底乎。汝即以此为倍笛节之快事可也。

苏：余诚感汝。且感汝之对余良亲善。而不复以谩骂加余也。然讨论之事。余尚未能满意。顾此为余之过。而咎不在汝也。盖余初欲研究者。为公道之性质。然以涉及其他之种种问题。致未顾及本义。正如饕餮者在盛筵座上。放饭流歠。反致无暇辨黍稷之真味也。吾侪讨论之时。始固涉及公道为明哲善德抑为愚蠢恶德之问题。继又涉及公道果为有利与否之问题。遂次第一一讨论之下。遂未暇研究本意所欲研究者。故余终茫然于其结果所在。盖余既未知公道为何物。亦未知公道为善德与否。亦未知公道者果安乐愉快否也。

第二章　个人　国家　教育

余语毕。以为辩论可告一结束。孰意此适为辩论之开始。盖克拉根素为好辩之人。彼以为吾侪之辩论。正当继续进行。故见斯拉雪麦格之行。颇不谓然。复语余曰。苏格拉底乎。汝欲使吾侪深信汝所谓公道较不公道为有利之说乎。抑仅欲使吾侪一知半解而已乎。

苏：设余而辩才无碍。固欲使汝等深信此说也。

克：然则汝今犹未毕宣其蕴。容余更一相咨询可乎。斯世之事。不胜枚举。汝将若之何而区别之。例如于人无伤之乐事。人固欢迎之。然则所以欢迎之者。不过动于当时之乐。初未尝有计及此后之影响或效果之见存。其然欤。

苏：余以为此诚人情之常也。

克：不宁惟是。抑如知识、观察及身体之康健。人之爱此数端。不惟以一时之惬意。亦以有良好之效果也。然欤。

苏：诚然。

克：汝知更有第三类事乎。如运动术、医术、看护术、等等。此其事固明明于人为有益。而笃好深嗜。殆鲜其人。从未有以其事之可爱而为之者。凡为之者。无非以由此而生酬报耳。汝以为然欤。

苏：若此第三类事。人情亦诚有然。然汝何以乃有此问乎。

克：以余欲一知汝将置公道于何类中也。

苏：在最高之一类中。即人以其事之可爱。而亦以其有良好之结果而求之者是也。

克：然与汝意不合者大有人在。人皆以为公道当在最可厌之一类中。而此一类也。即顷所云人皆以其酬报而为之。凡力能避之者。均不愿为也。

苏：余亦知此固若曹之见解。顷间斯拉雪麦格之轻公道而重不公道。即以此也。然余诚愚不能信。

克：余愿汝能听余之言。如听斯拉雪麦格之言。然后可知吾二人究能同意与否。余笑斯拉雪麦格乃有如蛇然。听汝所言。未及时而已软化。实则公道与不公道之性质。以余观之。仍未有明确之分解。余所欲知者。此二者果为何物。及如何存置于人之心中。至其结果与酬报。可暂弗论。故余拟以斯拉雪麦格之意再加申说。今先述众人之所以为公道之来源与性质。次述凡行公道者。实以不得不然。拂逆所愿而行之。初非以其有益。末述此等见解。确亦有理。余固素不赞成者。然不公道者之较公道者为有利。实无可讳也。倡此说者。斯拉雪麦格而外。不知凡几。余闻之熟矣。而凡主张公道胜于不公道者。从未闻令人满意之答覆。使余不知所从。使有人能以充足之理由。褒扬公道。则余愿足矣。然以余观之。能为此者莫若汝。故余将竭力主张不公道。而愿汝竭力主张公道。两两诘难。推阐尽致。汝谓此为善法乎。

苏：甚善。且余以为有识者所当常讨论之问题。固莫重于此。

克：余甚喜汝之赞成余议。然则依顷间所云。余先述公道之性质与来源。

今人谓行不公道。自然有利。受不公道者。自然有害。而害每加大于利。故人于既得其利又受其害之两方面均有经验后。知不能独得利而不受害。遂相互议定不如放弃此二端为是。于是法律与条约以出。而此法律所规定者。即称之为合法与公道。此今人所谓公道之来源与性质也。换言之。公道即最有利与最有害二者中之折衷之道也。所谓最有利者。即行不公道而不受刑罚。所谓最有害者。即受不公道而无抵抗之力。而公道者适在二者之间。不能称之为最有利。仅可名之曰少受害而已。而人所以尊重之者。以无抵抗不公道之物而已。人苟自有抵抗之术。而可行所无事。则苟非至愚狂惑。万不愿服从此折中之法。此余所习闻之公道之性质与来源也。至于行公道之非出于自愿。只以欲行不公道而为所欲为。苦无能力。乃出于此。则可以下述之法显明之。试集公道者与不公道者。而各许之以有真正之自由权。听其所为。吾侪观彼二者之趋向。则其结果必皆事择其利己。而共趋于一途。盖物之利于己者。人无不以为有益而趋之。凡趋入公道之途者。无非以受法律制裁耳。惟欲试验此事。彼二者须有完全之自由权。如相传之连田[①]人克里塞之祖宗及奇[②]之有自由然。相传及奇为连田王之牧人。彼在牧羊之际。猝遇大风雨。继以地震。地为之裂。及奇大惊奇异。遂下地裂处一探。见种种怪物中有一巨大而中空之铜马。而马身有门。俯首而入。见一高大形似人类之尸。尸身无别物。惟存一金约指。彼遂取自其指而出地穴。旋与他牧人集会。商议上书于王。报告羊之状况。此固素有之规则也。及奇手带约指而莅会。无意中其约指外向之面。偶旋内向。忽其人幻变而无形。不为众人所见。众人固以为彼已离会去矣。然及奇自觉奇甚。再试之再验。复连试数次。每次皆如之。约指面外向。其人立现。面内向即失所在。既而由运动而得选为牧人中代表之一。至王廷。惑王后。设策弑王。遂夺其国而有之焉。设有此种幻术

① 今译为“吕底亚”。

② 今译为“古各斯”。

之约指两枚。以一枚置公道者之指上。又一枚置不公道者之指上。时则公道者度亦未必守公道如故。而绝无动于其中矣。盖其人之往来。苟不为众人所觉。则未必其见他人之物而不夺。睹市上可爱之物而不取。遇可欺而不欺。念狱中关切之人。而不往脱其桎梏以偕行者。至此则公道与不公道之举动相同。而其所达之目的亦同矣。余顷谓行公道者固非以其有利于己而行之。实以不得不然之故。此非明证欤。人固无不自知不公道之实有利于公道。苟无妨碍。斯无不乐为。设有人焉。具隐身之术。而于人无欺也如故。则人之称颂之者。虽无所不至。而实则称颂者之用心。不过惧公道消而不公道日长。终致己亦受其害。故为是口头之称颂。实则方窃笑其愚不可及也。吾侪设欲正确判定公道与不公道。何者有益于人。则除先将此二者界限分清外。别无他法。然设有怀疑于如之何乃分清者。余可答曰。公道者须纯粹公道。不公道者任其不公道至极点。二者须完全无缺点。而各尽其能。不公道者当如一专门之艺术家。如舵工或医生之自知其技。而不别为才力不到之事者。即遇失败。亦有挽回之术。故余谓不公道者可尽其不公道之能事。而不为众人所觉。盖不公道至极点时。人每不之觉而反谓之公道。彼为人所诇察而败露者。固不足论也。然欲不公道能不为人觉。须完全无缺方可。凡能行如是之不公道者。非惟不为人察。往往坐是得以攫大利。享大名。即万一有失计之处。或泄漏秘密之际。彼能以欺人之言。权诈之术。党羽之众。金钱之力。弥补其事。而仍至达其目的而后已。然至是再以高尚与简单之公道者。立乎其旁而比较之。则此公道者必当如哀斯克勒[①]所谓真

① 今译为“埃斯库罗斯”。古希腊三大悲剧作家之一，被誉为“悲剧之父”。

善而非仅似乎善者。盖似乎公道者必为人所称誉或酬报。既为人称誉酬报。吾侪即不能知其所以主持公道者。诚有爱于公道欤。抑为人之称誉与酬报也。故此公道者须纯粹公道。而无丝毫之私见杂乎其间。其行为当适与顷间所云不公道者适相反。其人当为一品格最高之人。而亦为人所以为受害最大之人。然后可实地试验。而观其究能不为利害所动摇否。且此等试验。当继续直至其死。观其果能始终纯粹公道。而其迹竟类于不公道之尤者。吾侪必待二者均至极端之时。然后可判断此二者之中。究孰为安乐。

苏：汝之描摹此两项人物以备判断。何其诚恳耶。汝之为此。无异于粉刷二偶像也。

克：余尽余力耳。欲知两者之孰为优胜。则观二人之结果即可知矣。故余拟再就二者所处之境遇。详细述之。设汝以为余辞气鄙戾。则汝当谅余。以此实非余之言也。今试以颂扬不公道者之口吻出之。今人每谓公道者。人往往以为不公道而束缚之。鞭挞之。使之备尝极刑。而终将置之死地。斯时也。彼方悟人固当似乎公道而不可真公道。哀斯克勒之语。当用之于不公道。而不当用之于公道也。盖不公道者之所争为实际。实事求是。而非虚浮之外表。亦非似是而非之道也。诗谓不公道者之脑中。有肥沃之地。而聪明之教诲。由是而发生者。即以此也。惟不公道者人每以为公道。故常能得治人之权。凡彼所欲娶者可娶之。欲以妻人者可妻之。且以彼之专以利己为前题。而终不忘其不公道之目的。故不论其与人贸易或往来。终能胜人一筹。获利而致富。既富矣。则设欲助其友。伤其敌。较易于彼公道者远矣。不特此也。即祭神一端。彼亦远胜于贫苦之公道者。神之对于不公道者之感情。亦必较好于公道者。故人常谓神与人实联络一气。使不公道者每优胜于公道者也。

时则余方欲有言答覆。其弟哀地孟德续谓余曰。苏格拉底乎。汝勿谓言尽于此矣。

苏：尚有何言耶。

哀：至要之点。尚未论及。

苏：甚善。谚云“兄弟相助”。汝正不妨实行也。设克拉根有疏忽之处。汝尽可补苴罅漏。益畅其说。虽然。彼所云者。已足使余无地置喙。并使余无从为公道辩护矣。

哀：是何言哉。惟余以为尚有数端。亦须提及。俾克拉根之宗旨可更明白。父母之于儿女。师长之于子弟。无不教之以公道。然其所以教其公道者何欤。非为公道也。实为由公道可得人之称誉与尊崇。由公道可得财产与职业。故此等人每留意于己之外表。而以公道为之饰。克拉根谓不公道者每借公道之名而得种种利益者。即以此也。然世人之称颂公道如何乎。若曹常谓公道者为神所喜。天之以利益赐善人。如雨之降。此说适与诗人黑沙夺[①]与花满之见解吻合。黑沙夺曰。“天使公道者之橡树。子生于上。蜂聚于中。设公道者而畜羊。必使其羊之毛重而且盛。”此外彼复述种种相类之利益。花满之见地。亦不相上下。彼谓公道者之名。“如一神圣之君主之名。地供之以谷。树供之以果。羊供之以毛。海供之以鱼。”然谋衰[②]与其子之称扬公道。更甚于此。彼谓公道者之在来世。以高卧畅饮。头冠花圈。终日醉乡。为善德最高之酬报。此外称颂公道之尤甚于彼者。尚有人在。盖有人谓公道者所应受之酬报。不惟其本人享之。能延至其后裔至三世四世而未

① 今译为“赫西俄德”。古希腊诗人，代表作是长诗《工作与时日》。

② 今译为“默塞俄斯”。

已。以上诸说。皆若曹称颂公道者之议论也。至对于不公道者一方面。若曹亦有见解。谓此等人死后。必堕落于泥犁地狱中。充汲水之苦役。即其未死时。天已施之以种种刑罚。而此种种刑罚。即顷间克拉根所谓公道而似乎不公道者所当受之刑罚也。若曹之称公道而贬不公道。皆如是也。然论公道者不独诗人也。即散文中亦常论及之。故余愿汝更从他方面观察之。世人固众口一辞。以公道与善德为可敬。惟困苦不为人所喜。不公道之纵恣与快乐。得之甚易。惟为法律与人意所禁耳。若曹且谓诚实之人。每不能如不诚实者之有利。故常称羡恶人之安乐。非徒称羡之。设恶人而富有势力。则且尊敬之而崇拜之。彼诚实而无财无势者。人虽明知其为善人。固亦不相推重。然此尚不足奇。最奇者。则若曹对于神与善德之议论也。若曹谓神每降祸于善人。而赐福于恶人。彼乞食之先知。常至富者之门。自谓有天赐之权。能以献祭或他种法术。为人之祖宗赎罪于天。凡款而宴之者。彼即施其术而为忏悔。且可以微细之代价。使彼用各种幻术以助其友而伤其敌。盖此等先知。人固以为法术通天也。而此等先知每以诗人之言。为其根据。黑衰论恶人之途辙曰。“人可多行不义而不遇困难。盖不义之路平坦。而离家又咫尺不远。而于善德之前。神固置无数之阻力。而其路适如一登山之径也。”花满曰。“人苟多积罪恶。可以祷告献祭。俎豆馨香。媚于神以消释怨恫。盖神之意旨。固可挽回也。”此言又可为若曹所谓天意可以挽回之根据。诸如此类之书。其足以资征引者。指不胜数。为若曹所谓月之后裔谋衰所著者有之。为所谓工艺神之后裔屋否[1]所著者有之。且若曹忏悔之举。不独施于个人。有时竟行于城市区域之全体。不独施于

① 今译为“俄耳甫斯”。

生者。即死者亦可为之禳解。而使脱地狱之苦。设不尔者。则其结果将何如。人莫能知也。苏格拉底乎。凡年少之人。闻此天与人之对于善恶之观念。将有如何之影响乎。以余观之。凡灵敏之人。一闻此言。必如蜂之生翼。飞绕群花。欲一决己之究当为何如人。究当以何种方法。可使此生多受其益。吾知此等少年。或即以宾大之言自询曰。“余当从公道之行。抑当事讦诈之术。而后能登此难如升天之高塔乎。察人事已然之成例。殊觉余果事事从公道。而人不以余为公道。则无利可图。而困苦与损失。反可立待。使余而为不公道。反能得公道之名。而有现在将来之幸福。此众人之意也。然审视两方之结果既如此悬殊。则可如哲学家之结断曰。人之外表。既能压制真理而为幸福之源。则余自当尽力于外表无疑矣。余当以一善德之影象。布于余之四周。为余屋之庭园与廊庑。而蓄狡诈不测之狐于屋后。此亦先贤沃格落格[①]所赞成也。人虽谓掩己之恶颇非易易。余可自慰曰。凡伟大之事。本无易者。盖苟欲得安乐。非由此道不可。至掩己之恶。余当订秘约立政党以佐之。且词令家能教余借词令战胜于朝廷。借诡辩战胜于会场。故余决意半以词令。半以强权。攫非义之利。而不为人所疾指。虽余闻神不能欺。又不可干以私。然神果赫赫在上乎。设令如在其上。而竟不与闻人事。则余何畏乎哉。即或并理人事。余亦知若斯之神。即诗人所常常道及者。盖诗人固云神之意旨。可以随人之祝祷献祭而转移。故信与不信。均无不可。设诗人之言而确。则吾侪自当恣行不公道。而以不公道之结果。分献于神。盖行公道则虽可免神之罚。而实无利益可得。苟为不公道。则利益之来。源源不绝。并可作恶而祷祀。祷祀而作恶。以消释

① 今译为“阿尔赫洛霍斯”。

神怒。而逃免天降之刑罚。或犹谓人世之外。尤有阴曹。凡作恶之人。其人或其后嗣当在阴曹受刑。然亦无妨也。以彼先知等能以幻术或献祭等事。挽回阴曹诸神之意也。”以上诸说。皆都市中人之见解。而为之证人者。即俗所谓神之后裔之诗人与先知也。苏格拉底乎。凡能以公道之外表。而实行不公道。则对于神与人。均无不利。生前死后。均有利而无害。证诸贤哲之意亦不期而合。则人之从公道而弃不公道。果有何种之理由乎。且人既洞悉两方面情形。则欲使脑力充足之徒。或富于财势之人。重视公道。而不敢非笑他人之称颂公道。是乌乎可。即有人能证明余言之非。而以公道为然。吾知除一二已得真理与素性疾视不公道者之外。亦未必怒他人之不公道也。凡有时致怨于不公道者。大抵因一己之故。内省焉而胆怯。数计焉而年老。或积弱而无实行不公道之能力耳。予之以权能。则无不尽力以率作不公道之能事。然则向之所以致怨于不公道者。其故可不言而喻矣。吾侪所以有如是之议论者。其缘由在辩论之初。余与克拉根已详言之矣。而其至要之故。实以余弟兄觉上自太古。下至现代。竟无一人讨论公道与不公道之真正性质。亦未有论及公道何以于人为最利。不公道何以于人为最有害者。即或道及之。无非比较此二者所产之结果之优劣耳。设众皆研究其真性。而吾侪幼时即习闻真理。则今日亦无须彼此禁止作恶矣。盖作恶苟有极大之害于己。则人将自禁其作恶之不暇。余所以取激烈之态度而辩之者。欲汝能尽力发挥对面之意见耳。设斯拉雪麦格或其同类处余之境。则余知其措词将较余更激烈也。今余愿汝能不独以公道优于不公道之点告余。当告余以人之行此二者之影响果何如。何以一能使人善而有利。一则恶而有害。惟须如克拉根所要求。弗牵人名誉一端。盖汝设不述二者之真名誉。而仍以其伪名誉而统论之。则吾侪将谓汝非称颂公道。实称颂公道之外表。而教人仍于不公道为秘密之奉行。致汝之本意。无异于斯拉雪麦格所谓公道者强者之利益。不公道者为人一己之利而弱者之害也。然汝已承认公道为一种最大之利益。而人所以需之者。不独为其结果之优。乃为其固有之特性。如目之能视。耳之能听。卫生术之能使人健康也。故余欲汝于称颂公道之际。注意此一端。即公道与不公道之大利与大害果何在。他人之对于此二者之妄发议论。以酬报与名誉为比例。固不足道。余亦不复究诘。惟汝则不可与常人较。余知汝固毕生尽力于此问题者。设此而汝不承认。则余亦无言矣。否则当与余一较满意之答覆也。兹于结束之前。再重言以申明余意。余望汝不独以公道优于不公道告余。盖余所欲知者。即人之行此二者之效果当如何。何以一为利而一为害。至为神与人所觉察与否。可不论也。

克拉根与哀地孟德之才。为余素所钦佩。今闻其言。余更欣慰。遂谓之曰。显赫者之子[①]乎。余尚记克拉根于梅加拉战胜之后。有人制文贺之。其首段谓哀里斯登之子。真天赐大英雄之后裔云。余以为此语甚确。盖汝既不信不公道之利益。而能发如许雄论以辩护之。不可谓非天赋之才。余观汝兄弟之神色。察汝兄弟之语气。余固知汝等并非以己言为然。设余徒听汝等所云。则余必误会汝等之本意矣。然余愈觉汝等之饶有能力。使余愈难措辞。余实处于两难之境。一方面则余对于解决此问题。恐不能胜任。盖顷余所述于斯拉雪麦格之前者。尚不能使汝等深信公道胜于不公道。则余之能事已尽。然余苟吾舌存在。则终不得不竭吾智力而继续有言。盖余以为直接闻公道被人诋谤。而不一援助。似乎不义。

① 克拉根与哀地孟德之父哀里斯登为希腊之显赫者。——译注

故余拟凡余力之所及。当再辩护之焉。克拉根与众人均恳余勿放弃此问题。盖彼等诚欲研究以得真理。一为公道与不公道之性质。一为二者之利害。然余谓此问题之性质。非寻常可比。当用极锐之辨别力以比较之。故遂曰吾侪既非脑力过人之人。余以为不如用此法以譬喻之。设有近视之人。欲察见在远之细字。而偶于较近之处。得同样较大之字。则彼固喜其字之同。而他人亦许其先识其大者。后识其细者。则此非彼近视者一难得之佳运乎。

哀地孟德：诚然。然此事将如何譬喻此问题乎。

苏：容余详言之。吾侪所研究之公道。非即有时所谓个人之善德与国家之善德乎。

哀：然。

苏：国家非较大于个人乎。

哀：然。

苏：然公道之于大者。亦必因其大而易辨。故余以为当由大而小。先辨国家之公道与不公道。然后再以个人之公道与不公道比较之。

哀：此法甚善。

苏：当国家在建造之时代。则其公道与不公道。亦在建造之时代。

哀：诚然。

苏：当国家完备之时。则此二者亦臻于完备。设欲辨别之。谅亦较易。

哀：诚然。

苏：然吾侪不当自造一理想之国家乎。顾此诚非易事。请一思维之。

哀：余已加意思维。且甚望能言之成理。

苏：吾侪于建造之先。当先一观国家之来由。以余观之。国家之立。由于人类之必有待于互助。盖吾侪固各有所需。而无不他求而自足者。此非国家所由来之惟一原因乎。

哀：诚然。

苏：人既各有所求。而又需多数之他人供给之。于是各本其愿欲而合群而成团体。凡由此群此团体联络而成之全部。即名之曰国家。

哀：然。

苏：于是互相交易。有施者。有受者。而其宗旨则无非为彼此之利益耳。

哀：诚然。

苏：吾侪然后可建造此理想之国家矣。

哀：诚然。

苏：人所最大之需要。即为关系生活之谷食。

哀：然也。

苏：其次为居处。再其次为衣服等等。

哀：然。

苏：然后可一观吾侪所创之国家或都市。将如何供此种种之需求。吾侪设想一为农夫。一为工人。一为织匠。当再添一屦人。与他种供给人身需求之人。可乎。

哀：是无不可。

苏：任何最简单之国家。度亦必需四五人。

哀：诚然。

苏：然彼等当如何进行乎。当各以工作所得之效果。而公诸群众乎。如彼农夫之工作。当不惟为己。亦为其余之四人计。因是而彼所耗之时。亦当四倍于为一己而工作之时乎。抑彼当无庸问彼四人之食。只须备一己之需。而别用所余四分之三之时于建屋制衣等事乎。

哀地孟德意谓农夫当尽力于供食。而不必为分外之事。

苏：余意亦若此较善。即以吾侪而论。吾侪之趋向固不同。而各人之职业亦不同也。

哀：诚然。

苏：一人而为多数之事。与一人专心于一事。孰善。

哀：是诚专心于一事。

苏：设作一事而在不正当之时。则其事必败无疑。

哀：诚无疑。

苏：盖有职业之人。于其职业上当继续进行。固不可待至暇时而后乃及于此。

哀：诚然。

苏：然则人苟不与闻他事。专司一与其性情相近之事。而于正当之时为之。则其所产必较优而较多。

哀：然。

苏：然则一城之中。四人外当再添他人矣。盖彼农夫不当自制犁锄及其他机器。彼建屋者不当自制斧斤及其他工具。必赖他人为之。织匠与屦人亦然。

哀：诚然。

苏：于是木工铁工与他种工匠、皆发现于此创设之国家矣。

哀：然。

苏：不特此也。当再有各种牧人。俾农人可有牛为之耕。建屋者可有牛羊肉类充膳。革工与织工可有毛革为材料。且虽一一具备。此尚不得谓大国也。

哀：诚然。然苟有此种种。已非极小之国矣。

苏：然后可一观其城市中之状况为何如。一城而可无需输入之物。不可能之事也。然欤。

哀：是乌能。

苏：是则必别有人焉专务运输之事。

哀：是诚不可无者。

苏：然使此贸易之徒。惟知以人所余。补己不足。绝不移彼处所需之物俱往。则彼必无所获利而归。

哀：然也。

苏：然则彼等所产之物。其品质与多寡。当不独为本土人计。亦当为相互易交之地计也。

哀：诚然。

苏：于是须有较多之农人与工匠矣。

哀：然。

苏：时至于此。不当有专司输入与输出之商人乎。

哀：是亦不可无矣。

苏：然欲货物之能渡江海。可无多数之有技能之舟师乎。

哀：是非多不可。

苏：请再观城中之交易如何乎。盖各以已之所产而相互交易。即为创此国家之目的也。

哀：是必有购入者。亦必有售出者。

苏：于是彼等需市场。而又必有一定之币制。以为交易之标准。

哀：诚然。

苏：设一农人或工人携其所产入市。而一时无与之交易者。则彼将挟持所有而归。抑独自踯躅于市上乎。

哀：是均不可。当有以贩卖为业之徒在。凡在完备之国家中。体质薄弱而不能为劳力之事者。往往以金钱购入他人产出之品。而转以售诸需此品物者。

苏：然则此国中又需一种专事贩卖之商人矣。贩卖为得当之名称乎。盖凡置身市场中。以买卖为业者。谓之贩卖。携货物至他处交易者。谓之负贩。然乎。

哀：诚然。

苏：然此外尚有一种事人之人。以知识论。固不足道。惟富于膂力。转移执事。供人役而得工资。谓之佣工。然欤。

哀：然也。

苏：此种人非亦为国中人民之一部份乎。

哀：然。

苏：吾侪之国家。至此可谓完备乎。

哀：度已臻于完备。

苏：然公道在何处。不公道在何处乎。此二者究发生于何种之事业乎。

哀：以余观之。大抵发生于人与人交易之际。此外未必有发生之地也。

苏：余以为汝意诚是。惟吾侪当极意研究之。勿知难而退。

哀：然则吾侪试先一观若曹之生活如何。若曹自必各备酒食衣履房屋。既有室家。然后工作。夏则散发袒臂。冬则饱食暖衣。麦饭菜根而外。每团粉为饵。煮米为饼。借叶以代器。编柴以为榻。

而其小儿女则冠花圈。食饼饵。谈笑快乐。高歌以酬神。然若曹亦以荒年与战争之不可测。而必稍有积蓄也。

克拉根：汝未尝道及调味之品也。

苏：诚然。余几忘之矣。此固不可无也。可以盐与橄榄牛乳饼等充之。此外可如乡人之烹树根蔬菜以调味。而果实则如枣豆等可也。有此种之食品。若曹可优游卒岁。康宁终老。而为其子孙者。自亦必有同等之境遇也。

克：然也。然此与饲畜一城之猪。何以异乎。

苏：然则尚有何需乎。

克：汝当与若曹以普通便利之物。凡欲安乐之人。每喜坐安适之睡椅。凭时样之食案。而有可口之甘脆也。

苏：诚然。余知汝意矣。汝所欲余虑及者。非特为一国家之组织。而为一奢华之国家之构造也。余以为此亦无不可。盖于此等国家中。公道与不公道。或者更易于觉察。惟以余观之。余顷间所论者。实为一健全之国家。今汝欲易以侈靡者。则余亦不反对。想闻吾向者所言朴实之生活而满意者。未必有人。人固往往喜用睡椅食案与别种安适之器具也。此外尚须香料香水及各种化装品。而每种又须有各殊之名目。寻常之房屋与衣服。不复能使之满意。于是须画师绣工。各极其能。金银象牙与各种金类。必应有而尽有矣。

克：诚然。

苏：于是此国所固有。将不敷用矣。盖一城之中。非将增加无数关于奢侈上之职业乎。如诗人、猎人、伶人、乐人、跳舞家、弹词家等。以及制造各种奢华便利物品。如制妇女之衣服者。又如家塾之师傅。亦不可无。仆役尤须较多于前。即如看护乳母整容庖人。亦必倍增。且人所食之肉。不独牛羊。则牧羊牧牛而外。又须牧豕之人矣。

克：然也。

苏：苟生活之状况如是。则有待于医士之调摄诊断者众。斯医士之人数。亦当视昔有加。其然欤。

克：自当什伯倍蓰而未已也。

苏：此本足自给之国。至此恐不复足以自给。其然欤。

克：然。

苏：于是将稍取邻国之地以耕种畜牧。而彼邻国者设亦如此邦之从事奢靡。则亦必以聚敛为事。而亦欲取吾之地以利己。其然欤。

克：是诚不可免之事。

苏：以此而有战争之事乎。

克：诚然。

苏：然则吾侪虽未知战争之有利或有害。战争之超于国家中公私上种种恶事之原因。可断言也。

克：然也。

苏：然此国家当更扩充而完备之。军队即为当扩充之一端。苟无此。则外无以拒敌。内无以保民。

哀：人民何以不能自卫而须军队乎。

苏：是诚不能。汝岂已忘顷间设想此类国家时之建议乎。吾侪固已承认人当各司其事。一人而兼数事。不能有良好之效果。

哀：诚然。

苏：夫战争非亦艺术之一种乎。

哀：然。

苏：此艺术亦必如制屦之经意乎。

哀：然。

苏：如屦人者吾侪固不容其兼为纺织或造屋者。俾彼可精制完善之屦。故各人须有其专司之事。苟与其性情相合。彼当终其身乐此不疲。而成一完善之工人。战术较诸他艺。关系尤为重要。然欲其术精。非易事也。彼农夫屦人等。而命之充兵。可乎。即以游戏而论。奕为消遣品。然非专心于是者。决不能成国手。欲成国手。非自幼专心于此不可。工人兵士。何独不然。工人而无其术。虽有利器。亦于事无补。然则兵士而不熟谙战术。徒授之以刀剑等器。岂即能与人战争耶。

哀：诚然。凡能精于一器者。非有训练不可。

苏：余以为守御者之责任愈重。其艺术须愈精。而其训练之时间当愈多。汝以为然欤。

哀：此固无疑。

苏：且其业须与其性之所近。然欤。

哀：然。

苏：于是吾侪当择宜于战争之人而命之守城。

哀：是诚吾侪之职务也。

苏：然。选择诚非易事。惟吾侪终当毋畏其难而尽力为之。

哀：诚然。

苏：以守护而论。彼壮年好胜之人。非如守望之犬乎。

哀：汝意何谓乎。

苏：余意此二者均须敏于视听。勇于逐敌。设与敌人接触。须力能擒之。

哀：此固二者所均不可无。

苏：且苟欲其善战。非勇不可。

克：然。

苏：然不论马与犬或他种动物。苟无精神。可望其勇乎。盖精神非外力可胜。诚意所至。畏怯自灭。汝有此种之观念乎。

哀：余固有之。

苏：然则任守御之责者。须有如何之体魄。已证明矣。

哀：然。

苏：且其人必有过人之精神。

哀：诚然。

苏：然此等体魄强硕。精神充足之徒。不将为野蛮之人。而以野蛮手段对付众人耶。

哀：然欲免此。诚非易事。

苏：此等人当能勇于对敌。而亲于对友。不然。不俟敌至。已自相残害矣。

哀：诚然。

苏：然欲得富于魄力而又有温良之性者。是岂能哉。盖二者适相反也。

哀：然。

苏：然二者缺一。即不成为完备之守御者。而欲兼有此二者。又万不能。然则完备之守御者。竟为不可有之人矣。

哀：余颇恐汝之不幸而言中也。

至此余觉脑筋紊乱。遂复追思前所论者良久。乃曰。噫嘻、余友乎。吾侪已忘当前之影像。无怪吾侪之不知所云也。

哀：汝意云何。

苏：余谓世诚有此二者兼全者。

哀：当于何处得之乎。

苏：动物之可为模范者亦颇不鲜。即以犬论。彼驯良之犬。非皆亲于其所识。而凶于其不相识者耶。

哀：余固稔知之。

苏：然则欲守护者兼此二者。想亦非不可能之事矣。

哀：诚然。

苏：然则凡有守护之责者。除有魄力外。非亦当有哲学家之性情乎。

哀：汝意何谓。

苏：此种性情。犬亦有之。观于犬即可知矣。

哀：究为何种之性情耶。

苏：犬见其不相识之人。吠而逐之。见其所识者即欢迎之。虽然。彼不相识者未尝虐待之。彼相识者实亦未尝利益之。汝觉其奇乎。

哀：此余所未尝想及者。然余觉汝言颇确。

苏：犬有此种天性。是诚可喜。故余谓犬为真正之哲学家也。

哀：何能遽为哲学家。

苏：犬之鉴别其友人与敌人之面貌。无非据知与不知为准则。然则犬非以智识而定好恶之好学者哉。

哀：诚然诚然。

苏：然好学非即好知识者乎。好知识者非即哲学家乎。

哀：诚然。

苏：于人何独不然。凡能以仁爱待友者。非即好学识之人乎。

哀：诚然。

苏：故真正之守御者。当兼有哲学、精神、与魄力。非欤。

哀：是诚均不可无。

苏：然则吾侪所求之性近守护者。已得之矣。惟当若何教育而训练之。此问题或者已能使吾侪研究之本题（公道与不公道如何发现于国家）稍有头绪。

哀地孟德亦以为此问题诚有补于吾侪研究之本题。

苏：吾侪不当以此问题之多耗时间。而遂抛弃之也。

哀：诚然。

苏：然则不妨暂费一小时于此。以教育英雄为吾侪讨论之题目。

哀：诚善。

苏：然何者当为彼等之教育乎。依从来相沿之法。则教育分为二端。体育运动与音乐。前者为身。后者为心。有较此更善之道欤。

哀：未有。

苏：吾侪先论音乐而后体育。可乎。

哀：甚善。

苏：汝所谓音乐者。包括文学而言乎。

哀：余意诚然。

苏：文学当兼理想的与事实的乎。

哀：然。

苏：年少之人。当以二种均授之。而又当先授以理想的也。

哀：余不解汝意。

苏：余意当先以理想之故事。教授儿童。此种故事。虽不能谓其全系虚妄。而实则大半为理想之构造。以授儿童。颇为适宜。盖彼等尚未届体育运动之时期也。

哀：甚善。

苏：余之所谓先音乐而后体育。即斯意也。

哀：余已明汝意。且觉汝意甚是。

苏：汝亦知凡事之开始。为最重要之点。而于教育柔嫩之儿童。则更宜注意。盖其将来人格之如何。全在此时也。

哀：诚然。

苏：吾侪可任儿童听无意识者之妄谈。而致所受之影响。适与吾侪所期望者相反乎。

哀：是乌乎可。

苏：然则立取缔传奇小说之法。是为第一要务。彼任取缔之责者。当于其善者认可之。于其劣者排斥之。且须使凡为母或乳母者。只可授儿童以业经审定完善之本。俾儿童可受良好之影响至今所流行者。当删去其大半。

哀：汝指何种传奇小说而言欤。

苏：不论大小。均有可删者。

哀：汝所谓大者指何种。

苏：如花满与黑西及其他著名诗人或传奇家之著作是也。

哀：汝指若曹所著之何种传奇而言。且其劣点何在。

苏：此劣点殊非寻常。盖其著作实全打诳语。而且为一种极恶劣之诳语也。

哀：若曹之著作中何处有此劣点。

苏：若曹描摹一种或一英雄之性格时。每有谬误之处。如画家之不能画人之本来面目也。

哀：汝言甚是。此种著作诚无可取。然汝意究指何者。

苏：如黑西所述之犹拉纳[①]之作为。及克洛纳[②]之酬报。可谓诳语之最大而最恶劣者。如克洛纳之举动。及其子所加于彼之苦楚。无论真确与否。终当束诸高阁。不使少年及无知识者闻之。苟有不得不涉猎之故。亦只可极少数之人。作为玄妙之事而读之。

哀：诚然。此种书籍。诚大可反对者。

苏：此种故事。不当流行于吾侪之国中。盖少年人万不可教之以干犯莫大之罪戾。如谓“恶子虐父。即为效法神明之行为”等诸邪说是也。

哀：余极表同意。以余观之。诚不当容其流行于国中。

苏：且余以为吾侪苟欲使为兵者知战争为最不幸之事。则凡诗人等所述之天上之战争。神与神之战争。巨人之战争。及衣服上所绣之天神战争。皆当废弃不谈。盖此种种者皆无稽之谈。也即人间英雄豪杰。同族或同类间之战争。亦非吾侪所当道及者。设若曹而信奉吾侪之言。则当告以战争非善事。人民间从未有战争之事。凡为母者。皆当以此告其儿女。而诗人等当本此旨而著书立说。然黑非斯得及花满之诗中。神怪战争之事。指不胜数。即谓其有寓意。亦不当述之于儿童。盖儿童不知何者为寓意。既一印于其脑。即不易于变更。故儿童所闻之事。皆须有道德之思想者方可。

哀：汝意极是。然设有人问汝此种良好之著作。当于何处得之。汝所指者系何种。则将如何答覆乎。

---

① 今译为“乌拉诺斯”。他从大地母亲该亚的指端诞生，象征希望与未来，并代表了天空。

② 今译为“克洛诺斯”。天神乌拉诺斯和地神该亚之子，他吞噬一切时间，是时间的创造力和破坏力的结合体。

苏：汝与余现为建设国家之人。而非诗人与传奇家。建国者当知著作家应以何者为宗旨。然后检阅而审定之。至著书非建国者之职务也。

哀：然涉及神学者。当取何宗旨。

苏：无他。不论其著作为诗为词。为歌为赋。苟涉及上帝。当表示其本来面目。不可矫诬上天也。

哀：汝言甚是。

苏：上帝既真善。何为而不表示其真善乎。

哀：诚然。

苏：物之善者。无伤害之性乎。

哀：无。

苏：无伤害之性者。不能伤人乎。

哀：然。

苏：不伤人之物。不能为伤害或恶事之原因。然乎。

哀：然。

苏：然则善为有益。然乎。

哀：然。

苏：故善为安宁之原。然乎。

哀：然。

苏：然则善不能为一切万事之因。而仅为事之正当者之因。明矣。

哀：斯固明甚。

苏：然则设上帝而善。彼必不能如众人所云为万事万物之造化主矣。凡人类所遭之事物中。为彼所造者实居少数。盖事物之善而有益于人类者甚鲜。而恶而有害者实指不胜数。凡此少数之善者当属之上帝。以彼实为之原因。彼恶而有害者。其来源当于他处探得之。

哀：余以为此言甚确。

苏：然则花满与其他诗人等之见解实大谬。而吾侪不当听从之。盖若曹谓"徐乌[①]之门有箱二。一则满置佳运。一则满置恶运。凡得好恶各半者。其生世时。安乐困苦。兼而有之。仅得其恶者。则终身困苦。而以此好恶之命运授人者为徐乌。"凡述及徐乌与雅西宜[②]间之毁约与战争等事。则吾侪当摈而弗道。即如哀斯克勒所谓上帝欲灭一种族。辄先使其人作恶等语。亦不当使青年人闻之。设有人述倪屋白[③]之苦楚。或披落不[④]人之厄运。与赤落琴[⑤]之战事等。吾侪亦当禁阻。或强其注一明白之解释。俾读者能明上帝所行。无非善与公道。若曹之受刑于上帝。实为有益。至彼等之苦楚。不得谓为上帝所施予。不论诗词歌赋。凡述及上帝为困难之原因者。当删除之。盖此类著作。有破坏亵渎与自杀之性质。而非完备之国家中所应有也。

哀：余意亦然。且愿表同意于此类规定之法律。

苏：此为吾侪法律或条例之一。凡诗人等皆当服从。其著作中有涉及上帝者。当云彼为万事万物之造化主而惟恶不与焉。

哀：然也。

苏：对于神道设教何者为吾侪之第二条例。汝以上帝为一善

① 今译为"宙斯"，希腊神话中的主神，第三任神王，是奥林匹斯山的统治者。

② 今译为"潘德罗斯"。

③ 今译为"尼俄珀"。

④ 今译为"佩洛匹达"。

⑤ 今译为"特洛伊"。

变之幻术家。能时时变其形状以惑世人乎。抑终古以其固有之形相示人。而无或变者乎。

哀：苟不加以讨论。非余所能置答。

苏：请先以各物之变化论之。凡物之变化。苟非自变。即外力使然。

哀：诚然。

苏：凡物在最健全时代。其变化每最少。譬诸体质壮健之人。不易为饮食所影响。最茂盛之树木。能受暴风烈日而不伤。

哀：诚然诚然。

苏：然则智勇最高之人。非最不为外力所变动者欤。

哀：然。

苏：且余以为凡物皆可以此例推之。如房屋器具衣服等。其组织最完善。即最不受地位与时代之影响。

哀：甚确。

苏：然则最完善之物。无论为天然的与人造的。皆不易以外力而变动。然欤。

哀：然。

苏：上帝之自身。与凡上帝所造化之物。非皆至完善乎。

哀：此固然也。

苏：然则岂非亦最不受外力者乎。

哀：诚然。

苏：彼虽不受外力。彼岂不能自变乎。

哀：彼固能之。

苏：设彼竟自变。则将变为更善。抑较劣乎。

哀：彼于道德上及美观上本已完善。毫无缺点。设有变自必较劣。不能更善也。

苏：哀地孟德乎。汝言固甚是。然无论上帝与人。想终无愿变为不善者。

哀：此固理之所无。

苏：然则上帝终不愿变。始终以其本来形相示人。盖此为其最完善之形相也。

哀：以余观之。此为自然之理。

苏：然则诗人所云诸神变相之说。亦当在所距斥。如“诸神变成似外来之人。周游各城。”或如“海盍[①]之变形而求赈于人”诸说。吾侪均当视为子虚乌有之诳语。不容其存留。即为母者亦不可许其听诗人之妄言。而教儿童以某神某神每以某种某种奇恶之形像。现于晚间云云。若曹当知此种谬说。徒养成儿童以胆怯之性。而且每因此以致怨于天也。

哀：余极表同意。

苏：神虽不变。然人每以为其神通不可思测。而以变相示人。然乎。

哀：或者有之。

苏：然汝以为上帝愿欺人乎。愿以幻相示人乎。

哀：余不能断。

苏：汝意真正之诳语。为神与人所共恶乎。

哀：余不解汝意。

苏：余意人皆不愿其最高之一部。或于其最高最重要之问题上。受人之欺。

哀：余仍不明汝意。

① 神名。——译注

苏：此或汝以余言为有深意之故也。实则余意甚浅显。不过谓人之心。为人之最高之一部。设此而受欺。或为人蒙蔽。是人所最深恶者。

哀：余明汝意矣。此固最可恶者。

苏：言辞上之诳语。不过由摹仿心之所觉而生出之影像。非真正之诳语。惟受欺者之心之懵懵。可谓之真正之诳语。汝以余为不谬乎。

哀：甚是。

苏：此种诳语。非神人所共恶乎。

哀：然。

苏：然言语上之欺人。有时亦为有用。如对付敌人。或吾侪友人中有疯颠而欲有损害之举动者。吾侪可以虚言禁止之。或如吾侪之研究古神仙事。每以不能确知上古情形。假造种种近乎事实之古事以供读者。

哀：诚然。

苏：然可以此种种而谓上帝亦然乎。可谓彼以不知上古而亦须造虚无缥缈之言乎。

哀：恶。是何言欤。

苏：然则彼诳语之诗人。固未知上帝乎。

哀：未知。

苏：抑上帝亦畏其敌人而诳语乎。

哀：无是理也。

苏：彼之友。度又未必有疯颠之徒也。

哀：是决无之。

苏：然则在人类以上之神。万无以诳语欺人之理矣。

哀：诚然。

苏：然则上帝于行为上及言语上皆极简单。极信实。盖既不改变其形相。又不以言语欺人。

哀：汝言深合余意。

苏：然则以此为吾侪对于神学所当取之第二条例。想汝无不赞同。其条例即为凡神皆非幻术家。绝不更变其形相。亦不以他种幻术欺人。

哀：余极赞成。

苏：故吾侪虽为钦佩花满之人。不当称道其诗中所述徐乌之荒诞不经之梦。亦不当颂扬哀斯克勒诗中所述"西的斯[①]谓阿泊落[②]与其结婚之时。高歌颂赞其后裔。并以种种誉善之辞。慰安其心志。祝颂人间稀有之幸福。方以其言为可信。孰意杀其子者。即此人云云。"此种谬说。令人闻之。对于神生憾怒。苟有人倡之。则不当有和之者。且凡负教育之责者。不许以悠谬若此之说。蛊惑儿童。盖吾侪所需要之教师。必为能明上帝真意之人也。

哀：凡此条例。余皆赞成。并愿订成法律。

---

① 女神名。——译注

今译为"塞蒂斯"。

② 神名。——译注

今译为"阿波罗"，古希腊神话中太阳神与司掌文艺之神。

第三章　教育中之艺术

苏：然则吾侪对于神道设教之条例。其大旨当如是。传奇古事之中。有可以授儿童者。有绝不可以告人者。盖吾侪欲使举国之人。皆能敬神孝亲而爱友也。

哀：然。想吾侪之宗旨。是诚不谬。

苏：顾欲使人民勇敢。非须另授以他种学问乎。而此种学问。须能除去其畏死之心。盖人而畏死。岂能奋勇哉。

哀：是诚不能。

苏：然以人世之外。为真别有阴司冥府。至其地则至可恐怖。焉能无畏死之心。而战争时愿誓死不降乎。

哀：此又不能。

苏：然则吾侪对于此等著作者。又须有取缔之法。吾侪当告以若曹固有之说。全系子虚。而且有害。若曹当称扬来世。而不当言死后事。以耸人听闻也。

哀：此固吾侪之责任也。

苏：然则吾侪当废去无数无意识之诗词。如"宁为地上贫苦人。不为地下众鬼王"等。诸如此类。不胜枚举。皆当删去之。并须告花满等著作家。吾侪所以出此之故。非为其辞之不佳。实以其辞之太高。不合于少年之性情。充其弊之所至。将不能使军人视死如归也。

哀：诚然。

苏：吾侪并须废弃种种可惊可怖之名目。诗人所用以描摹死后者如地狱、黑河、恶鬼等是也。非特此也。凡古事传说中之令人闻之而战栗者。亦当删去。此种著作。非特有害于儿童。即为保母者闻之。亦将因是而胆怯气馁也。

哀：此种危险。势所必至。

苏：然则吾侪不当一律废弃之乎。

哀：诚然。

苏：此外尚有吾侪所当努力者在。

哀：然。

苏：吾侪不当删去古来名人著作中歌泣悲怨之事乎。

哀：此固不可不删去之。

苏：删去之亦岂无当于理乎。试思吾侪顷间所定之宗旨。岂非人不当以死为可怖。而亦不当徒以同伴之死为可怜而可哀欤。

哀：此固吾侪之宗旨也。

苏：然则人不当悲其同伴之死。而谓其死后必受种种苦厄者也。

哀：何为其然也。

苏：然人而明晓此理。岂非已足以自慰。盖既知其同类之死。非为受苦。则尚何悲之有。

哀：诚然。

苏：由此推之。人苟丧其子。或其弟。或其财产。当不复悲观矣。

哀：此自然之理也。

苏：然则凡具学识之人。鲜有悲怨之时。设不幸而遇患难。亦能泰然处之。

哀：此等人之对于患难。自不若常人之视为重大之逆境。

苏：然则对于古来名人之事迹上。凡涉及悲怨者。当一律删去。盖悲怨一道。当属于妇女或学无根底之人。且妇女中智识较高者。亦不当有悲怨之情。故吾侪国民。义当绝不悲观。而以他人之悲观为可耻也。

哀：诚然诚然。

苏：惟然。而吾侪当更请求花满等。弗谓奋勇如阿克里[①]者。虽为女神之子。仍有呼天抢地。种种悲苦之情形。即如潘拉姆[②]。既为诸神之亲属。亦不当有一切悲观之论调。盖年少之人。习闻此等谬说。即不以忧怨为可耻。偶遇稍不快志。其情即不能自制。而于方寸间有戚戚矣。

哀：诚然。

苏：以理而论。此固吾侪所不得不行之事。设欲更改方针。须有充足之理由而后可。

哀：诚然。

苏：不特此也。凡任守御国家之责者。即当态度沉毅。而无或狂笑之时。盖狂笑过度。每有激烈之反动力随之而至。

哀：余亦以为然。

苏：即以世人而论。凡品学高尚者。即未尝狂笑过度。况神乎。

哀：神固更不应尔也。

苏：然则如花满所谓诸神笑不可仰诸说。以汝之意。吾侪当不容其流行于世矣。

哀：此固不当存留者。汝以此为余意。亦无不可。

---

① 今译为"阿喀琉斯"，荷马史诗《伊利亚特》中的著名英雄人物。

② 今译为"普里阿摩斯"。

苏：再者真实无妄。人所贵重。神与人皆不当诳语。诳语不过偶为疯颠之药石。而当专属诸医士。常人无用之之道也。

哀：诚然。

苏：一国之中有诳语之权利者。其惟执政者乎。执政为对付敌人计。或为公众利益计。容可权宜而出于诳言。此外无他人可有此权利。设有人以执政者诳言。而亦以诳语报之。则其罪较诸体育家不以其体力之真况告于教习。病者之不以其真病情告于医家。舟子之不以其船之境遇。或其同伴之举动告诸领袖。更为重要。

哀：汝言甚确。

苏：设有人诳语而为执政者所察。则不论其为医为工。必执法以科其罪。盖此等行为。于国家实有大不利也。

哀：诚然。吾侪苟欲实行吾侪之主张。此为不可少之举措也。

苏：此外则吾侪之少年。须有节制之能力。然欤。

哀：诚然。

苏：然节制之要点。非即服从长官与抑制情欲乎。

哀：然。

苏：然则吾侪当赞成花满所谓“希腊人畏惧领袖。奋勇前进”诸说矣。

哀：吾侪自当赞成之。

苏：然彼所谓酩酊大醉。其眼如火。其心如鹿等语。果何如乎。

哀：此亦莫须有之说也。

苏：此种议论。固可供人消遣之用。然要亦有害于青年。故余以为亦宜删去之。

哀：甚善。

苏：若曹著作中有谓杯盘狼藉。为人生最快意之遭。枵腹而没。为最可怜之事。又谓徐乌神见希阿[①]女神之美。致放浪形骸。有不端之行为云云。诸如此类之说。汝意以为何如。

哀：宜急摈斥。不复道及。

苏：吾侪当以古代大人物之能耐劳苦。述之于年少人之前。俾若曹知勉于耐苦任事而无怨。

哀：诚然。

苏：至古人中之贪财或贿赂之事。亦不当使青年人习闻之。如财可通神等语。万不可令流行于人间。即如相传大英雄阿克里受希腊人金钱等妄说。亦当斥为子虚。余固极喜花满之诗。然其谓阿克里有贪财之举动。与阿泊落神有种种不能自制之行为。余实不之信。而且反对之。盖英雄如阿克里而谓其有此卑鄙之性。重视金钱。阿泊落为徐乌神之子。而谓其不克自治。为情欲所困。致有种种可鄙之行动。岂情理中事耶。

哀：汝意甚善。

苏：此外如此类之传说甚多。吾侪当命著作者申明此种行为。实出于著作者之妄想。并申明所谓某神某英雄。非真为神与英雄也。此外当再不准若曹以神能造恶之说。告诸青年。盖吾侪顷已证明神固不造恶者也。

哀：诚然。

苏：此种邪说。每有极大之影响于人民。盖神之作恶不为过。则己之作恶何不可谅耶。故余以为此种邪说。当以严厉之法除去之。否则害于人民之道德实甚焉。

哀：余表同意。

---

① 今译为“赫拉”，古希腊神话中奥林匹斯主神之一，克洛诺斯之女，宙斯的姐姐和妻子，主管婚姻和家庭，称为“神后”。

苏：然则何者当存。何者当去。何者当加入。以及神与英雄豪杰之人格行为当如何。吾侪已一一审定之。尚有吾侪所未经议及者在乎。

哀：容当熟思之。

苏：对于人当取何如之宗旨乎。此非吾侪所尚未议及者乎。

哀：诚然。

苏：顾此非吾侪刻下所当解决者。

哀：何故。

苏：著作者之最大之过失。非即若曹所云“恶人每安乐。善人多困苦。公道即损失之谓。不公道为谋利之道”诸说乎。然此类之主张。而容其流行于世。岂吾侪之所愿哉。盖吾侪方以为必取与此相反之说。始能有益于青年。其信然乎。

哀：然。

苏：然则此非已涉及吾侪所讨论之公道与不公道之本题乎。

哀：然。

苏：故余以为吾侪对于人当取如何之宗旨。可暂弗论。必也于既明公道与不公道何者有益之后。然后再定对于人之宗旨。未为迟也。

哀：汝意甚是。

苏：对于诗词之宗旨。已论之详矣。请一讨论其派别格调可乎。俟派别格调论定之后。更进而论其资料与格式。

哀：汝意云何。余不能解。

苏：余当使汝明晓余意。设余稍易余辞。度汝即能明之。汝已知古之神仙传与诗词。无非为上古近代将来之记述文字欤。

哀：此固余所知者。

苏：而记述文字中。或为简实之叙事。或为摹仿之叙事。亦或有兼此二者焉。

哀：余又不能明汝意矣。

苏：噫、设余任教授之责。必为一极劣之教习无疑。盖欲己意之见白于人。如是其难也。然则余当效短于口才者之以种种譬喻。求达己意。汝尚忆一立特[①]之首段乎。花满述克立西[②]如何求哀克孟[③]神之释其女。及哀克孟神之如何以怒语拒绝之。此固明明为花满之言。惟其下则以克立西之语气出之。原著作者极力拟仿克立西之语气。其目的则欲使读者至此。能如耳闻彼老祭司(克立西)之声音笑貌。彼于屋笛散[④]中之叙事。亦通篇用两方面之语气叙事。

哀：然。

苏：故记述文中有著者直叙之文。亦有托于书中人物之语者。

哀：诚然。

苏：当著者于代书中人言语之际。彼岂不极其拟摹想像之能。而使读者不觉其为著者之言乎。

哀：然。

苏：彼拟摹书中人物之时。或摹姿态。或写口吻。此非有摹仿性质之文字乎。

哀：然。

---

① 诗名。——译注
今译为“伊利亚特”，古希腊诗人荷马的史诗。

② 今译为“赫律塞斯”。

③ 今译为“阿伽门农”。

④ 诗名。——译注
今译为“奥德赛”。

苏：设著者直叙一事。而无假定之语言。则即简实之文字矣。余深恐余意之不能大白于汝。故再取譬以喻之。设花满不为书中人语气。而简实叙之。谓“该祭司手携为女赎罪之金。先恳希腊人民。偕往神处。请求释女。然后同赴哀克孟神前。吁恳神收赎罪之金。而许还其女。众人复和之于后。然斯时神乃怒不可抑。声色俱厉。斥使速去。并告之以万无释女之理。于是该老人（克立西）战栗而退。既惧且恨。不敢发一言。迨抵家。乃大呼阿泊落神之名。历述己于阿泊落神所立之功绩。如献祭建庙等。求其一念前功。而为之运动于哀克孟神”云云。花满而果以如是之文字。叙述此事。则即为简实之记述文矣。余以不工诗。未能作韵语。

哀：余明汝意矣。

苏：然试思此种文字之反面将如何。设简实之叙事均删去。而竟存书中人之问答。则为何种之文字欤。

哀：余亦知之。如剧中之曲文是也。

苏：汝真能领悟余意矣。顷间汝所不明者。今皆豁然贯通。其然欤。故余谓诗词与古神仙传等。有为拟摹之文字者。如歌剧与悲剧之曲文是。有为简实之叙事者。如古之祝神诗歌是。亦有兼是二者之作。如普通之诗词歌赋是。汝殆恍然于吾意欤。

哀：然。余固知汝之命意矣。

苏：然则愿汝弗忘吾侪顷间所讨论之题。题为诗文之派别格调当如何。至于诗词之宗旨。固已详论之。

哀：余未之忘也。

苏：余意吾侪当先决对于摹拟之术。当取如何之态度。著者于叙述古事时。吾侪当容其摹拟古人。抑当禁止之。设令必经审定。则当容其通篇摹拟。抑当仅许其用之于局部。此亦吾侪所当自决者。

哀：汝意其即谓歌剧与悲剧文字。当分别许其流行与否欤。

苏：然。然余亦非专指此二者而言。苟为理所不容。于义皆当准此。

哀：余亦赞成。

苏：哀地孟德乎。凡任守御国家之责者。汝以为亦当从事于摹拟之术乎。吾侪顷间岂非已证明一人当尽力于一事。设从事于多数之事业。势必致一事无成而后已。

哀：此固顷间已证明者。

苏：摹仿之术亦然。摹仿多数之人物。总不及摹仿一人一物之精而得其神似也。

哀：此固无疑者。

苏：盖欲一人而能同时摹仿多数不同之人物。理之所难。即其摹拟之人物性质相类。亦未必能尽美。汝岂不以歌剧与悲剧为摹拟之文字乎。然善著歌剧者。未必亦善著悲剧也。精于悲剧者。未必亦精于歌剧也。

哀：诚然。欲二者并精。诚非易事。

苏：善歌者。未必即为伶人也。

哀：然。

苏：悲剧与歌剧同为摹拟。然伶人之善演此者。未必亦善演彼也。

哀：诚然。

苏：且人之性情。非比他物。欲摹拟而得其神。迥非易事。

哀：然。

苏：故余以为吾侪当保守吾侪之宗旨。凡有守御国家之责者。

当摒弃一切。专以保守其国家之自由。为惟一之目的。凡与此目的相背者。当放弃之。设欲有所摹拟。则当择与其宗旨事业相合者。自幼习之。俾能精于其术。而有补于青年。所谓与其宗旨事业相合而可摹仿者。即勇敢而有节制力之人物也。凡鄙陋龌龊之人物。万不可一一摹拟之。恐有影响于其人格。汝不知摹仿诚有影响于人乎。人有恒言曰。习与性成。始为摹仿。继为习惯。虽欲去之而不可得矣。

哀：此固余所知者。

苏：然则受吾侪以国家相托者。亦不可许其摹仿妇女居家之饶舌。或困苦疾病时之怨天尤人等。

哀：诚然诚然。

苏：吾侪亦不可使之摹仿奴隶。或奴隶所为之事。

哀：是诚不可。

苏：凡人之不善者。均不可摹拟之。或为恇怯之徒。或为出入醉乡。专从事于游戏者。或多行不义。而以毁谤他人为能事者。即疯颠之徒。人亦不得摹拟之。盖疯颠直与恶同。可知之而不可效法之也。

哀：然。

苏：且亦不可摹拟工匠舟子等。

哀：诚然。若曹既不以此为业。安能摹拟之哉。

苏：即如马之鸣。牛之吼。波涛之澎湃。与雷声之隆隆等。亦非所当摹拟者。

哀：此固势所必然。疯颠者既不可摹仿。则凡此种种。又安可毕肖其声哉。

苏：叙事之派别格调有二。一为品行端正。学问高超者所用。

一为品学兼劣者所用。汝意果如是乎。

哀：此二者之性质如何。

苏：善人当叙事之际。欲述一善人之言行。想彼必甚愿摹拟之。而不以其摹拟为可耻。书中人之行为愈善。则其摹拟愈力。苟书中人为疾病嗜好或他种外力所困。致不能尽力于善。则其摹拟之与即稍衰。设叙事而至品行卑劣之徒。则不愿一一研究。一一摹拟。盖此种人素为其所轻视。岂肯肖其形声哉。设偶然而有摹拟之笔。则必此品行卑劣者在为善之时。或以滑稽而为之也。

哀：余意诚然。

苏：然则此等人之记述文字。其格调当与花满所著者相似。直叙与摹拟兼而有之。而二者之中。尤以直叙为多。汝意其以为然欤。

哀：此等人之派别格调。固当如是。

苏：此外尚有一种叙述者。凡卑劣之行为。皆愿极意摹拟。有时竟其事愈卑贱。而摹拟愈力。从未以一事太卑贱或太无价值而辍笔者。且其摹拟也初非游戏。实出于诚意而行之于公众之前。如雷电风雨之声。丝竹管弦之音。飙轮之呜呜。滑车之辘辘。以及鸡啼、犬吠、马鸣、狮吼等。无不一一求得其似。故其所著之文字中。大半为摹拟的。而直叙的不多见也。

哀：此辈之叙事。固如是也。

苏：第一种则文中之变化甚少。叙事之法甚简单。苟有摹拟。不出高尚行为之范围。

哀：诚然。

苏：第二种之叙事。则变化多端。而无一定之范围可言也。

哀：然。

苏：然此二派与兼此二派者。岂不可包括一切文章乎。盖除此三者以外。别无达意之术矣。

哀：固能包括之。

苏：吾侪之国中当容此三派并存乎。抑当择一于性质相反之二者之中乎。

哀：余意仅留专摹善德之一派。

苏：然。然而彼能兼是二派者。颇受人之欢迎。而此一派中。尤以默戏[①]为最甚。凡儿童仆役及多数社会中人。皆欢迎之。

哀：此固不能讳者。

苏：然汝将谓人之性情不同。人当就其性之所近。各司一事。不可知彼演默戏者之摹拟众态。故此种派别。不当存于吾侪之国中。

哀：斯诚余意。

苏：以此之故。吾侪国中为屦人者终为屦人。不兼为舵工。为农人者终为农人。不兼为审判官。为军人者终为军人。不兼为商人。其他任事者。皆若是。

哀：诚然。

苏：设有善演默戏之徒。至吾侪之前。欲一显其无所不能之技。则吾侪当敬服其能。而称誉其技之无匹。然必告人曰。若曹所为。乃法律所禁。不能留于国中。故当傅之以油。赠之以花冠。而亟使他适。盖吾侪国中所需要。必有益于人民之身心者。故三派之中。惟以专摹善德者为国中所当有。吾侪于论及军人教育时。固已明言之矣。

哀：设吾侪为政。固当如是行之。

---

① 以姿态演戏者。——译注

苏：以余观之。音乐与文学上之教育。至此可告结束。以古之神仙传与记述文之资料派别。均已详言之矣。

哀：余亦以为然。

苏：然后吾侪可讨论歌与歌之音调。

哀：诚然。

苏：设吾侪而欲前后一致。则对于音调所当取之态度。固尽人知之也。

克拉根（笑）：汝谓尽人知之。然恐余不在其内。盖余虽能逆料其大概。实不能确知其究当如何也。

苏：虽然。无论如何。余可逆料歌有三部。即字与声调与音律也。

哀：此固汝可逆料者。

苏：至于字之何者为合于歌。何者为不合。可不必论。盖以字之可用不可用。皆可以吾侪已定之法律规定之。汝以为然乎。

哀：然。

苏：声调之优劣。全视所用之字为转移。然欤。

哀：然。

苏：吾侪讨论文字资料之际。岂不云当删去悲怨之音乎。

哀：然。此固顷间道及者。

苏：汝知音乐。请告余何种音调能表忧怨。

哀：最足以表忧怨者。次中音之立田[①]调。与最高之立田调。此二者均为轻慢之音也。

苏：然则即当一并废弃之。盖此种音调。于妇女尚不适用。况男子乎。

---

① 今译为“吕底亚”。

哀：诚然。

苏：次之、则在上位而为吾侪守御者。亦不可有嗜酒与怠惰之习惯。

哀：此固万不可有者。

苏：音调之中。何者有柔慢与怠惰之性。

哀：乙翁宁[①]与立田调。此二者同以舒缓称。

苏：于军事上有用乎。

哀：是适相反。于军事上有用者。惟杜令[②]与弗立琴[③]调。

苏：余于音调一端。素无智识可言。惟余需一可以用为军歌之调。凡忠勇之人。遇事势危迫之时。或事业垂败。为国捐躯。及其他种种困难之事。能闻之而使其精神振作。百折不回。而视死如归者。此外尚需一种可用于安平自由之时代。而能感发和平之思想者。使人能以虔诚之祝祷动天。以和平之劝勉感人。惟其遇事忠勇。出言和缓。凡其所为。每收良好之效果。然亦不以其成功而有自矜之意。闻他人之忠告。见他人之善德。一一服从而行之。惟恐有所不及。此二种之音调。余愿汝留之。简言之。当留者。即危险时与和平时之音调。顺利时与不幸时之音调。有胆量与有节制之音调是也。

哀：此即余顷所言之杜令与弗立琴调也。

苏：如所留者即为此二种。则吾侪可弗更倾耳于他种离奇之声调矣。

哀：是固无须矣。

---

① 今译为“伊奥尼亚”。

② 今译为“多利亚”。

③ 今译为“佛里其亚”。

苏：然则制三角式之多音琴者。造多弦之新奇乐器者。吾侪均无所用之矣。

哀：然。

苏：然彼制箫与吹箫者当何如乎。以音调而论。箫笛之音。岂不较彼多弦之器。更为卑劣乎。

哀：诚然。

苏：然则城中所用之乐器。惟琴与筝。乡间之牧童。横吹一管。斯足矣。

哀：此可为讨论声调之结束。

苏：然则赞成阿泊落[①]与其乐器。而废弃麦修[②]与其乐器。想亦无足为奇矣。

哀：是诚何足奇。

苏：于是顷间所谓奢华之国。至此已于无意中洗去其奢华矣。

哀：吾侪所行甚善。

苏：然后吾侪当继续进行。以终其事。音调之后。自当及诗之韵律。吾侪对于此节。亦当取以前之态度。但求何者能表忠勇与和谐之意。不必有种种复杂之诗律也。以相当之韵律。用之于宗旨相同之辞句。不当以韵律而忘言辞。盖吾侪当以言辞为体。而音调韵律为用也。至何种韵律。方为合用。则为汝之责任。请详告余。盖汝顷已以音调教余矣。

哀：此实非余所能言。余仅知韵之律凡有三。诸韵律由此三律而组成。适如声有四音。而各种音调。皆由此而出。此为余所知者。至于何者表现何情。则非余所知矣。

---

① 尚琴之乐神。——译注

② 尚笛之乐神。——译注

苏：此事余意须商诸台孟[①]。彼可说明何者表示卑鄙、怠惰、暴躁、与其他恶劣之性格。何者表示其适与以上相反者。余尚能约略忆及彼以何者为善。何者为不善。惟不能详言之矣。故余意不如就教于彼。盖此非易事也。

哀：余意亦然。

苏：然诗之优美与否。视乎音韵谐适与否以为准。众所共知也。

哀：诚然。

苏：顾此优美之音韵。必用之于优美之字句。正如良好之音调。必用之于良好之言辞。盖吾侪之宗旨。当如顷间所言。须先有言辞而后及音调韵律也。

哀：然。

苏：然而言辞之性质。非视作者之性格而定耶。

哀：然。

苏：此外种种。要亦惟言辞是赖。其然欤。

哀：然。

苏：然而言辞之美。与音韵之和。又全赖其人能有真朴之性格。否则徒然也。至余之所谓真朴。乃是指高尚有道德之人。非愚拙之代名也。

哀：甚善。

苏：青年人而欲出身任事。非当以优美与和谐为其永久之方针乎。

哀：此固然也。

苏：不独音乐如是。即其他技艺中。如图画。如织锦。如绣工。

---

① 今译为"戴蒙"，公元前5世纪时的音乐家。

如建筑。如雕刻。与各种具有制造性质之艺术。莫不需有优美与和谐之点在。不特此也。即人与动植物。亦何独不然。有美观者。有恶劣者。然人不当以外观为事。须有道德之实际。而后饰之以优美之言辞动作。庶乎其可。

哀：汝言甚善。

苏：然则吾侪所当取缔之事物。范围不更当扩充乎。彼诗人等只应于其著作中描摹善德。否则屏诸国外。然对于他种艺术。如图画、雕刻、建筑等。亦只许其表扬善德。而不许其有荒淫鄙陋之表示。凡不能服从此律者。当禁止其从事于该业。以其有关于人民之道德。盖吾侪所谓负守御之责者。不当浸淫于不道德中。如群羊充饥于毒草之地。逐日饲食而不觉。而终至于不可救之一日。吾侪国中艺术家。须能辨识真确自然之美观与善德。而发挥之于技艺。俾人民目之所见。耳之所闻。无往而非善德与美观。其影响之大。能使人于幼时即不期然而从善如流。正如凉飔之醒人。而人不自觉也。

哀：养成贤明当国者之法。固莫善于此矣。

苏：余故谓音乐上之训练。较他种为重要。外观之美。音韵之和。能深印于儿童之心。其所印入为善。则其将来发表于外者亦善。所印入者为恶。则其发表于外者亦恶。凡于音乐上得良好之学问者。则其辨别美恶。彷佛出于天性。各种制造品之缺点与劣点。莫能逃其鉴别。而意且憾之恶之。物之佳者。则爱玩摩挲。而乐受其益。当其少时。好善恶恶。已若纯任自然。而无待于抉择。及既壮。则思想力已发达。欲明其好善恶恶之所以然。则皎然若指诸掌矣。

哀：余诚赞成汝意。余意吾侪国中之少年。诚当先以音乐教育之。而教育之道。当以汝言为准则。

苏：吾侪之识字亦然。字母固不多。然须能识各字中之字母。方为识字。不论其字之大小多寡。不论其在何处所。吾侪须一一识之。不当以易地而遂觉难于辨认。否则不得谓之识字也。

哀：诚然。

苏：设字在水中。或在镜中。则字形反映。顾吾侪亦自识之。盖其形式虽反。而究之字未或变也。

哀：诚然。

苏：故余以为吾侪与吾侪所养成之贤明当国者。须知胆量、节制、器度、与其他善德之真相。且不论此二者在何事何物上。均能辨别。方可为真知音乐。盖此二者之所在。本无一定。惟恃人能随时随地辨别之。而定其趋向也。

哀：汝言甚合余意。

苏：设有人焉。调和美德与美观而兼有之。则非为一最完美之景象乎。

哀：斯诚最完美者也。

苏：最完美者。非即最可爱者乎。

哀：然。

苏：有音乐之精神者。非即最爱最可爱之人物者乎。无此精神乐者反此。

哀：汝言对于人格之不完备者固极确当。盖人格上设不能完美。则即不能为最可爱之人物。然仅外观不完美。则人当取其和顺之积中。而爱之如故也。

苏：察汝之意。汝所以发此言。或者汝所属意者即如是之人。然余亦为然。惟余尚有一义当询汝。过度之快乐。与力能自为节制相近乎。

哀：此乌能。盖过度之快乐之有害于身心。实与痛苦无异。

苏：有他种善德与之相近乎。

哀：无之。

苏：近于放纵与淫荒乎。

哀：是诚最近。

苏：淫荒之快乐。有更甚于情欲上之快乐乎。

哀：殆不复有。且快乐中之如疯似狂者。亦莫甚于此。

苏：然则正当之爱。当爱真美观与秩序。而且必出之以中庸之道。

哀：诚然。

苏：然则荒淫与无节制。不能近真爱。

哀：是诚不能。

苏：然则凡爱物与被爱者。皆不可近过度之快乐。苟有之。即不得谓真爱矣。

哀：此固万不可有者。

苏：然则吾侪所建之国中。当订一法律。凡人之爱人。皆当有纯正之宗旨。如父之爱子。不可有他意杂乎其间。而其爱一物也。必先得该物或该人之许可而后可。此律可禁止越出真爱之范围者。设有越出者。则可以粗鄙俚俗目之。或以不识美德责之。

哀：余意亦然。

苏：吾人音乐上之讨论。至此可为一良好之结束矣。盖音乐之目的。非即使人能辨别美德而何。

哀：然。

苏：音乐之后。当继以体育。此亦少年人所必须经过之锻炼也。

哀：然。

苏：体育当与音乐同。训练之期。当始自幼时。而继续至老而后已。对于此事之意见。余谓身体上之完善。不能使品格完善。而高尚之品格。实能使身体完善。惟欲知汝所对于此节之见解。究表同意否。

哀：余诚同意。

苏：然则凡其心已受正当之教育者。则当再加以体育上之训练。至如何训练之法。吾侪可择其大纲而言之。庶免冗长无味之病。

哀：甚善。

苏：此大纲之中。首为守御者不能嗜酒。此固顷已言之矣。盖守御者之不当饮酒。较他人为更甚。他人可醉。而守御不可或醉。以醉则已不知其身在何处矣。

哀：然使身任守御之责。而复须他人为之守御。宁不可笑乎。

苏：对于若曹之食品当如何。吾侪所以教育之故。非欲训练之而使能为国战争乎。

哀：然。

苏：彼运动家所有之身体上之习惯。皆适宜于守御者乎。

哀：何不适宜之有。

苏：然余恐若曹之习惯。终必不免于委靡。且于其体有绝大之危险。汝不见彼等耗去光阴于睡梦中乎。一旦稍不如其习惯而行。或其所食之品。稍异于平日所习惯者。则必致极危之疾病。汝知之乎。

哀：余固知之也。

苏：然则吾侪战争上之运动家。当有一较好之训练。以此等人须如守夜之犬。疾于视而敏于听。遇出征之时。则能耐风霜之苦。

饮食之变。而身体不受其影响也。

哀：余意亦然。

苏：故最高之体育。与顷间所论之最简朴之音乐同。

哀：何以故。

苏：无他。以余觉体育中。亦有如音乐之简单而完备者。尤以军事上之体育为然。

哀：汝意何谓乎。余不能解。

苏：余意可以花满之诗证明之。花满之诗中。述及英雄宴会时。从未有鱼。军行未出国界。尚在海拉斯浜岸时。已不得有熟煮之肉。所有者惟熏肉耳。盖熏肉只须火与燃料。于行军最为便利。可以免携带釜镬之累。

哀：然。

苏：余亦确知花满从未道及可口之羹汤。且不独花满之诗为然。凡精于运动者。莫不知苟欲体力强壮。非若此不可。

哀：然。若人之见解。固诚不谬。

苏：然则汝殆不复赞成雪拉格[①]式之膳。与雪雪来[②]之烹炮之术矣。

哀：余不赞成。

苏：雅典所著名之糖制食品。想亦汝所反对者矣。

哀：诚然。

苏：此种奢华之生活与饮食。适与音乐中各种复杂离奇之音调等。汝以为然欤。

哀：诚然。

---

① 今译为“叙拉古”，意大利西西里岛上的一座城市。

② 今译为“西西里”。

苏：音乐上之奢华。使人放纵。生活上之奢华。使人疾病。以对面言之。简朴之音乐。为产生美德之母。简实之体育。为增益健康之道。

哀：汝言确甚。

苏：然国中荒淫与疾病者日多。则法廷与医院势必日有所扩张。而律师与医士亦因之而应接不暇矣。以国中之患此二病者。不独奴隶。彼自由之国民。亦不能免此。

哀：然。

苏：然此于教育上非为一极可耻之事乎。盖此即为教育不完备之最大之明证也。使犯此者而仅为一般智识浅薄之工人等。则犹可说。乃号称曾受完备之教育者。而亦不免于沦胥。岂不大可耻哉。身受教育。不能自制。乃亦必受他人之判断。求他人之指示。则苟非教育不良。何至于斯。

哀：余意此诚为最可耻之事也。

苏：汝以此为最可耻者乎。然人之作恶有更甚于此者。人而终身为诉讼案中之人。则无论其为原告与被告。要非幸事。孰知乃有以此为荣者。此等人往往以奸诈为才。每自矜其虽获罪戾，而能不蹈法网。然其目的所在。欲得微细之利耳。而实则此种利益。绝无价值之可言。彼不知不欺人。不欺己。固为更高贵之事业。此非更可耻者乎。

哀：此诚更可耻者。

苏：人非体肤受伤。或偶患传染之病。乃以荒淫放纵之故。致其身罹种种疾苦。而乞灵于医药。适使哀斯里伯[①]之后人。坐是遂定种种离奇之名目。如伤寒胃气等。此亦非可耻之事乎。

---

① 今译为“阿斯克勒比斯”，特洛伊战争时期希腊联军中的医生。

哀：然。若曹固喜巧立名目者。

苏：然余意哀斯里伯以前。未必有此种放纵所致之疾病。观于花满诗中之由立弗拉。即可知矣。当由立弗拉于出洛埃受伤之后。并无种种药品与手术。惟有麦粉酒一杯。而当时哀斯里伯之弟子。未尝责进酒人之不当。亦未尝以司其事者为轻视人命也。

哀：此为偶然之事耳。

苏：非偶然也。古时黑洛笛格[①]之前。凡为哀斯里伯之弟子者。固未尝用现行之繁琐医术也。迨黑洛笛格出。事势为之一变。盖彼为多病之人。方药医术。试验既多。于是遂以其所以自害者而害人。

哀：请详言之。

苏：黑洛笛格者。身有痼疾。非借随时调摄不为功。且以实际回春之无术。发明一缓死之术。终其身为一虚弱无用之人。彼固无时不珍重其身体。苟稍不安适。即受无上之苦楚。然终能借科学与医术之力。带病延年。支持至衰老而终。

哀：此可谓其艺术上难得之酬报也。

苏：酬报固然。然人而不知哀斯里伯何以不以缓死之术授人。则视为酬报可也。彼哀斯里伯所以不以此术授人者。非其艺术之不精。实以深知完备之国家中。人各有业。不能消磨其光阴于永久疾病之中。然彼意指普通有职业者而言。富有者固不在此例也。

哀：汝意谓何。

苏：设一工匠染病。则彼必求医师以速治之法。或命吐泻之药。或施刀割火烙之术。使其疾得早日痊可。设告之以饮食品中

① 今译为“赫罗迪科斯”。

何者当忌。何者当戒。首部须裹。或须避风。及诸如此类之手续。则彼必立应曰。余实苦无暇裕之光阴。可消耗于卧病之中。而废弃余之职业也。于是彼径辞医师。而仍继续其所事。其结果。则不出二途。或躯体康复。而能操业如故。或疾益深而不支。不复能望其久延。竟溘然而长逝也。

哀：然。凡在此等境地之人。其所求于医药者。自应如是也。

苏：盖如是之人。岂非皆有职业者乎。有职业。而为疾病所困。则其人虽一息尚存。于彼复何利之有。

哀：诚然。

苏：然彼富有财产者。则不可同日而语。盖富有之人。往往无职业之可言。

哀：然。若曹固无所事事也。

苏：汝曾闻福雪赖（Phocylides）人苟能自给。即当积累善德之说乎。

哀：余未尝前闻。然余以为人于能自给之先。即当从事于此。

苏：吾侪不必斤斤于此义。惟须自问曰。彼富有者之积累善德。为其分内之事乎。抑彼可离此而生存乎。设为分内事。则吾侪当更进一解以问曰。彼令人废时失业之医术。虽不能行于有职业之工匠等。而行于福雪赖所谓能自给而积累善德者。其可无碍乎。

哀：如顷闻所言过于重视躯体。而出乎体育上所当注意之范围者。则其有害于积累善德。是诚无疑。

苏：诚然。即推之治军、治家、治国。亦皆有害。惟其害之最大者。即使人不能得思想之发达。盖人每以头痛脑昏等病。归咎于思想过度。而于是高尚之理想。大受阻力而不能进行。且人苟有此种谬见。则必终日惴惴于其躯体之不康健。又何暇计及所当积累之善德哉。

哀：汝意诚不谬。

苏：故余谓政治家哀斯里伯所授人者。惟关于平常病症之医术。凡人婴疾。苟其气体本强。彼即以手术或速于见效之药石治之。使之可仍尽力于国家。而对于久为病魔缠扰者。彼亦不复以种种缓死之术。使之块然食息于世。盖彼以为此等人之生命虽存。无补于世。且孱弱之父母。必产孱弱之子女。故凡不能如常人之生存者。即不当更烦医治。若犹强续其命。则于国于人。两无裨益。

哀：汝以哀斯里伯为政治家乎。

苏：此固甚明。观其子之行为更可知矣。当出洛埃之役。其子固皆大英雄而行医术者也。汝尚记当曼纳勒[①]受伤时。彼等自创口吸其淤血。而施之以速治之药石乎。彼等从未以伤后之何者当戒。何者当食告之。其治之之道。无异于由立弗拉之饮麦酒。至于支离多病。或以无节制而致病之徒。则彼等一概谢绝。虽利诱之以密达王之富厚。曾不为之稍动。盖此等之生命。于人于己。均无利益可言。而医术药石。非为若而人者设也。

哀：彼等诚不愧为明哲之人也。

苏：诚无愧也。然著悲剧者与宾大之说。与吾侪所言相反。彼等谓哀斯里伯为阿泊落神之子。后以贪得金钱。救治一垂死之富人。致遭雷击而死。然余以为二说之中。必有一诬。设吾侪承认其为神子。则可断言其必不贪。承认其贪。则可知非神子无疑。

哀：汝所言皆甚善。惟余有一事须询明于汝者。一国之中。不当有优等之医师。与优等之审判官乎。而优等之医师。非治病

---

① 今译为“墨涅拉俄斯”，希腊神话中斯巴达的国王，阿伽门农之弟，海伦之夫。

多而经验富者乎。优等之审判官。又岂非人品上之阅历最高者乎。

苏：此二者余亦以为当有。然汝知余以何者为优等乎。

哀：愿闻。

苏：然汝以不相同之二端。置于一问题之中矣。

哀：何以不相同。

苏：汝以医师与审判官相提并论。而实则此二者之性质。诚不同也。为医师者。当自幼从事于其业。获病症上最高大之智识与经验。以为其术。且必以其人躯体多病者为上。盖已既多病。能备尝各病瞑眩之状况。则制方给药。其于人必较善。盖行使医术。非以其身。乃以其心也。设临诊须身。则其身安可多病。惟其以心。故其心非清不可。

哀：甚善。

苏：然审判者则不然。审判者以心治心也。惟其以心治心。则万不可容其幼时即与心地不良。或脑筋紊乱之徒接近。否则必致藏其心于种种万恶中。一见他人之行为。即能以己度人。历历指其罪恶。有如多病之医师。尤能体贴他人之苦楚。故余以为凡欲任审判之责者。当有高洁之心。清澈之脑。然后可与人以公正之判断。然欲其能如是。必其人从未尝为罪恶所渐渍。绝无罪恶上之经验方可。惟其如是。故善人每性情简质。而为奸诈者所欺。盖其脑中本无罪恶之印象也。

哀：然。若而人固常易为人欺也。

苏：故以余观之。少年不可遽为审判官。必也更事多而情伪尽悉。当于年长之后。熟察他人罪恶之性质。而不可躬自作恶。而即以作恶上之阅历。审判他人。换言之。任审判之责者。当用其罪恶上之智识。而不可有罪恶上之经验也。

哀：斯诚最高尚之审判官也。

苏：且彼必为善人方可。此固汝所已言者。惟善人能有善心。如顷间所言之奸诈多疑。以犯罪作恶为能事者。一遇同类之人。彼必以己忖度。而不能秉公判断。及遇道德高尚而未为罪恶所渐渍者。则自觉其多疑奸诈之无谓。非徒如是。彼且虽有眸子。迄未能识一诚实之人。盖彼之脑中。从未留有诚实之影象也。然斯世恶人多而善人少。宜所遇亦恶者常多于善者。故作恶之徒。称誉而附和之者必多。而彼亦遂自以为能而不自知其愚矣。

哀：汝言洵不诬也。

苏：然则吾侪所需之审判官。须为年老而有道德者。盖恶人不能知道德之性质。惟有道德者。本其历年观察上之所得。能兼知善德与恶德之为何物。故以余观之。真有智慧者为有善德之人。非有恶德之人也。

哀：余意亦然。

苏：然则吾侪当以如是之医术。如是之审判。行之于国中。此二者能使身心无病之人。更有进步。彼孱弱多病。以恶骄人。不可救药者。则听其自取灭亡可也。

哀：诚然。此等人之对于国。对于己。固莫善于死。

苏：且少年人既受简朴之音乐之陶淑。则久之自能有节制。既有节制。则未必多须乎法律与审判。

哀：此自然之理也。

苏：及既受音乐上之教育而能节制。然后再授以简朴之体育之锻炼。则其所需于药石者亦鲜矣。苟有之。亦意外之事也。

哀：然。

苏：其所以须种种之习练与劳动者。非欲其如运动家之徒长膂力。实欲振作其对于国家之精神也。

哀：诚然。

苏：人每以此二方面之教育。一为修养心性。一为操练躯体。而实则非然。

哀：然则其目的为何。

苏：以余之意。任教育之责者。当以修养心性为二者之目的。

哀：何以故。

苏：汝见专志于体育。与专志于音乐者。其所收得之效果为何如乎。

哀：果何如乎。请详言之。

苏：一则使人刚强过度。一则使人失之孱弱。

哀：诚然。余固觉专事运动者。往往近于野蛮。而专从事音乐者。每过于委靡而不能任事。

苏：然此野蛮之行。系其精神使然。设从而教育之。果敢弘毅即为之胆量。放任之。则必流为慓悍凶顽之性格。

哀：余意亦然。

苏：夫文人与哲学家。当有温文恭逊之善德。固也。然设过其分。又势必委靡不振。授以相当之教育。其善德乃能刚柔适中。

哀：然。

苏：吾侪之意。任守御者当兼有二种之德行品性。

哀：然。

苏：此二者当各求其相称。

哀：诚然。

苏：凡具此二德而相称者。必能忠勇而有节制。然欤。

哀：此诚无疑。

苏：彼不能有此相称之二德者。其人非凶悍。即恇怯。

哀：然。

苏：人情初闻温和悦耳之音乐。觉音乐之可爱。由是遂从事于此。而以音乐为娱情适性之事。当此时也。其性格之陶镕于音乐。必适如铁之出自炉中。圆转屈伸。悉如人意。不复如前此之脆硬而不中于用也。然设不加以限制。一任其流连于此而忘返。则必至精神靡散。成一不足有为之懦夫。此又如铁之融化于炉中。火候过而散越不复凝聚矣。

哀：汝言良明切。

苏：设其人之精神素不振作。则此种不良之效果。不久即现。设其人而精神饱满。性格刚强。则其沉溺于音乐。必使其人暴躁轻怒。小不如意。烦恼随之。而其烦恼亦不能持久。斯时也。其人遂不能有一定适当之精神与性格。徒为一喜怒无常之人耳。

哀：然。

苏：体育之于人亦然。设有人焉。专心体育。饮食兼人。举止言动。均与学子相反。坐是躯体之健全。迥非常人可比。吾惧其必以此骄人矣。

哀：然。

苏：设彼此外绝。不与闻他事。非惟不求学问。不为智识上之研究。即其固有之脑力。亦不使之发达。则其脑筋从未受培养之益。而有所增进。茫然无所知晓。终身如在雾中。此诚势有所必至而不可免也。

哀：此诚不可免者。

苏：其结果必至为一仇视学术。不可理喻之人。终其身如野兽之动辄以力。而不知文化之为何物也。

哀：此亦势所必然者。

苏：以此之故。天以音乐与体育间接授人。一则为躯体上的。一则为思想上的。此二者之于人。当两两相称。盖亦如琴瑟之弦。缓急从宜。惟其称而已矣。

哀：此大抵为天之本意。

苏：故凡能调和此二者于一身。而能有最完善之性格者。则可为真正之音乐家。较诸仅能转轴拨弦者。不可同日语矣。

哀：汝言诚确切不移。

苏：吾侪之国中。苟欲政府之存在。则如是之人才。诚不可少。

哀：然。是安可以无之。

苏：于是吾侪对于教育上之大纲。固已昭然明矣。至于小节。如人民之跳舞、田猎、与运动等。无须一一规定之。盖此类常依据大纲而定。大纲既得。自能以类相从矣。

哀：然。此非难事也。

苏：然则吾侪其次之问题。非即谁为统治者。而谁为人民乎。

哀：然。

苏：年少之人。当为年长者所统治。其理固已甚明矣。

哀：此固无疑。

苏：而统治者又须最善之人。

哀：此亦甚明。

苏：最善之农工。非即最专心于农事者乎。

哀：然。

苏：吾侪所需之治国者。不当求得适合治国之人耶。

哀：然。

苏：彼当才识过人而关心国事。其然欤。

哀：然。

苏：凡人必尤关心于其所挚爱之物欤。

哀：此一定之理也。

苏：凡人对于关系于己之物。必有爱心。设彼认此物之成败利钝。即为一己之成败利钝。则其爱斯物也必甚。汝以为然欤。

哀：诚然。

苏：然则吾侪当谨慎选择统治之人。选择之际。吾侪宜注意于最愿尽力于国家之利益。而最反对国家之损害之人。

哀：然。如是者可为正当之人矣。

苏：然犹必随时监察。藉可知其对于国家之决心。果能不转移于外力之驱迫诱惑。或竟抛弃其初有之决心也。

哀：何谓抛弃其决心。

苏：容余解释之。人之变易其决心。其故有二。一出于自愿。一出于勉强。盖苟知己之见解不善。必弃之而易以善者。此为出于自愿。明明践履真理。而乃为外力所惑。换步移形。是为出于勉强。

哀：出于自愿者。余闻命矣。惟出于勉强者。其理由尚不能了了。请再详言之。

苏：汝不见人不愿其善之为人所夺。而乐其恶之为人所隐乎。失真理非即恶。得真理非即善乎。而能知万物之真相。非即得真理之谓乎。

哀：然。余意真理之被夺。诚非出于自愿。

苏：此种非愿的攫夺。非出于势力与惑人之术而何。

哀：余仍不能明汝意。

苏：此系余言之不透澈之故耳。余之本意。简言之。不过以人之决心。有以外人之劝告而改变者。有以疏忽而忘怀者。一则为外力所惑动。一则为时候所消灭。汝明余意乎。

哀：然。

苏：凡为外力动摇者。大抵以困苦祸患之将至。而更变其素志。

哀：汝言甚善。

苏：若曹或受甘言之蛊诱而软化。或闻恫吓之言辞而失措。

哀：诚然。

苏：故余以为守御之最善者。当惟国家之利益是视。对于若是之人。自幼加之以监察。且随时试之以外力。观其究能不为势力或私利所动。致抛弃素有之宗旨与否。择其坚持不惑者而识拔之。见利忘义者而摈斥之。汝以为善否。

哀：甚善。

苏：当使之备尝困苦艰难。以试观其能否终不忘其宗旨。

哀：然。

苏：然后再以第三种之试验。察其行为果何如。今人试马之胆怯与否。每引之至喧哗热闹之区。以观其举止。于人亦然。吾侪当临之以极恐怖之事。然后置之于安乐繁华之境。以观此二者之影响于彼为何如。总言之。吾侪之试验此辈。当胜于试验炉中之金。庶可确知其人之果能否始终如一。遇事不变。而不负其音乐上所得之利益。设有人焉。自幼时至壮年。能胜各种之诱力而从未挠屈者。吾侪当推之为统治国家之人。始终敬之爱之。其身后当为之建碑立像以纪念之。彼一经试验而颠仆者。不足道也。余以为吾侪选择统治与守御之人。非由此法不可。惟余兹所言者。只其大略。而非细则也。

哀：提挈纲领足矣。

苏：所谓统治者。惟指其执最高之权者而言。若曹当外拒强敌。内保人民。俾国家可安如磐石。至顷所言之守御者。则又用以维持统治者之旨意。

哀：余意亦然。

苏：然后吾侪当再多方饰为诡词以尝试统治者。观其可欺与否。既知其不能欺。人民此后须深信不疑方可。盖此种虚构之说。乃偶一为之。而有益于国家者。顷已详言之矣。

哀：然。然究当用何种之诡词耶。

苏：无他。即非尼基[①]人所习用而形诸口头者。此语前固习行于他邦。而诗人又谓颇能见信于人。然设用之于今。余不能决其仍能见信于人否也。

哀：余觉汝为此言。颇若踌躇而不愿出诸口者。何也。

苏：设汝闻余以上所云。即知余所以踌躇之故矣。

哀：请径言之。毋滋顾虑也。

苏：唯。余竟言之可也。惟余亦不知当以如何之胆量。与如何之言辞而出此。然要之余必以此说先试之于统治者。继试之于守御者。最后试之于人民。告之曰。夫人于少年时代。实为一梦。凡所受之教育与训练。亦为虚幻之事。盖人于少年时受抚养教育。均在地层之下。地层为身体所自生。即其他生人所用之军械及各种器皿等。其由来亦托始于地。其在地层下。既创造一一完备。然后其地乃涌现而出土。以此之故。地为人之母。既已地为人母。则凡在一地者。皆当力护其地。不使受人凌践攻击。而视其他人也。当亦视为地之后裔。而长与己为同胞也。

---

① 今译为“腓尼基”，古代地中海沿岸兴起的一个民族。

哀：所言如是。毋怪汝顷间之踌躇而不愿言矣。

苏：然吾尚未毕吾说。此仅其半耳。请尽言之。汝曹于一国之中。以彼此均产生自地。人人同胞。然造化汝曹于地中者则上帝也。而上帝造汝曹之法不同。欲其于人间执统治权而有高贵之荣誉者。成之以金质。为之辅弼者。成之以银质。其余工匠农人等。则成之以铜或铁质。而此种阶级。分际必不容紊。虽传至后世多历年所亦然。惟如金与银之性质相近者。固可有时而调和。以金统之父母。而偶有银统之儿女。或以银统之父母。而乃有金统之儿女。固均之无不可。惟有一规例。为上帝所重言申明。而人当绝对服从者。即人必始终重视其子孙之血胤不乱。设一金统或银统之人。而有铜铁杂乎其间。则其人必降杀阶级。其子孙为工匠农夫。而不复为人所恤。设铜铁级中之人。而有金银级之子孙。则自升进而为统治或辅助统治之人。而原其所以必有此规例者。以神曾告人。国家一经铜铁级中之人之统治。其国必不免于灭亡。余之诡词如此。汝以为能见信于人乎。

克拉根：诚欲今之人信此言。余恐不能。能之或后之来者乎。

苏：余亦固知其难。然无论如何。此种诡词之传播。终能使人之对于国家。较有忠爱之心也。诳语之作用。大率如此。至是吾侪当相率地所产生之英雄。至彼统治者之下。容其指定一最适当之驻扎之地。俾可弭内乱而拒外敌。迨既布列营垒。然后乃命之祭神。祭神后更命之安排常驻之计划。

克：诚是。

苏：适宜之居处。须能避夏日之酷暑。与冬日之严寒。

克：汝指居处之房屋而言乎。

苏：然。然而必为军士之壁垒。不当如商人之房屋也。

哀：二者果何以异乎。

苏：容余详言之。守羊之犬。岂不有时以牧人之训练未善。或饥饿之故。致抛弃其固有之责。而反如狼之肆虐于羊乎。果尔。此非最可怖之事哉。

哀：斯诚可畏。

苏：故吾侪之对付军人。当切实注意。恐其徒有强力。不惟放弃保卫人民之责。而反凌虐人民也。

克：此诚当注意者。

苏：然完善之教育。果能使之为稳健完善之军人乎。

克：若曹固已受完善之教育者。

苏：然余尚不能深信若曹即为稳健完善之军人。教育之必要。与完善教育之能使人明乎人与人之关系而以仁心待人。固亦余所深信者。

克：然。

苏：余意军人之能稳健完善与否。不独教育使然。即其生活之状况。及所有之资财。亦均与有密切之关系。设此二者适当。则易勉为知方有勇之军人。而可免侵害人民之隐患。想有识者未必以余言为谬也。

克：汝言诚是。

苏：然则可一思若曹生活之状况当何如。第一之要义。即若曹不可有无须之财产。亦不可有人所不能入视之庐舍。食品当不事奢侈。应有尽有而已。盖若曹固勇而节俭者也。所入之多寡。当适敷一年之用。而每岁由人民供给之。每膳必赴会食之所。又恐其眩于金银。当告之曰。汝曹体魄之中。已富有天所赉与之金银。更无须此身外流行之物。设有之。是适点污天所赉之金银。盖黄白物实为种种罪恶之源。而若曹所具者。乃神圣而无瑕疵者也。故国民中惟若曹不可怀挟此物。不宁惟是。即藏诸宫中。或以之为器皿。亦决不可。必如是。若曹方能不自失而拥护其国。设若曹而有室家土地资财。则将为农人商人。不复为军人。抑或为暴虐役人之地主。不复为保卫人民之干城。果尔。则若曹将互相仇视。互相倾陷。久之久之。其害之大。必较诸外来之敌为尤甚。而家国之亡。自必接踵而至。惟其然。故对于军人之有财产。当专订以上之条例规定之。汝以为善欤。

克：善。

第四章　财产　贫困　善德

哀：苏格拉底乎。设有人谓汝曰。然则以汝之意。守御者弗获安乐矣。虽奄有城郭人民。为之领袖。而反不如他人能安享其利益。可自由购田地。建大厦。备种种繁华之用品。上献丰盛之祭于神。下施小惠于人。金银货币。与夫一切人所贵重之物。养求给欲。如愿相偿。惟碌碌负荷守御之职务者。驻扎一地。始终不可懈怠。一如雇工之受制于人。而权利及举动咸受限制。此其故果何在。人设以此询汝。汝将何以为答乎。

苏：非特此也。若曹除饮食之外。并未尝受金钱之报酬。故不能如他人之畅游名胜。又不能以华美之物。馈赠其意中之人。投李投桃。此固常人所视为幸福。苟若人以为觖望而憾余。则其可以憾余者。盖与以上相类之事。正恐指不胜屈也。

哀：设竟以此种种者为责汝之资料则何如。

苏：汝欲知至是余将如何答之耶。

哀：然。

苏：以余观之。设依顷间规定之程序而行。想不难得一满意之答覆如下。守御者虽处无所愉快之境。实为最有幸福之人。吾侪建国之初。非欲一部分人得最大之幸福。实欲全国人有同等之幸福。此义吾侪固先已承认。惟于有秩序而人人并皆安乐之国中。公道易见。而不公道每发现于反是之国家。俟既实现此二者（公道与不公道）之后。然后可比较公道者与不公道者孰为安乐。吾侪顷间所建者。乃幸福普遍之国家。非少数人安乐之国家也。迨对于如此之国家观察既毕。然后再以相反之国家比较之。未为晚也。设吾侪当画像之际。有人来谓余曰。目为人身最美观之物。汝何以不以最艳之色。绘最美观之物。盖紫为艳色。汝何为乃以黑点睛耶。其言若此。则吾侪可告之曰。汝欲吾侪以艳色绘目。而至不成其为目耶。抑欲通盘筹划。以应用之色绘各部。而使具体有美观乎。故余意毋强吾侪以非分之福与军人。吾侪非不能为此也。衣农夫以王者之衣冠。进陶人而与之觥筹交错。醉饱酣嬉。至其所事之勤惰。一任其兴之所到。而作辍从心。推之种种其他之职业。固均可使之有如是之幸福。顾汝以为必如是而后国家可谓安乐乎。果尔。则吾侪不敢闻命。人之事事放纵。惟意所欲。则农人将不成其为农人。陶人将不成其为陶人矣。其他百职业。亦将人人不复专治其事。一部分较小之范围。发现若是腐败之现象。尚无大害。如屦人而舍其业。为影响于国家尚小。使身任守御国家。保护法律之军人。而亦居其位而不习其事。则其为害于国家。何堪设想。盖军人者。国家赖之以存。人民赖之以安也。设反对者以为军人亦当如农人等能快乐饮酒。而不必重视其所应尽之责任。谬戾实甚。否则彼或非指国家而言。故余以为选派军人之际。吾侪须认清当重视彼等个人之幸福。抑当以全国之安乐为前提。设确认后者为真理。则凡负保卫国家之责者。不得不各竭其力。俾其国得日臻上理。而国中各级之人。均能得其应有之幸福。

哀：余以为汝言诚是。

苏：余尚有一言。未知汝表同意否。

哀：固愿闻之。

苏：他种艺术亦有时而退化。其原因有二。

哀：此二者为何。

苏：贫富耳。

哀：何以故。

苏：设一陶人而既富。汝以为彼之工作。愿一如未富时之勤苦乎。

哀：是决不然。

苏：彼将日趋怠惰。而不复经意于所事。其势或然欤。

哀：然。

苏：若是。其结果终为一不良之陶人。

哀：然。彼必坐是而退化。

苏：然设其境遇与前者相反。甚至置备器械之资本。亦无从筹划。彼亦未必能工作如常。而学艺于其门者。亦决不能得良好之训练。

哀：诚然。

苏：然则贫富二者。能使工人与其艺术同时退化。明矣。

哀：理固甚明。

苏：斯为吾侪新觉察之害。守御者当严为之备。弗使发现。

哀：汝指何者而言耶。

苏：贫富耳。一为鄙贱之来源。一为奢侈之原因。而其使人退化则同也。

哀：汝言诚是。然财为战时必须之物。设吾国无财产。而遇战事发生。敌人富且强。则将何以待之乎。

苏：与劲敌当前。战胜固非易事。然设有二敌。不难对待矣。

哀：斯何故欤。

苏：设遇此等战事。汝意其谓吾侪方面。仅为曾受训练之军士。敌人方面。乃为富有财产之人欤。

哀：然。

苏：诚得一精于拳术者。则欲制胜二富而硕大之人。固非难事。汝以为然欤。

哀：设二人同时进攻。彼亦未必能操优胜之左券。

苏：是岂难哉。是可先伪遁以示弱。然后返身奋击二者中之先至者。及乎在后者继至。再从容搏之。使立颠踣。或者于烈日之中。先与之追逐数数。俟既疲于奔命。而后以智巧取之。亦可获胜。虽有二敌。亦何患哉。

哀：然。设能善于袭击若此。胜之自不难矣。

苏：然富人于拳术一端。尚不得谓必无谙晓者。而行军之道。则可断言其大抵茫然也。汝意其亦谓然欤。

哀：然。若曹固往往若是也。

苏：然则欲吾国之军士。力能拒二三倍之敌军。在理当绰然有余。

哀：然。余觉汝言诚不谬也。

苏：然设于开战之初。吾侪即遣使赴彼两相联合之一国。先晓之以大义。继动之以大利。告之曰。吾侪国中。金银为法律所禁。人民所不当有。汝能来助我。汝可独取其利。彼人一闻此语。如犬闻将得肉。其谁不摇尾示好意于我。而反噬彼肥而无用之羊乎。

哀：其愿来助我。固自然之理。然使利益尽入一国。非将不利于我贫瘠之国乎。

苏：哀地孟德乎。汝何诚实之甚哉。除吾国之外。其他之国。皆可以一国称之乎。

哀：何为不可。

苏：吾国之外。不论何国。均不得为一国。无论其国之小至若何逼狭。若审察之。即知其亦积合数国而成者。其中最大之二部。即富国与贫国。此二部常在战争之中。且每一部中。又分为无数之小部。汝设以一国目之。则大误矣。然而待遇此无数之国。设能以一部之财产势力。授之其他诸部。则即将得多数之友国。而仅有少数之敌人。当斯时也。吾侪仍誓守不变之方针。一依前所规定之秩序而进。则自能成最强大之国。惟余之所谓强大之国。非如仅有强大之名之国。亦非仅有强大之形式之国。须于实际上强大。而其守国者不越千人也。欲得一相似之国而可与之并立者。无论于希腊或他处。均不可得。彼自视为大国而无其实者。固不足道也。

哀：诚然诚然。

苏：然吾国土地之广狭。治国者当规定之。凡土地而逾此规定之限制者。皆不当取。特未知规定之法。果以何者为最善。

哀：汝意如何。

苏：余以为国家之大小。当视其能否真正统一为标准。不可使其土地扩充至不能统一之地步。

哀：甚善。

苏：于是吾侪之统治者又多一责任矣。彼当使其国弗致过大。弗致过小。而适成一适中统一之国。

哀：诚然。然此亦不得为难负之责任也。

苏：然此外尚有一更易负荷之责任在。即曾任统治者之后裔。苟或不良。降之为较低级之人。而擢低级中优秀分子。使列于较高之级是也。此举之命意。无非使人民因其才性之所近。慎择术而专心致志。人各勤一业而非多数之业。于是其国家能确为一国。而非多数之部分混合而成也。

哀：此固不得为难负之责。

苏：盖吾侪所规定而责之统治之人者。皆简单易行。未尝有多数复杂之条例。彼人所当注意之事之重大者。惟一端耳。

哀：其事惟何。

苏：教育耳。设吾侪之国民。皆受良好之教育。而成优秀之国民。则对于吾侪所未经道及之种种人事上。皆可自定其趋向而不乱。如婚嫁如抚育儿女等是也。然欲使国民至如是之程度。非由教育不可。

哀：诚然。

苏：设国家建置得宜。则其进步之速。如车轮之旋转。以良好之教育。能产良好之躯体。与良好之性情。而具此良好之躯体与性情者。复受良好之教育。则其所产自必更善。盖人种进步之速。本可与他种动物并驾齐驱也。

哀：此诚意中之事。

苏：故简言之。彼治国者所当特别留意之大端。即音乐与体育。均不可容其越出固有之范围。设有新奇者出。当取缔之。诗人虽谓人喜新歌。然治国者当审查其果仅为新歌。抑为新样之歌。盖新样之音乐。每于国家有害。故为治国者所当禁。台孟谓一国之音乐有变动。其国家之根本法律。亦必因之而变动。余颇信其言之确切也。

哀：然。余亦赞成其言者之一。

苏：然则吾侪之治国者。当以规定音乐为第一要务。

哀：然。彼新奇不正之音乐。固常于不觉中而潜入也。

苏：然。其潜人也。每于人意娱乐之顷。而始则浑不觉其有害也。

哀：诚然。初固不觉其有害。其影响盖由渐而来。始则变易人性情。继则败坏社会之风俗。自此以往。其为害将日甚而日速。个人交际之道。为之破坏。国家之宪法律令。因之推翻。而终至国人之公私权利。均失而后已。

苏：害固一至于此乎。

哀：余意固如是也。

苏：然则吾侪国中之少年。其于音乐上当与以更严格之教育。盖设以娱乐致不法。将少年皆习于匪僻。尚安望其能为优秀之人民哉。

哀：诚然。

苏：设彼等于娱乐游戏之初。即趋正当之道。则可借音乐之熏陶。而得良好之教训。此教训可确为终身之宗旨。设不幸而国家有患难。即可起而匡救。建树非常。此亦娱乐时之音乐之结果。惟适与顷间所言相反耳。

哀：诚然。

苏：彼等既受如是教育。则其他琐屑之条例。可自规定。而此种条例。即彼不法者所完全废弃者也。

哀：汝谓何种之条例耶。

苏：余意不过谓如年幼者于长者前。坐立言动。必当如何敬礼。如何勤慎。对于父母尤当有如何之孝道。其平日章身之服。与种种关于礼仪容貌者。当以何者为上。此即顷余所谓可自规定者。汝以为然乎。

哀：然。

苏：然亦无庸逐项规定。而订成条例。胶执不化。殆愚人也。盖人而未受良好之教育。未知躬行实践之必要。则虽勒铭书绅。亦无用也。

哀：诚然。

苏：然则斯人品行习惯之善恶。岂不全视所受教育之良否而定乎。

哀：斯固无疑也。

苏：教育之影响于人。既如是之大。则一切人之举止行为。岂不亦皆随教育之良否而定耶。

哀：然。

苏：以此之故。余不复于琐事上一一与以规定之例矣。

哀：固无须矣。

苏：然对于国际通商。国内贸易。工人之工作。民间之诉讼。与夫法官之设立。汝将如何规定之乎。不特此也。此外尚有各种赋税之问题。以及市政警察海陆交通上种种之问题在。吾侪将一一与之以规定之法律乎。

哀：余以为斯亦无须。盖优秀之国民。正不必多为之法而束缚维絷。设有所需。彼等能自为之。

苏：然。诚天能使之保存吾侪所以与之法律。则已足矣。

哀：然。然彼未受良好之教育。而为天所弃者。则将终其世修订法律。与补救人民生活之状况。欲至完善无缺。而实则终无达其目的之一日也。

苏：汝将以此等人比诸人以无节制而致疾。而仍不肯除去其不良之习惯者欤。

哀：汝言实获吾心也。

苏：此辈一时之快乐。诚非吾侪所及。然其结果何如哉。彼等固常因疾而就医。就医而疾益加甚。终不肯抛弃其所以致疾之故。虽或有新发明之医术良药。要无望于厥疾能瘳也。

哀：若曹固大抵如斯也。

苏：最奇者。彼人所最恶者。即以真理告之之人。设有人告之曰。汝不痛改汝之习惯。如仍贪嗜酒食。征逐娱乐之场。则汝将不救。虽有灵效针灸。奇秘符箓。亦无用也。则彼必深恶痛恨。积憾无已。斯不亦奇乎。

哀：奇哉。告以真理而见恶。余诚不解其何心。

苏：以彼等无汝之智识耳。

哀：容或以此。

苏：设一国家之举动。亦如此类之病夫。想汝亦雅不复愿称颂之。盖于不良之国家中。人民不能擅改制定之法律。有议改之者。以死罪论。而彼善于欺诱人民迎合政府之徒。反誉之为大政治家。此种国家。非与顷间所言之病者相同乎。

哀：然。国家而如是。其恶亦正与个人等。余又安能称颂之哉。

苏：虽然。汝能不钦佩彼腐败政治家之镇定与技能乎。

哀：然。然不能一概而论。盖每有以众人妄相推许。遂亦以政治家自居。而忘其本来面目者。此辈固吾素所轻视者。何钦佩之有。

苏：汝言诚是。然余意对于此辈。亦当稍加怜恤。盖设有人不能自量其长短。而众咸谓之曰。汝长六尺。则亦岂有不信之道乎。

哀：此固无不信者。

苏：然则汝亦可无怒视彼等矣。盖此辈诚最可怜而最可笑者。往往以改良琐屑之事为要务。以为多订法律。或修改条例。

即不难除去商业上之恶习。与一切社会中不正当之行为。殊不知以若所为。求若所欲。实无异于斩九头蛇之头。非徒无益。害且益甚焉。[①]

哀：然。此辈所为。诚不过如是。

苏：余意真政治家。无论其在完善之国家。与不良之国家。必不以修订法律为要务。盖于不良之国家中。虽有法律。无所用之。于完善之国家中。人民固已有良好之教育。人人自率循于法律之中。而条例字句之订定。当然不为难事矣。

哀：然则于法律上吾侪尚有未尽之事乎。

苏：无。惟对于特而弗之阿泊落神。尚有最重大之条例。当再编订。

哀：汝意何指。

苏：如对于庙宇鬼神之献祭。与一切崇拜古代英雄之典则。人间丧葬之礼仪。此种种者。吾侪素无所知。最善之道。莫如托之于上帝。盖上帝为吾侪历史上所共奉之一尊。居于宇宙之中。无所不至。无所不知。自能以种种关于宗教之条例。一一授于人类。

哀：汝言诚是。当依汝言而实行。

苏：然则公道究何在乎。请明告余。吾侪所欲创置之国已完备。大可偕汝兄与派拉麦克以及其他诸同志燃灯以觅公道与不公道之何在。公道与不公道之异点。以及公道与不公道者果孰为安乐矣。

克拉根：噫。是何言欤。顷间汝岂不谓汝当自觅之耶。汝岂不谓见公道之被诬。而不为之纠正。为不尽天职乎。

① 相传古时有一蛇。凡生九头。去其一头。反添二头。后为罕口利所杀。——译注

苏：余固不欲食此言。故余当竭余力觅之。惟汝当助余耳。

克：固所愿也。

苏：余诚望吾侪顺序进行。而能达斯目的。然在进行之先。当然先认吾侪之国家在完备之地位。其然欤。

哀：诚然。

苏：既为完善。则自必聪明忠勇节制而公道矣。

哀：斯亦自然之理。

苏：设吾侪觅得此数者之一于国中。则其他数者亦必在兹。惟今犹皇皇求之而未获。其然欤。

哀：诚然。

苏：设有同类之物四。而吾侪欲寻其一。则不论此一者究何在。苟得其一。即不难知所欲得之三。或先知其他三者之所在。则此一者亦可不劳而觅得。

哀：甚善。

苏：欲觅善德之所在。非可亦由此法乎。且善德之数亦为四乎。

哀：此固甚明。

苏：于此四善德之中。最易见者为智识。然而即此智识上余亦觉有特异之点。

哀：特点何在。

苏：吾侪所云国家之聪明。非即敏于治事之谓乎。

哀：然。

苏：敏于治事。非即一种智识乎。盖人能敏于治事。智识使然。非以其愚而然也。

哀：然。

苏：然一国之中。智识之类别甚多。

哀：然。

苏：木工有木工之智识。顾国家不能以有此类之智识。而遂得号为聪明多智之国。汝其谓然欤。

哀：是诚不能。是只可以工艺一端著名也。

苏：然则国亦不能以善于制造工匠所用之器具。而得即称为多智。

哀：是亦不能。

苏：亦不得以国人富于铜类上之智识。而称之曰聪明之国家。

哀：是又乌乎能。

苏：设其国之人而富于耕种之智识。亦不当以聪明称。称之为农业之国可也。

哀：然。

苏：然吾侪国中。当有一种智识。不偏重一事。而念念顾及国家之全体。使人坐是能维持国内之治安。与国际交涉之当如何应付。吾侪国民中。其果有具此智识者乎。

哀：是诚宜有之。

苏：此为何种之智识。而具此智识者为何许人。

哀：此为治国之智识。吾侪顷间所道及之贤劳治国者。皆具此智识者也。

苏：国家有此种之智识。则其国所得之名誉若何。

哀：此足以云聪明之国家。

苏：吾侪国中真能治国者多欤。抑工匠等多欤。

哀：是诚工匠为多无疑也。

苏：于各种有智识者之中。岂非能有治国智识者。尤居少数欤。

哀：是诚最少。

苏：以此最少数之人。用此智识而治国。其国遂足以当聪明足智之誉。盖此种智识。度越寻常。具此者自必居最少之数。

哀：诚然。

苏：是则四德中之一端。已为吾侪所求得。且其性质与其所在之处。亦为吾侪所洞见矣。

哀：然。以余观之。良足满意。

苏：于是欲知忠勇之性质。与其所在处。亦不难矣。试观国家如何而得称忠勇。即可知矣。

哀：当如何乎。

苏：国家之被称为忠勇与懦弱。岂不视为国赴战者之勇怯而定耶。

哀：此固惟一之理也。

苏：其他之国民。固亦有忠勇与懦弱之分。特其人既不当局而负责。则即于国家无直接之影响。

哀：诚然。

苏：然则一国之忠勇。当重在国人之一部分。而此一部分之人。当不论遇何种境地。皆能不忘所受之教训。而无所却顾。此之谓真正之忠勇。其然欤。

哀：余不能了解汝言。请详言之。

苏：无他。余所谓忠勇者。不过为一种保存之道耳。

哀：保存何物乎。

苏：保存其素有之宗旨耳。此种宗旨。当其受教育时。已深入铭刻于心。故不论其此后所遇为困难。为快乐。为忧虑。为恐惧。要当随地随时。毋或偶忘固有之宗旨。汝欲取譬喻之乎。

哀：固所愿也。

苏：染丝以为紫色。染人必先择丝之白者而整理之。俾可得完美之色泽。整理之后。然后乃渲染成紫。其色必优。经屡洗而其紫如新。虽受碱皂。色之紫卒不变。设丝非纯白。而未经整理。则其所染成者。必为不纯粹之紫色。而不能耐久。

哀：然。惟白受彩。不然。则其紫必不能耐久。

苏：故余意以为吾侪欲有忠勇之军人。当先慎择性近军人之人。授之以教育。俾可使之将来受外力而不动。此犹染丝者之先择白者而整理之也。及其既任保卫国家之责。自能不忘昔所先入之教训。不为娱乐之魔力所动摇。盖此种魔力之于人。其为变化之既速且大。较之碱皂之于丝。实有过之无不及。不特此也。即如忧虑恐惧等。彼莫不能敌之。其所知者。惟其教育上所得之真理。余之所谓胆量。亦以此耳。不知汝赞成否。

哀：余固赞成汝说。以余觉汝之所谓胆量。未尝以彼未受训练者并为一谈。彼奴隶禽兽之胆量。则必别有以名之。而不容包括在内。汝意果如是乎。

苏：信然。

哀：然则汝之所谓胆量与忠勇。余知之矣。

苏：然汝设以“国民的”三字限制之。则更易了解。余拟吾人可循此进行。一察公道之何在。无事更斤斤于胆量矣。

哀：甚善。

苏：四德中之未经察见者尚有二端。一为节制。一为公道。迨既得此二者。吾侪之事毕矣。

哀：然。

苏：然吾侪可不涉及节制而得公道欤。

哀：余意此为不能之事。且余亦不愿公道实现。而节制失踪。故余意不如先研究节制。

苏：余诚不能不从汝所请。以余观之。节制有如音乐和谐之性质。不若彼二者之各居一部也。

哀：何以知之。

苏：节制者。非即能约束一己之欲念嗜好之谓乎。故吾侪常闻人以"自主之人"与凡类此之名称加诸有节制之人。

哀：此固吾所习闻者。

苏：然而"自主之人"之名称。非最可笑乎。盖人既能为吾之主人。则必较吾为善。既为吾之仆。则又必较吾为不善。谓一人而亦为主人。亦为仆人。非似奇谭乎。

哀：诚然。

苏：然而此说可作如是解。人心分二部。一部较善。一部较恶。善多而能制止其恶。斯即足以云自主。而为人所誉美。设受不良之教育。或经恶人之薰染。致恶之一部较大。而善之一部日益侵削。斯为己之奴隶。而众皆唾弃其人矣。

哀：此说颇有理。

苏：于是更一察吾侪之国家如何。设国家为少数之有节制之人所统治。而彼较为不良之分子。受制裁于优秀分子之下。则吾侪之国家。即可称为自主之国。或有节制之国也。

哀：汝言甚确。

苏：是故一切娱乐、欲念、嗜好、苦楚。每发生于妇女童仆。与滥用自由之人。而此辈实为国中最大最贱之人类。汝其以为然欤。

哀：然。

苏：彼娱乐嗜好有节制。而能受高尚之智识之宰制者。惟此少数之人。而此少数之人。即曾受最良之教育者也。

哀：然。

苏：吾侪之国人。大别之固有此二类。而多数卑贱之人之娱乐等。每为此少数人之智识所制。汝以为然欤。

哀：然。

苏：然则能无愧乎自主国之名称者。非吾国而何。

哀：诚然。

苏：以此之故。亦可称为有节制之国。其然欤。

哀：然。

苏：一国之中。能众意佥同。共认谁为治国者。谁为被治者。而和衷共济。舍吾国其谁能之。

哀：然。

苏：一国之人。皆能和衷共济。则节制当在何部分。在治国者乎。抑在人民之被治者乎。

哀：余意二者均有之。

苏：然则余以节制为有如音乐之和谐。果不谬乎。

哀：其相似之点何在。

苏：以节制不若胆量与智识之各居一部也。智识之在治国者。能使国以聪明名。胆量之于保国者。能使国以忠勇名。而于彼被治者无与。若夫节制则不然。须以各级之人调和而成。卑贱懦弱之人。须承认他人之才智胆量。愿与之以治人之权。而彼有识有才者。则当承认众人之推许。而不负所托。节制之发生即于此。较诸音乐之集合各种格调而得和谐。又何以异乎。

哀：余明汝意矣。且余极表同意。

苏：然则四德之中。吾人所既察见者已居其三。所未经讨论者。惟公道矣。既得公道。吾侪之国家。便足语于完善。

哀：此自然之理也。

苏：克拉根乎。吾侪当戒严之时机至矣。盖必如猎人之目光四射。勿任公道二字。交臂失之。其必在此国中无疑。故望努力从事寻求之。设汝先觉。请举以告余。

克：余能先觉。固所愿也。然汝当视余为一辅助之人。仅能见汝所见。此外别无所能。盖余力固不过如是也。

苏：请先祷神。然后从余行可也。

克：善。惟须以涂辙视余。

苏：今尚无涂辙之可寻。譬在深林。模糊黑暗。然吾侪终当努力而进行。

克：吾固愿从也。

苏：嘻。余有所见矣。余既见一踪迹矣。谅彼留是踪迹者。去此亦不能绝远。

克：此诚好消息也。

苏：吾侪真愚人也。

克：何以故。

苏：噫。克拉根乎。当吾侪寻求公道之初。公道即在吾侪之左右。而俯拾即得。特吾侪从未觉察。宁非可笑乎。此适与遍寻一物。而其物即在手中者。何以异乎。吾侪未寻求所应寻求之地。而反皇皇踯躅于杳远之乡。此吾侪所以终未之获也。

克：汝意谓何。

苏：余意吾侪于公道之研究已久。实际已觅得之。特未之知耳。

克：余不耐闻汝冗长之绪言也。

苏：然则请听余一言。汝尚记吾侪建国时之宗旨。乃为每人必视其性之所近。专司一事。不当为事事一知半解之人。此非吾侪所认为国家之基础乎。实则此即公道也。

克：吾侪于此。当然一再申明之。

苏：人各专司一事为公道。固已言之不知若干次。即他人亦屡言之矣。

克：诚然。

苏：然则吾侪可姑定人各专司一事为公道。顾汝知余果何由而有此解决乎。

克：余未之知。愿闻其说。

苏：四德中之三德。既为吾侪所察见。而此三者为智识胆量与节制。则所余者自即公道。此非吾侪所已言者乎。故余以为公道为吾侪所最后察见之一德。而其他三德之能生存于国。实赖此维持之也。

克：此固自然之理也。

苏：设有人问曰。此四德何者为最有益于国家。则当如何答之。吾侪于此。当一察最有利于国家者。为治人与被治者之和衷共济乎。抑为军人能谨守平时所得之教训。而不畏强暴乎。抑为在上者之治国有方乎。抑为余顷所言。国之人不论何种工匠。不论男女童仆。皆随其性之所近。而有一定之职守乎。此非易于解决之问题。子其谓然欤。

克：然。欲悉其究竟。诚非易事。

苏：于是当以人各有所专司之一事。与智识胆量节制一一实地比较之。

克：然。

苏：换言之。即公道与彼三者之比较也。

克：然。

苏：请更从他方面察之。治国者非即吾侪所托以审判民间诉讼之人乎。

克：然。

苏：然为判断民事之根据者。除不当侵夺人所有。与己亦不当为人侵夺外。尚有可为根据者乎。

克：审判者之宗旨。固当不外乎是。

苏：此为公道欤。

克：是诚公道。

苏：然则以公道为人当各有其所有。谅无不可。

克：诚无不可。

苏：请再思之。设一木工负屦人之责。而屦人治木工之事。彼此通功。或各兼二业。于国家之损害为何如。请直言无隐。俾可知吾侪之见解相同否。

克：余以为无巨大之损害。

苏：然设一屦人或他种工匠。以金钱之故。抑以众人妄相推许之故。或以其他种种原因。竟欲强为军人。或军人而欲为治国之人。实则业屦治军。本其天性之所近。一旦弃其固有之职。而为军人为治国者。不能称职。自在意中。若一身而兼为工人军人与治国者。则岂非亡国之道欤。吾知汝必赞成余说也。

克：诚然。

苏：然则由此可知此三德万不可互易地位。设互易焉。是为国家之大害。而可以作恶名之。

克：是诚作恶无疑。

苏：作恶至最高之级。而致害及其国。非可称之为不公道乎。

哀：然。

苏：若此既为不公道。则使治国者与军人工人等各务其业。非即又为公道之揭櫫。而使其国亦为公道之国欤。

哀：余意亦然。

苏：然吾侪尚不可以此为万确之理。设此说而能合于个人之公道。则顷间所得。自必为其理无疑。设不然者。则又须另辟途径矣。故吾侪当仍遵旧路而行。或者可有达目的之一日。顷间不云乎。欲求公道。当先求一国之公道。然后再求诸个人。以公道之在一国之中。视个人为较显而易得。必也一国之公道已得。乃更质证之于个人。如两方相合。则吾侪之事毕矣。设个人之公道。异于国家之公道。则自当易辙进行。两相比较。公道终有发现之一日。及其发现。吾侪可谨记而弗忘。

克：此为极有秩序之方针也。吾侪愿追随汝后。

苏：设有相同之二物。一较大。一较小。二者固相似否乎。

克：诚相似也。

苏：然则以公道而论。公道之人。非与公道之国家相似乎。

克：亦诚相似。

苏：设国家而有智识胆量与节制之三德。而此三者能各司其事。吾侪即以公道称之。非惟公道。且将称之为节制勇敢与聪明之国。非欤。

克：然。

苏：个人亦然。设个人而有此诸德。则亦可以以上之名称之。

克：然。

苏：然则研究此问题。当不复有难色。能知人之有此三德与否。即可解决矣。

克：不难信然乎。谚云。事之善者必难。此又何说也。

苏：诚然。余亦知吾侪今所用解决之法。或非正当之法。如由正当之道而行。不能如是之简捷。然以余观之。经行之途虽异。而所达之目的则一也。

克：苟能如是。余愿足矣。

苏：余意亦然。

克：然则进行勿懈可也。

苏：当进行之先。吾侪当承认凡国家之要素与习惯。亦即吾侪每人所同有。盖国家之要素与习惯。皆由国中个人之要素与习惯而成。舍此别无他途。即以暴戾之性情而论。凡司拉司人雪塞[①]人与北部诸族之人。固皆以暴戾著称。然设谓其国之具此性质。非由其国中个人之性质所形成。宁非可笑乎。即如吾国之爱智识。固为吾国之特色。非尼基与埃及之爱财。亦为彼二国之特性。顾使其非关国民。则特色亦何由而实现。

克：诚然。

苏：欲明乎此。固不甚难。

克：然。

苏：然欲知人民各种之举动。皆出于一种之能力。抑出于三种之能力。则难矣。即以此三者而论。吾侪当一究求智识之能力。御侮之能力。与制止欲念之能力。究为三者而各殊。抑皆为一种之能力。欲解决此。殆非易事。

① 今译为“西徐亚”，公元前7世纪至公元3世纪占据黑海以北地区，操北伊朗语的居民。

克：然。难点固即在此。

苏：吾侪可试一辨察其究为三事。抑为一原。

克：当如之何而后可。

苏：一物不能于同时同部。或互相关系之部。有矛盾之动作。亦不能容受外至矛盾之动作。固甚明也。设有形似相同之物。或形似一物而竟容受此等之动作。则吾侪必谓此非真为一物。或真正相同之物。

克：言之甚善。

苏：以此理推之。一物可于同时同部亦定而亦动乎。

克：是乌能。

苏：然吾侪于此当有一更确切之见解。庶不至于进行之际。半途颠覆。设有人焉。立而舞其手。摇其首。而或遂以为彼即一人于同时亦定而亦动。则吾侪即当立辩之曰。此非确切之说。盖其所动者为一部。而所定者又为一部。其然欤。

克：诚然。

苏：然设有人更以地菱取喻。而为详细之解释。谓地菱盘旋之际。其尖实定于一点。非即一物而能同时且动且定之明证欤。彼且谓诸如此类之有旋转动作之物。莫不若此。吾侪亦不当承认其言之是。盖即以地菱论。彼固有轴。有周线。动者为周线。定者为轴。显然为二部。非全部也。设其直立之轴而倾侧。则全部皆动。断不得谓亦动而亦定。汝以为然欤。

克：此固为正确之论。

苏：然则吾侪确知凡物皆不能于同时同部有矛盾之动作。亦不能受矛盾之动作。即有人主张此说而强力辩护。吾侪亦当不复为所动摇。

克：以余观之。吾侪万不至因诡辩而滋惑矣。

苏：然。然则吾侪可无须于类此之议论。一一加以辩驳。而证其不确。为今之计。当姑作类此之说。以为根据而进行。设至半途而觉吾侪所根据者非确。则当抛弃此说。而另辟町畦。此法汝以为善否。

克：甚善。

苏：认可与否认。喜爱与厌恶。引致与拒绝。无论其为自动的。抑被动的。要为绝对之事。汝以为然欤。

克：是诚绝对无疑。

苏：饥与渴以及一切普通之欲。皆与认可喜爱等为同类。盖人有所欲。非即喜爱其所欲之物。而愿引致以为己有之谓乎。彼之欲得此物。非由彼人先已认可而然乎。想汝必赞成余说也。

克：余诚赞成。

苏：然则不愿与厌恶与无欲等。当置之于厌恶拒绝等之门类。度亦汝所以为然者。

克：然。

苏：设此说既确。则当于诸欲之中择二者研究之。此二者。即人所谓饥与渴也。盖此二者之动作最易见。

克：甚善。

苏：此二者之目的。一为食品。一为饮料。

克：然。

苏：渴者有待于饮。则饮为欲之所在。然其欲惟饮而已。初并未指明种类数量。不论冷热。不论多少。得饮料斯足矣。设渴而热。则又饮料欲其凉。渴而寒。则又饮料欲其暖。设其渴至极高之度。则其有待于饮之欲。又必加多其数量。设其渴极微。则其欲亦少。然其渴为简单之渴。则其欲亦自简单。此为自然之理。饥之于食亦然。汝以为何如。

克：然。简单之欲。有简单之目的。复杂之欲。有复杂之目的。

苏：然设有人起而问难曰。人无仅欲得简单之饮。而舍佳美之饮而弗顾者。以佳美为人之所共欲。故人不渴则已。渴必欲得佳美之饮。推之其他愿欲。亦莫不然。苟其坚主此说。吾侪自易为所摇惑。故余意对于此等主张。当特别注意。

克：然。反对者诚难免坚主此说。

苏：然吾侪当仍保守吾侪本来之主张。物之复杂。或比较的。其对待亦必复杂。或比较的简单者。其对待亦必简单。

克：余不解汝所云。

苏：然汝固宜知更大与更小有密切之关系。

克：然。

苏：更更大与更更小有密切之关系。然欤。

克：然。

苏：有时大与将大。非与有时小与将小有密切之关系乎。

克：然。

苏：其他如更多与更少。更速与更迟。更重与更轻。更热与更寒。非皆有密切之关系乎。

克：然。

苏：以此原理。合之科学。谅无不可。科学之目的为智识。故一种指定的科学之目的。即为一种特别的智识。如建屋之学问。为一种特别的智识。固不与他种智识混。故另有专名曰建筑术。

克：然。

苏：其所以特别之故。非以此种智识之性质。实与他种不同欤。

克：然。

苏：其所以有此特别之性质。以其特别之目的耳。其他之学问艺术。何独不然。

克：甚善。

苏：此即余之本意也。余顷所述种种关系之说。即本于此。谅汝能了解余旨矣。换言之。余意凡一物之或大或小。为简单。则为其对待或与之有密切之关系者。亦必简单。设其大小为比较上的。则与之有密切之关系者。亦必为比较上的。例如学问而有特别之性质。如专论人身健康与疾病者。则不得为简单之学问。当名之曰医学。其他学问亦与此同。

克：余明汝意矣。

苏：然则与渴有密切之关系者惟何。

克：是为饮。

苏：每一种之渴。与每一种之饮。有密切之关系。设为简单之渴。则与之有密切之关系者。亦即为简单之饮。无好恶多寡之必要也。

克：然。

苏：然则人而渴。则其欲者惟饮而已。并不指定必为何种之饮也。

克：此固然也。

苏：设人当渴时。而有一物焉。能使其不饮。则此物决非与饮之欲同。盖吾侪已证明一物不能于同时有矛盾之作用也。

克：是固不能。

苏：即如射者之同时推弓挽弓。吾侪当申明推之者为一手。挽之者又为一手。然欤。

克：诚然。

苏：人固有渴而不欲饮之时乎。

克：此固常有之。

苏：汝将何以解此乎。汝岂不曰其人之心中。有一物使之就饮。而又有一物禁止其饮。而禁止之者。实强于使之就饮者欤。

克：余意固如是。

苏：使之饮者每出于欲念。而禁止者每出于理由。然欤。

克：斯固甚明。

苏：然则吾侪自当以二物名之。而此二物彼此不同。一为有意识的。人可由此而能思想。一为无意识的。人之爱恶饥渴等。皆由于此。

克：然。此二者吾侪固不可以同等视之。

苏：甚善。吾侪准以此二者为人所共有。然汝又以怒为何物。将以之为第三者乎。抑为附属于前二者中之一乎。

克：余意当属诸欲。

苏：余尚能忆及一故事。且余亦信其为真。此故事为一日哀克林[1]之子李红的[2]偶至城外。见法场北墙之下。白骨累累。欲往一观之。而心又不能无惧。且以无甚意味。初颇趑趄不前。然其不愿往观之理由。究为其目之欲所胜。彼于是卒趋赴其处。强启其目曰。恶哉汝目。可饱观此美景矣。

克：此事余亦曾闻之。

---

① 今译为“阿格莱翁”。

② 今译为“勒翁提俄斯”。

苏：此故事之意。无非谓怒与欲彷佛为二物。而有互相冲突之时。

克：然其命意诚不外乎此。

苏：诸如此类之事。实不可胜数。人当理由为强暴之情欲所制之际。必深怒其情欲之无理。当此之时。怒与理由结合而拒欲。适如两国联盟而攻一敌。设理由在情欲方面。谓其欲诚合理。而不必加以反对。则将如何乎。想汝于自身于他人。均之从未尝有如是之经验欤。

克：诚然。

苏：设有一人焉。以非理待人而受拂逆。苟其人而善。而有自知之明。则其怒亦必不盛。盖彼既知以己之待人未善。而致有种种之困厄。如饥如寒如他种之痛苦。则彼当然认拂逆之来。本于公道。而怒奚由作哉。

克：汝言甚确。

苏：然设彼为受人虐待之人。则必然大怒。思有以报复之。盖彼以为既受虐待。而有以报复。适合公道。故彼之怒不为无故。而必至于战胜或死而后已。苟能中止。必为理由所唤醒。如犬闻牧人之声而止战也。

克：诚然。且汝喻甚切。盖吾侪国中军人之服从治国者。固当与犬之服从牧人无异。

苏：汝诚能透彻余意矣。然尚有一端。亦吾侪所当思考也。

克：此端为何。

苏：汝尚记怒之一事。非似属于欲乎。然至激战之际。则怒适在理由方面。

克：然。

苏：以此之故。又一问题发生矣。此问题为怒果异于理由。抑不过为理由之一种。如第二说为确。则人之特性有二。一为有意识的。一为无意识的。设第一说为确。则个人有三特性。欲与怒与理由。设如国家之有三等人。商人军人与治国者。盖人而未受不良之教育。则怒为理由天然之辅助。与军人之辅助治国者。无以异也。

克：以余观之。第一说为是。

苏：怒既异于欲矣。设能证明其亦异于理由。则此说可成立。

克：此固易于证明者。观于儿童即可明矣。盖儿童虽甚幼稚已能怒。然斯时彼辈固无理想理由可言也。

苏：甚善。彼无意识之禽兽。皆能怒而不能理想。亦明证也。花满亦有捶胸悔怒之说。可见怒所由作。初非必随理由也。

克：诚然。

苏：譬如行舟。吾侪历几许风涛。始幸克抵目的地。盖至此方可断定凡国家所有之要素。个人亦有之。而其数均为三。

克：然。

苏：于是吾侪可谓个人之所谓聪明。与国家之聪明无异。凡能使国家得智慧之名。亦能使个人得之。

克：然。

苏：为一国之胆量之要素。亦即个人之胆量之要素。而其对于他国之关系。国家与个人。亦无不同之点。然欤。

克：然。

苏：承认个人公道之道。即承认国家之公道。其然欤。

克：此自然之理也。

苏：吾侪当弗忘国家之公道。即人各专司一事。而尤以治国者与军士商人三者之各司其事为最要。

克：微汝言。几忘之矣。

苏：由此可知个人既有此三要素。而三者能各司其事。则其人可谓公道矣。

克：诚然。此吾侪所当知者。

苏：理想与怒。二者之中。理由为有意识的。彼岂不当有约束全体之权。而怒岂不当为其辅助而受其支配乎。

克：自无不当。

苏：吾侪不云乎。音乐与体育连带之效力。无非以高尚优美之课程。培植其思想。而复以和谐之音韵。调和其不受羁勒之野性。

克：诚然。

苏：此二者既受相当之教育。而各知其分内之事。然后可合而制彼无意识之欲矣。盖欲之于吾人。每较彼二者为多。且欲无知足之时。设无约束之者。则势必浸浸日盛。越出范围。终至无可救药。而致人于死而后已。

克：诚然。

苏：然怒与理由二者联合。则内可无虑保身之无术。外可拒敌。盖一具智识。可以设策防患。一具胆量。能服从理由之命令而作战。

克：然。

苏：故人能以理由之故。而自抑其怒。受理由之指导。确知当惧与不当惧。斯为真勇敢。真胆量。其然欤。

克：此言甚确。

苏：凡人而受此小部分之约束。而此小部分能洞悉何者为每部与全部之利益。不得谓非聪明之人。换言之。凡能帖然就范。

愿为理由所约束者。非聪明人乎。

克：此固无疑。

苏：设此三者能调和共济。理由执统治权。怒与欲为被治。且怒与欲均诚意退让。谓此权固当属诸理由。而决不离次以叛其统治者。诚若是。其人不可谓有节制之人欤。

克：斯诚完备之节制也。无论于国于人。殆莫不然。

苏：吾侪非已重言申明。个人必如是乃能称为公道乎。

克：然。

苏：然则公道之于个人。果较于国家为难见乎。其现象有异乎。抑个人之公道。无异于国家之公道乎。

克：以余视之。固无区别。

苏：设有疑团。则可以寻常之事证明之。

克：汝意指何事。

苏：吾侪或不能无所怀疑。要当承认彼公道之国家。与受公道之国中之训练者。当不若不公道者之动肆诈欺。设有人以金钱置彼处。则决不若不公道者之见利忘义。汝有不能承认此说之意乎。

克：是固无之。

苏：亦既为公道之人。犹有盗窃亵渎神圣。与背友卖国之行乎。

克：是亦必无。

苏：抑公道之人。苟与人有盟约。亦当万无寒盟爽约之时。

克：然。

苏：度彼更必不作奸犯科。不事父母。不敬上天。

克：是尤断然必无之事。

苏：其所以能如是之故。非以其理由与怒与欲。能知所先后轻重。各从其次而调和共济乎。

克：诚然。

苏：然则能使国家与个人臻如是之境地者。并非公道耶。汝以为然耶。抑汝以为此非公道耶。

克：此诚公道。余已满意矣。

苏：于是吾侪梦想之事。至此已成事实。当吾侪建此理想的国家之初。固疑窦纷起。然至此已一一解决。而能达到解释公道之初步。是不可谓非由天之牖启。

克：诚然。

苏：一国之中。人各分功任事。工匠专司工匠之事。履人专务履人之业。其他诸人亦皆有专门之职务。而不兼为他人之事。此即为公道之影像。其然欤。

克：然。

苏：以实际而论。公道当如吾侪顷间所述。不在人之外表。而在人之内心。盖何为公道之人。公道之人。非不容其理由与怒与欲。互相干涉。而互易其职务者乎。彼固能治己有方。使三者能调和共济。而无冲突之患。盖彼之视此三者。适如音乐中之高中下三音。使之联络一气而后动作。故其所为者。不论对于财产或卫生。或为国家之事。或为个人之责。无不事事合度。而与公道吻合。智识之能使人公道者。彼谓之聪明。使人背公道而驰者。谓之愚拙。

克：言之精确。莫过于是。

苏：吾侪既已觅得公道之人。公道之国家。与公道之性质。则吾侪所言。谅非欺人之言矣。

克：是则乌能。

苏：然则可竟持此说矣。

克：然。

苏：于是当一究不公道矣。

克：然。

苏：不公道非即三者之各不相容乎。互相攘夺。互相干涉。或为一部之虐遇全体。或为在下者之背叛其上。然不论其纷争若何。总称之为不公道。不节制。不勇敢。不聪明。与各种之恶德可也。汝以为然欤。

克：余意适如是。

苏：设公道与不公道之性质。已为吾侪所觉察。则欲知人之何以为公道之事。何以为不公道之事。易如反掌矣。

克：汝意何谓。

苏：无他。与人身之健康与疾病同。所异者。一为体质上的。一为精神上的而已。

克：何以故。

苏：凡合于卫生术者。能使人健康。凡与卫生术相反者。能使人疾病。

克：然。

苏：公道之事。能产公道。不公道之事。能产不公道。然欤。

克：此自固然。

苏：能使人健康之道。为使其身不失固有之常度。而每部各竭其能。致疾病之道。非即使身体之各部。不能各尽其能。而失其本来之秩序乎。

克：然。

苏：然则造公道之道。非即其精神上之各部。能各自为计。而造不公道之道。非即反此而行乎。

克：诚然。

苏：然则善德非即为健康美观与精神之健全。而恶德非即为残废与疾病之类欤。

克：然。

苏：行善即得善德之道。而行恶即得恶德之道。非欤。

克：此又无可疑者。

苏：然吾侪固有之问题。尚未解决。即公道者与不公道者之利益上之比较是也。利益较多者。究为行公道与积善之人。抑为专行不公道而不为人所觉察而惩罚者。此吾侪所亟当解决者也。

克：以余观之。公道与不公道之性质。已如顷间所言。则此已不成问题矣。盖人之躯体既坏。则虽进丰美之食品。拥巨大之资财。亦不能使其生命多延时日。人生于世。苟其精神上之要素已全失。则虽生犹死。以精神上既失其要素。则于他事虽可无求不应。而公道与善德。乃为万不可得之物。虽生于世。尚何价值之有。

苏：甚善。斯固不成问题矣。然吾侪讨论至此。真理即在目前矣。幸勿中止。更进一步。斯可臻相悦以解之一境。

克：余固不愿中止也。

苏：然则吾侪可锐意直前。并一观恶德之各种变相。余以为视察及此。诚有价值也。

克：别辟蹊径。汝其勉之。余正追随恐后也。

苏：吾侪所讨论之问题。刻正抵于最高之所。吾侪目前所居之地位。适如登高塔而俯视。获见善德仅一。而恶德有四。而此四者实为恶德中之特别者。而亦吾侪所当一研究者也。

克：汝意云何。

苏：余意人类之不同。与国家之政体等。

克：其种类之多寡相同乎。

苏：然。政体有五种。人类亦如之。

克：请详言之。

苏：第一即为吾侪所述及者。可以君主制或贵族制名之。盖此二者之异点。不过为一人与多数人之执政耳。

克：然。

苏：然余以为此二名不过代表政体之一种。盖不论执政者为一人。为非一人。苟其人已曾受顷间所云之种种训练者。则其国中之根本法律。决不至无故而更变。

克：此为一定之理也。

第五章　婚姻　哲学

苏格拉底：然则真正之国家当如是。而真正之完人亦如之。此而确。则凡与之相异之国家个人。必皆不正当。受恶之影响者。不独国家。个人亦不能免。恶之形式有四。

克：四者为何。

余正欲详述彼四恶德之如何顺序而发生。忽见坐于哀地孟德后之派拉麦格。自后牵哀地孟德之衣之上部。交头耳语。余不能一一聆悉。惟闻派拉麦格低声曰。“吾侪可容其去乎。抑当别有所为乎。”哀地孟德则抗喉曰。“是安可任其去乎。”余遂问曰。汝所不容其离此者。究为何人耶。

哀：即汝也。

苏：何以惟余不可去。

哀：无他。以汝之慢易而欲欺吾曹耳。汝于进行讨论之际。遗漏一重要之问题。汝殆谓吾侪未加意及此。此问题惟何。即妇女与儿童是也。此问题自为人所乐闻而须讨论者。然汝顾未尝一言及之。彷彿谓可无须讨论而人自能明者。吾侪之不容汝去。盖即以此。

苏：哀地孟德乎。余所已言者为正确乎。

哀：然。然何种社会为正当。亦当如他事之加以释明。盖社会之种类甚多。汝不可不申明汝所指之社会。究为何种。吾侪久已愿汝并能以国民应有之家庭。详告座中之人。当既育儿童之后。究应如何抚养。以及凡关于社会上妇女儿童之性质诸问题。举不容不研究。盖吾侪认此事于国家有重大之影响。今于未经讨论之先。汝意乃将弃此而论恶德之国家。故吾侪决意待汝既详加剖析。无复胜义。方容汝舍而之他。

克拉根：余亦赞成此议。

派拉麦克：此为吾侪众人之意。凡在此者。无不赞成。

苏：汝曹所责于余者。为何等之事。其知之乎。汝曹所提起之问题。何等广阔乎。余意一方面之讨论。可告结束。且窃喜此问题之未经道及。且汝曹均以余言为然。今者经此一问。则无异于就根本上重加研究。余知此事一提。必牵涉全局。故力避之而不谈。

斯拉雪麦格：汝知吾侪来此之意乎。求金乎。抑讨论乎。

苏：余固知之。然讨论亦须有范围。

克拉根：然。彼明哲者之讨论。固以人之一生为范围。然吾侪不必画地以自限。汝可畅所欲言。以慰吾侪之期望。吾侪之保卫国家者。当有若何之眷属。当儿童未受教育之先。当有如何之养正。此诸端皆为重要之问题。而必须极端注意者。愿告吾侪无隐。

苏：敢不唯命。惟欲答覆此问。殊非易易。盖讨论此事。疑难之点。必较多于顷间讨论时所遇者。即能一一解决。亦未必能尽善而惬人意。以此之故。余颇踌躇不愿径论此端。设讨论之结果。与顷间所承认者为相反。则顷之所信为真理者。不将又成为泡影乎。

克：是何足虑。此间之座客。度决不多所怀疑。而与汝诘难也。

苏：汝之慰藉若此。无非欲鼓励余言乎。

克：然。

苏：孰意汝言适得相反之效力。设余能自信余之所言为真理。则汝所勉励之言。诚有效。盖身入明哲之林。而又为众人所重。其所宣布于众者。苟确为最有价值之问题之真理。人人重视而乐闻。则固无庸惴惴于心而不出诸口。若已先茫然无所觉。是求教于人且不暇。而欲其开始讨论。则岂非一至可悚惧之事乎。非以人或非笑而然也。盖畏人非笑。为无意识之悚惧。余所惧者。苟在至要之点。而错认真理。则以余一人之误。必致听言者亦因而受影响。故凡余所言。愿乞鉴宥。余固知误杀之罪。自较轻于故意弃善崇恶。而蔑视公道与法律者也。而要之余之出言。实为冒险。宁行之于仇敌。而不愿行之于友人之前。故汝欲余言。当更与余以益足振奋之勉辞。庶壮其气。

克（笑）：苏格拉底乎。设汝在讨论之中。有害及吾侪之处。则决不以误杀科汝。亦不以故意诈欺罪汝。汝可惟意所欲言之矣。

苏：以法律而论。凡人经法庭判为无罪者。即不得为有罪。于言论上想必亦然。凡其言论苟已经众认为无过者。则亦可以比于临文不讳。其然欤。

克：然。汝何以乃顾虑及此。

苏：无他。以余欲复开始讨论。则必复述前文。重加议论。而此议论实当发于初。不当发于今也。对于男子方面之情形。已讨论有结果。现当于女子方面一一再加研究。且汝曹既若是之急遽。余即忘其不佞而一一说明之。可乎。以余之意。凡男子之曾受顷间所言之教育。有家室而能抚育妻子者。非依吾侪所已定之方针而行不可。方针惟何。即其守国当如羊群之守犬也。

克：诚然。

苏：吾侪于是可假定女子亦当以此为方针。或以类于此者为方针。再加讨论。然后可一察其结果。究与吾侪之本意诉合与否。

克：汝意何谓。

苏：设余意不明晰。则可以问答之式明之。夫犬非有牝牡之别乎。此二者于田猎守门与其他之职务上。负荷同等之责任乎。抑认彼牝者有鞠育幼犬之责。而田猎守门等事。当悉以付诸牡者乎。

克：否。彼二者有同等之服务。所异者。惟牡者强而牝者较弱耳。

苏：动物而未受同等饲育者。能强其皆为同等之事乎。

克：是诚不能。

苏：然则女子而欲其分任男子之事。则非与男子受同等之教育不可。

克：然。

苏：男子所受之教育。为音乐与体育。

克：然。

苏：然则女子亦须授以音乐与体育。且必教之以如男子之勇于战乱。其然欤。

克：此推论之结果也。

苏：然余知吾侪所提议诸事。设皆实行。必有与习俗相反而觉可笑者。

克：此固不可免也。

苏：而其最可笑者。莫如女子赤身于角力之场。与男子角力。且非独年少。即年长者亦然。此种景象。何异于男子之年老者。苍颜白发。而奋斗于少年之中。

克：诚然。以目下之习俗衡之。是为可笑无疑。

苏：然吾侪既决意发挥己意。则不当畏外来之讪笑。人之对于此种改革。如女子之教育。当使之妙谙音乐。熟习体育。以及戎服出战。虽或不免予人口实。纷起攻击。然皆非吾侪所当计及。其然欤。

克：诚然诚然。

苏：既若此。则不得不订定督促之法律。使能实行。而同时又当请求彼墨守旧章者。详细研究。勿徒视为可笑而不思。吾侪当思彼等忆及昔日希腊人皆笑男子赤身为不正当。皆曰未开化之民族。所以习焉而不以为非。然而阅时未久。拉西地孟[①]人与克利脱[②]人相继出此。自是男子之赤身于体育场。遂成风俗。而当其始。则少见多怪。讪笑纷来。固无足怪。

克：诚然。

苏：然俟后人得经验上之省悟。始悉凡物无掩蔽。实较掩蔽为善。而此善与不善之辨别。当以理由为标准。而不当以目所能见之外观为标准。故设有人焉。其所讪笑者非恶与愚。而不以善德与理由为美观之标准。则其人实为一愚拙之徒也。

克：汝言甚确。

苏：然人或怀疑于此。则吾侪当不论其疑惑或出于讪笑的。或出于真心的。总须先一明辨女子之性格。然后可得一圆满之答覆。彼女子究能分任男子全部之事乎。抑仅局部之事乎。抑竟绝对不能事事乎。又战争究能担任乎。由此诸问题而解决。非最善之法乎。

克：甚善。

---

① 希腊城名。——译注

② 地中海岛名。——译注

苏：且余以为讨论之始。吾侪当先自反己攻诘。庶反面之意见。不致无辩护之余地。汝以为可乎。

克：是何不可之有。

苏：然则试以反对者之语气出之。反对者曰。"苏格拉底与克拉根乎。汝等之言之不能有理。亦无庸反对者之攻击而后知。盖汝曹在建创国家之初。岂不曰人当各就其性之所近而专司一事乎。"斯时则当答之曰。"此固吾侪所认为至要者。"于是彼又曰。"男女之性格。非大不同乎。"则又应之曰。"然。"彼又曰。"然则男女所任之事。不当以其性格之异而亦异乎。"吾侪当应之曰。"诚然。"彼于是可问曰。"果如是。则汝等所言。非自相矛盾乎。盖汝曹谓男女之性格各别。而当为同等之事也。"克拉根乎。设有以此问难者。则汝将何以答覆之哉。

克：设突然间有以此为问者。则答覆殊非易易。愿汝亟为吾侪方面辩护之。

苏：此种问难当不一而足。余固久已虑及者。余之所以不愿道及女子儿童之教育。即以此也。

克：此诚非易解决之问题也。

苏：然。然设有人焉。失足于游泳之池。或大海之中。则必奋力泅行以求济。

克：是必然者。

苏：设吾侪遭此。当是时。度必望有哀林[①]之海豚。或得其他之神助而出险也。

克：然。

---

① 哀林为希腊古代诗人。俗传曾为人投于海。后有海豚救之出险。——译注

苏：然则吾侪欲解决女子之问题。而处此穷境。岂不当如入水者之奋斗。以一试有无出险之方乎。吾侪固已承认相异之性格。当有相异之职务。而男子与女子之性格实不同。吾侪更承认不同等之性格如男女当有同等之职务。人之以吾侪为自相矛盾者。非即此乎。

克：然。

苏：克拉根乎。甚矣哉。攻击辩驳之影响于人也。

克：汝何以忽作此语。

苏：以余知往往有辩难而实非出于本意者。以己之不能分析解释。致不能知己之所云。虽在其自信之心。以为能循理推断。实则无意识之争论耳。盖彼所争辩者非真理。不过字面之解释。且其争辩也。每以意气出之。非正当之讨论。

克：然。此固常事也。然于吾侪之问题何涉乎。

苏：大有关系。诚不可不预防吾侪于无意中变讨论为字面上之争执也。

克：其变将如何。

苏：吾侪岂不以攻击之态度。力争字面之真理。谓不同之性格。当有不同之职务乎。然未尝一思性格之同与不同。真义若何。亦未尝一思吾侪之务加抉别。何以与同性格以同等之职务。而与不同者以不同之职务也。

克：然。此诚吾侪所从未想及者。

苏：设吾侪自询曰。秃顶者与长发者之性格。非适相反乎。曰然。然则设许彼秃顶为屦人。而不准长发者亦执此业。反是则长发者当为。而秃顶者不得为之。其然欤。

克：此则笑谭矣。

苏：然。诚笑谭也。盖吾侪于创此国家之际。分辨性格之异同。不过就其性格之关于人之事业者而区别之。未尝计及琐屑之异点也。即以医术论。医师之性格。殆与有志于医者之性格同。

克：诚然。

苏：医者与工匠之性格。固不可以相提并论欤。

克：然。

苏：设对于一种事业上。男女之性格不能均合。则自当以相异之事。责诸男女。然设其所不同者不过为一则生。一则产。则不能遂谓男女不当受同等之教育也。故吾侪当仍保守吾侪固有之主张。即男女当有同等之事业也。

克：诚然。

苏：于是吾侪当一询反对者。对于国民方面之事业。男女之性。果有异乎。

克：此诚吾侪所当问者。

苏：彼或者亦如汝顷间之答覆。谓欲于突然间解决。诚非易事。惟苟可稍加研究。则置答亦自不难。

克：此亦意中事也。

苏：于是吾侪当与之讨论。并望能使之明晓对于国家之组织。男女固无不同之性格。

克：此诚吾侪所当竭力者。

苏：吾侪当谓之曰。“盍来一谭。吾侪有一问题询汝。有天赋之材与无天赋之材之别。不论其材为何种。非一则欲成一事甚易。一则甚难。一则学问虽小。可以举一反三。一则穷年累月而了无所得。汝意其谓然欤。或者一则有康强之体。可备任使。而一则懦弱多病。虽其心欲建设万端。而其体则阻力横生。弗克有所树立。人之材不材之别。非在斯欤。”

克：自无以为不然者。

苏：对于人类所有各种事业上之能力。恐无不男胜于女。细节固不在此列。不然。余当斤斤于纺织装饰与烹调诸琐事矣。盖此数事者。女果远胜于男。设此乃不如男子。则必为人所讪笑。

克：诚然。以普通男女而论。固女不如男。女子所为之事。其能胜于男子者。虽亦不鲜。然自大概观之。则汝言诚不谬也。

苏：然则一国之中。固无一事一业专属于女子。亦未有一事而专属于男子。盖二者之性格实无不同。所异者。不过女子较弱耳。

克：甚善。

苏：然则吾侪可悉以一切之事业。责诸男子。而绝然不用女子乎。

克：是乌乎可。

苏：夫女有精医术者。亦或有不谙医术者。有谙音乐者。亦或有音乐非其性之所近者。然欤。

克：诚然。

苏：或一女子为性喜体育运动。与军事上之练习者。一为仇视运动而不喜战争者。

克：然。意者一为哲学家。一为深恶哲学之人。一为血气用事。一为精神不振者。

克：是亦常有之事。

苏：然则女子之中。亦有具保国之性情者。亦有不具此性情者。吾侪选择男子。使之捍卫国家。非亦视其具此性情与否乎。

克：然。

苏：盖男女均有具此性格者。所异者。惟强与弱不同耳。

克：此固无疑。

苏：凡女子而具此性格。则选之为具此性格之男子之辅佐。可乎。

克：甚善。

苏：既具同等之性格。岂不当有相同之职务乎。

克：是诚当有相同之职务也。

苏：然则如顷间所云。以音乐与体育训练女子。亦何不当之有。吾侪绕道而行。幸已回至原处矣。

克：然。

苏：然则吾侪所定之法律。固非虚无不可能之事。盖此法律因乎人之性格而定。彼反对者之议论。实无充足之理由。以与人之性格相背也。

克：大致不谬。

苏：吾侪所急欲解决者。非即何者为可行。而亦为最有益之事乎。

克：然。

苏：然吾侪所议决之可行者已证明矣。

克：然。

苏：至是当一究其最大之利益为何。其然欤。

克：诚然。

苏：汝将承认凡教育能使男子为完备之卫国者。则亦能使女子为完备之卫国者。其故以男女之性格无异。其然欤。

克：此固余所承认者。

苏：愿汝试答余所问。

克：固愿闻教。

苏：汝将谓人之于善。皆一律而无差等之可别。抑有较善较不善乎。

克：是固有差等级者。

苏：于吾侪所创之国中。凡卫国者。皆曾受以上所云之教育与训练者。汝谓此辈较诸彼徒有制履智识之履人。将较善乎。

克：噫。此亦安成问题哉。

苏：甚善。余明汝意矣。然则吾侪当更进一层。谓任卫国之责者。皆为国民最优秀者。其可乎。

克：是何不可之有。

苏：然国中之女子。皆当养之使成最优秀之人民乎。

克：是所极当。

苏：然则为国家利益计。不外乎使男子与女子均为最优秀之人民。

克：然。

苏：此即音乐与体育之用意也。盖欲使人民有此程度。全赖乎此。

克：诚然。

苏：然则吾侪所定之法。非惟为可行的。并为极有益于国家者。其然欤。

克：然。

苏：然则女子可容其裸体。以彼有善德为之衣。于战争及守卫国家之事。可容其与男子分任。惟于分功之际。当以较轻者属诸女子。以其较弱故耳。其于寻常轻便之事。当与男子负同等之责任。彼夫以女子之裸体操练为可笑。而不明其所以然者。则为无意识之人。若辈无非识见不到。乃出于此。古人云。惟有利为高尚。惟有害为卑鄙。洵不诬也。

克：甚善。

苏：于是吾侪对于女子所订之法律。如突重关。至是已利有攸往。幸如许波涛。吾侪未为卷去。而男女当有同等职务之主张。至此可谓贯澈。且此主张之能行与有利。亦从此证明矣。

克：然。似此波涛。诚不可谓不大。汝能脱险。亦云幸矣。

苏：然。然有较此更大者。行将继至。设汝见之。将不复重视此矣。

克：请言之。俾可一悉真相。

苏：对于女子之法律。及顷间所议及之诸法律。势必牵入此问题。即女子之为人妻。男子之为人夫是也。盖此当为公众问题。不当为私人问题。儿童亦然。为父母者当不知孰为己之儿女。为儿女者亦当不知孰为己之父母。

克：斯固更大之问题也。至于此法之可行与否。有益与否。自为更大之疑问。

苏：以余观之。此事之有益。未必有何争执。惟其可行与否。是必起极烈之辩论无疑。

克：余以为二者均不能无疑于人。

苏：汝意此二者必相提并论方可。然余以为莫如汝先承认有益。俾余可避去一问题。而专注于能行与不能行也。

克：然。汝虽避此。度不能不为人所觉。故余以为汝竟并论之可也。

苏：然则余将一试。以自视幸运如何焉。惟愿得请于汝者。即许余如专事幻想者之梦想一切。盖若辈每终自在幻梦之中。遇一事辄历历想像其如何进行。一若涉想所及。已成事实。至其事之可能与否。非所顾虑。其所计及者。无非为已成事实后之种种手续。以此之故。若辈凭虚久而疏慵性成。施之实际者甚鲜。今余所以有求于汝者。以目前余亦中于此病。欲暂置可能不可能之问题于不问。先假定其为可行之事。而详述行政者之如何可措置一切于国家。于卫国者有如何之利益。设汝不反对。则余当借汝之助。先论此举之利益。然后再论其可能与否。

克：余固不汝反对。畅所欲言可也。

苏：余意设治国者与辅助者而皆名副其实。则自能一则尽其指挥之能事。一则服从其指挥。至负捍卫国家之责者。尤当服从法律。凡受国家所寄托之事者。更当誓死靡他。竭其力之所能至。

克：诚然。

苏：然汝为彼等之立法者。固已选择男子任事。则今当选择女子而分配之于男子矣。惟彼等均须居公共之屋。食公共之食。不论男女。均不可有私有之物。彼等当抚养于公共之所。受教育于公共之所。操练运动于公共之所。于是则彼等自觉有一种彼此联络之必要。而能实行联络矣。必要二字。想无不妥。子其谓然欤。

克：然。此种必要。非可拟摹者。实由爱情发生。而具吸引团结人类之大力也。

苏：汝言诚然。惟此事与其他一切皆同。须为有秩序的方可。盖于完备之国家中。淫乱为恶之大者。是不可不严禁也。

克：此诚当加禁止者。

苏：然则第二步之事。当使婚姻至最高洁之地步。而又当以最有益者为最高洁。其然欤。

克：此尤适合余意。

苏：余今所欲问汝者。如何可使婚姻至最高洁之地步。余见汝屋中有猎犬数头。并有飞禽数种。汝曾一研究彼等之择偶与生育之道乎。请详告余。

克：汝所欲知者何欤。

苏：第一即彼等虽大抵并为佳种。其中究有较佳与较不佳之别乎。

克：固诚有之。

苏：汝将任彼等遂意生育乎。抑仅择其最佳者而使之生育乎。

克：是诚从后者之说。

苏：汝将择其中之最老者或幼者乎。抑仅择其壮年者乎。

克：是当仅择其壮年者。

苏：设汝于彼等之生育。不为注意。则汝之犬与禽必逐渐退化。其然欤。

克：然。

苏：其他之动物如马等。想亦无不皆然。

克：此一定之理也。

苏：噫。克拉根乎。设人类亦然。则治国者须有何等之完备之智识乎。

克：人类自无不然。然此何以牵入治国者之智识乎。

苏：余之所以言此。以治国者苟欲尽其职务。而使人类进化。如治疾然。非用药石不可。夫疾病之轻者。只须节减其饮食。而护治之者。仅为通常之医士足矣。若病而须进药石者。则须良医不可。

克：此固甚确。然汝意究何指乎。

苏：余意治国者。苟欲人民不退化。非借种种饰词不可。此类饰词。即治国者医人之药石。而亦吾侪向所认为有利。而惟治国者所得用者也。

克：诚然。

苏：此种有所作用之饰词。用之于婚姻生育。实大有利。

克：如之何而有利。

苏：吾侪所承认者。为男子之最良者。当配合以女子之最良者。如是之配耦。多多益善。而最不良之男子。当配合以最不良之女子。而此等之配耦。则以日益减少为贵。前者所产之儿女。当抚育而教诲之。盖非如是。不足以保人类中优秀分子之不退化也。然此种举动。当守秘密。治国者以外。皆不可使知之。否则将不免有变叛之事也。

克：余意亦然。

苏：于是国家当有规定之节期。大会合青年男女。为之择配。届时并有规定之祭神唱婚歌等举动。以助兴趣而动情好。每次配耦之多寡。当由治国者核定。盖其多寡当以人民之多寡为准则。主持此事者。更不可不虑及一切关于民数统计之事。如战争。如疾病。或诸如此类之有影响于人民之总数者。盖治国者须不使民加多而国为过大。亦不可使民减少而国为过小也。

克：诚然。

苏：且吾侪倡一种命运之说。必使彼在择耦期中。失望者咸能自怨命运之不佳。而不致归咎于治国者之不公道。

克：此诚不可无者。

苏：以余之意。凡勇敢之青年。或戮力于战争者。除得其应得之种种荣誉外。当使其对于与女子之往来。有较大之自由。虽然彼之勇敢。已足为与女子往来之媒介也。盖如是。则多数之小儿。产自此辈矣。

克：然。

苏：小儿亦既产生。则即当授之负此专职之官。充此职者不论为男为女。盖吾侪已承认男女皆可人官也。

克：然。

苏：充斯职之官。当置优秀父母之儿女于养育之所。并备专门之看护。为之抚养。彼不良者之儿女。或父母本优秀而儿女乃弗能类。则均置之于人所不知之处。

克：诚然。欲使优秀分子之不退化。计固不出于此。

苏：于是当专视其养育之道。方小儿在哺乳期内。使生母而富于乳。则可令人养育之所哺乳。惟须用各种方法。俾一各不能认明己子。且哺乳之期。不可过长。为母者亦不可中夜兴起。致有其他为母者之辛勤苦楚。哺乳以外之事。一切皆为看护之责。

克：汝意如是。殆欲使优秀之为人母者。不致以儿女而受种种之困苦。然欤。

苏：然。固如是也。今请再进一层言之。吾侪岂不认小儿应产自年岁正当之父母乎。

克：然。

苏：然何为正当之年岁乎。女子一生有二十年为正当之年岁。男子则有三十年。然欤。

克：不知汝指何时之二十年与三十年也。

苏：女子始自二十。嫁而生子。为国家增殖民数。继续至四十而止。男子当始于二十五而终于五十五。盖始自二十五。则血气用事之时代已过矣。

克：诚然。盖男子之于此三十年中。女子之于此二十年中。均为精神上与体质上最健全之时代也。

苏：设有已过或未至此规定之年岁。而成婚于公众择耦之所。则视为不洁不义之举。而为众人所不齿。其所生之儿女。亦不能与寻常之儿等量而齐观。盖在公共择耦之期。男女祭司与全国人民。必先祭神而祷曰。愿此次既谐好事。生儿成立。能较现代之优秀父母为更善。而更有用于国家。故此等不正当之父母所产之儿女。直可谓来自暧昧。而为情欲之恶果也。

克：甚善。

苏：此例更可用于男女凡在正当年岁结婚。而未经政府许可者。盖未由政府许可而结婚。则所产即为不正当不圣洁之私生儿。

克：汝言甚是。

苏：顾此例仅可行于年岁已在规定期内者。凡年岁已逾此期。则可许其自由进止。惟男子不得娶其女与孙女。亦不可以母或母之母为妻。女子亦不可嫁其父与父之父。其余可以此类推。除此以外。凡年岁已逾规定之期者。可任其自由。惟同时必禁止其不当有所产生。设有之。则国家必殄灭之。无遗育。

克：此诚言之成理者。然彼等将何由而知孰为父女。孰为母子乎。

苏：彼等固无从而知。当如下述限制方法分辨之。凡男女结婚已逾七月至十月。则对于此后所产之女儿。不论产自何人。皆当称之为儿女。而小儿皆当称之为父母。对于彼等将来之儿女。则己又居于祖父母之地位。而可以孙儿女称之。凡当人结婚时。他人所产之儿女。则皆为兄弟姊妹。而不能通婚。惟此非绝对不可能之事。设命运使然。而为神所特准。则兄弟姊妹之间。要亦可通婚嫁。

克：甚然。

苏：此即余所谓男女之婚嫁。当为公众问题。而非私人问题也。组织如是之社会。当与吾侪其他之政策无矛盾之点。且此外无更高之社会。汝以为然乎。

克：然。

苏：吾侪当先自询立法者之制法组国。当以何者为最要之目的。且鉴别何者为最善。何者为最恶。然后再以吾侪所议者比较之。则吾侪所提议者之善与不善可知矣。

克：此诚正当之道。

苏：一国之所谓恶。当无更恶于意见参差。人民不能一致。而所谓善。亦莫善于人民有团结之力。而能遇事一致。

克：然。

苏：凡人民有团结力之国。则遇欣喜之事。一致欣喜。遇悲痛之事。一致悲痛。

克：诚然。

苏：设遇一事而国之人乃欣喜者半。悲痛者亦半。则表示其国民徒有私儿。无一致之能力。而其国之组织。必未完善无疑。

克：是必然者。

苏：此种参差而不一致。大抵以不明“我的”与“非我的”“他的”与“非他的”之真义所致。汝以为然欤。

克：汝言甚切当。

苏：设一国之中。其人民皆知“我的”与“非我的”之真义。而能一致用此二语。则非完善之国乎。

克：然。

苏：此种景象。实与人体相去不远。设吾侪有人仅伤一指。即彷佛全体咸集于脑部。而脑部实为之中心点。故受伤者虽仅一指。而觉其痛苦者全部。以是之故。吾侪不谓其指有痛苦。而谓其人有痛苦也。不独一指为然。凡人身无论何部受痛苦。或脱离痛苦。吾觉其痛苦与愉快。不独在直接之部分。全体皆然也。

克：诚然。余以为组织最完善之国家。其景象最与汝所述之人体相似。

苏：然则于完善之国家中。人民中遇快乐或悲愤之事。则全国之人。将以其所遇为己遇。而悉与之表示快乐悲愤之同情。其然欤。

克：于完善之国家中。自当如是。

苏：既如是。吾侪可返至吾侪之国家。一观此种根本之主张。究于何种之政体最为合宜。

克：甚善。

苏：吾侪之国。有治国者。有人民。殆亦与他国无不同。

克：然。

苏：彼此以国民相称。然欤。

克：然。

苏：然则他国中人民。有无他项之名号。称谓其治国之人欤。

克：以大概而论。称治国者为主人者颇多。惟于民主国中。仅称治国者耳。

苏：于吾侪之国。人民之称治国者。除国民外。亦有其他之称号乎。

克：有称之为保守者。有称其为援助者。

苏：治国者何以称人民乎。

克：维持者与培养者。

苏：他国中之治国者。何以称人民乎。

克：奴隶。

苏：他国之治国者彼此相见时。何以称谓。

克：同治者。

苏：吾侪之国中又若何。

克：同守者。

苏：汝知他国中之治国者。有以某同僚为其友。某同僚为非其友者乎。

克：然。此固常见闻者。

苏：彼所以引为友者。非即彼以为与有关系者乎。彼所不以为友者。非即彼所视为无关系而等于陌路者乎。

克：是必然者。

苏：惟然。而吾侪之守国者。亦有视其同僚如陌路而谓绝无关系者乎。

克：是所必无。以吾侪治国者所遇之人。非父即母。非兄弟即姊妹。非子即女。非若辈之尊长。即若辈之卑幼故也。

苏：汝言实获余心。惟余尚有欲询于汝者。凡人民之亲属。汝将使之仅存其名。抑将使之名实相副乎。即以父论。凡法律上所载之人。当如何孝养。如何服从。如何尊重。果当一一行之乎。凡背此诸端而行者。即将视为不孝不义而为神人所厌弃乎。当儿童认明谁为父母。谁为尊长之际。不当熟闻此种论调乎。抑亦可以不必乎。

克：此固当使之熟闻者。盖人能道亲属之名称。而不能行亲属间之本分。可耻孰甚。

苏：果如是。则吾侪之国中。和合一致之声调。当较他国为盛。盖能如是。已与余顷间所言无异。设有一人愉快。则众亦愉快其所愉快。反乎此。亦众皆为之不怡。

克：诚然。

苏：吾侪岂不云凡知公众之快乐痛苦者。自必有如是之见解。与如是之声调。然欤。

克：然。

苏：彼等对于不论何事何物。既确知有一种共同之关系。则自莫不曰。此与余有关系者。有此共同之关系。自有共同之快乐。与共同之痛苦。

克：然。且当有加于他国为远甚。

苏：以此之故。彼守国者亦当有妻子等诸亲属也。盖惟如是。彼等能有共同之快乐与痛苦。

克：然。此为最要之理由。

苏：而此共同之感触。即为最善而最有利于国家者。当吾侪以人身比较完善之国家时。固已承认之矣。

克：此固已承认者。且承认之甚当。

苏：然则国民有如是之妻子亲属。是大有利于国家明矣。

克：然。

苏：且此主张与曩所提议无抵触。向谓守国者不可有私有之宅地。与其他之恒产。所当得者为粮食。而由其他人民所共给。盖彼等不应有私人之费用。惟如是。乃可保全其真正守国者之人格。

克：然。

苏：实行此财产亲属公共之制度。斯可使彼等成更完善之守国者。盖既有如是之财产亲属。彼等决不复有“我的”与“非我的”之谬见。而使国家有分裂之害。何则。既无私人之房屋。私人之妻子。则自无私人之快乐痛苦。与夫一切私人所欲得之物矣。凡一人所以为快乐者。众人皆视为快乐。一人所以为痛苦者。众人皆视为痛苦。故对于一切事物之意见。人人相同。而各人之所为。有一公共之目的在焉。

克：诚然。

苏：彼等除躯体外。无物可称为己有。故争执诉讼等事。无由发现。凡人间之以金钱子女亲属等而起争端者。彼等皆可免也。

克：此必然者。

苏：且由是互相攻击。或其他强暴之行为。亦不数见。盖人民皆知自卫为不可无之事。藉令年相若者。间有攻击之事。则人各有自卫之权利。而其自卫也。得认为合法而公道。

克：甚善。

苏：此例更有足多者。盖人苟动于怒而与他人争持。则准自卫之道取决斗。其怒自因之而消释。不致有更剧更危险之举动矣。

克：斯言甚确。

苏：至管理与督责年幼者。其责当由年长者负之。

克：然。

苏：年幼者除受官司之命令外。决不攻击或藐视年长者。此亦绝无可疑。其故有二。一为羞耻。一为惶惧。此皆阻止年幼者贸然凌犯其上之原因。盖人莫不知凌犯其父母尊长。无礼而可耻。即令意存怨怼。而欲有不逊之言动。亦莫不惧亲属之一致声罪致讨也。

克：斯言确甚。

苏：然则如是之法律与条例。均所以使人民间克保安平。非欤。

克：然。如是固何患不安平。

苏：且守御者间既无彼此攻击之患。则人民自无结党而与之为难者。即人民间亦自无分党派而自相攻击之道也。

克：是可决无者。

苏：至于种种琐屑鄙陋之事。凡为吾人所羞称者。余不必一一缕述。粗举之。如贫者之媚富。贪者之恋财。作家创业之辛苦。经营称贷之困难。是皆卑卑不足道者也。

克：然。若此种种。诚无俟详言之。

苏：设准以上规定之条例。彼等自能脱离此种种之苦楚。吾知当是时其生命上之快乐。实较诸屋林毕[①]之运动获胜者。有过之无不及。

克：何以故。

苏：无他。屋林毕之获胜者。人皆视为有快乐之生命。以其为国人得一部分之幸福。而吾侪之国民所得之胜利。较屋林毕运动者所得之胜利。则更为显赫。盖此种胜利。能使国家有永久之和平。故若是之国民。生时受国家之荣奖。身后受国家之荣葬。汝应忆吾侪讨论之际。有人曾谓吾侪未尝使守御者有若何幸福。并谓彼等可应有尽有。而吾侪未尝姑稍给与之。当时吾侪曾应之曰。俟至适宜之时机。当再研究之。惟吾侪目前所讨论。乃为真正之守御者。吾侪创此国家时。本意以国家最大之幸福为前提。非仅拘于一部分人之幸福云云。吾言当犹在耳欤。

克：然。余固未之忘也。

苏：然则汝对于守御者之生命。较诸屋林毕运动得胜者。更为高尚。更为快乐之一说。有何见解乎。若辈之生命。可与屦人农夫工匠等相提并论乎。

克：是乌乎可。

---

① 今译为“奥林匹克”。

苏：余今当重申前说。设吾侪之守御者。徒知娱乐快意。不复尽守御之责。吾侪虽明知安和节俭。为彼最完善之生命。而彼等竟不复知足。于此竟少不更事。误解快乐之真意。循此误解而进行。生于心者害于事。竟致欲举全国所有为己有。当此之时。彼当三复黑西之言。“半多于全部。”

克：然。设彼等商诸余。余将告之曰。汝既有如是高尚之生命。即当慎守之而永矢弗谖。

苏：如是之生命。男女均可有之。汝以为然欤。男女当有同等之教育。共同之子女。彼等当共同保卫。人民之外出者与居留于国中者。不论在何时或何事上。凡力之所及。当共同防御。共同纠察。不必有男女之分。惟如是。则国家与个人。均受良好之影响。且能保存男女间所当有之关系。盖以天性而论。男女固当共同任事也。汝以为然欤。

克：余意亦然。

苏：然尚有须研究者在焉。如是之社会。能与其他之动物之施诸实际乎。即能之。当如何可使之实现。

克：此正余所欲问者。

苏：是不难也。观彼等之如何共同作战。即可知矣。

克：何以故。

苏：奉军书而赴战。彼等自必同往。且必携其子女之矫强者同往。其故无非如工匠之欲其子女多所见闻。俾将来成人后可操业裕如。不特此也。其子女亦可戮力于战事。而慰安其父母。汝不见陶人之子。治事之先。必审慎观察。力助其父之工作乎。

克：然。此固习见者。

苏：然则守御者不当如陶人之教育其子女。与之以观察练习之时机乎。

克：此固可不言而喻也。

苏：且人情当子女在旁。其战必更勇。其他动物。莫不皆然。

克：此固然也。然苏格拉底乎。战而败常事也。设不幸而败。岂不可危。盖一经战败。庶必致父母子女同时覆没。痛深创巨。而国家将永不能复振矣。

苏：此固甚险。然汝未必愿彼等竟冒此险也。

克：然。

苏：然设置之死地而竟能脱险。则为益于彼等。亦非浅鲜。

克：诚然。

苏：使将来之军人。自幼时即身在战场。习于军旅。是为一极重要之事。以此之故。余以为幼时而偶经冒险。诚为有益。

克：诚然。

苏：故吾侪当以儿童观战为首务。然亦当设法使之能安平无害而后可。

克：然。

苏：为父母者。对于战事之危险。度不致绝无智识。彼等当本其经验识见所能至。预知何役为险。何役为无险。

克：彼等固当如是者。

苏：既如是。则无险之役。携其儿女同往。险之役则避之。

克：然。

苏：即往。亦当托之于富有经历之人。俾可为儿童之领袖与教师。

克：诚然。

苏：然战时之危险。固不可常为人所逆料。故不测之事。仍不能免。

克：然。

苏：欲免此不测。须有术以习练之。卵翼之。俾可于危险之际。翩然远逸。

克：汝意何谓乎。

苏：余意儿童幼时。即当使之乘马。及其既娴于控纵驰骋。然后使之乘马观战。惟彼等所乘之马。不可桀悍。须极驯良而极速者。盖如是。则可观察彼等将来职业之情形。设遇不测。即可随彼等之领袖逸去。

克：汝言诚是。

苏：至军人之对于战事当如何乎。一方为同袍。一方为敌人。皆有应取之态度。依余之意。凡军人在义当杀敌致果时。而离队而走。或弃甲而逃。或有其他胆怯之行为。则当降为农工。汝以为何如。

克：是固当然。

苏：军士为敌人所获者。则视为出于其自愿。而为敌人应得之物。敌人若何处置之。不问可也。

克：甚善。

苏：彼战胜或建功之英雄将如何乎。凡同行之军人。不当一一为之加冕乎。汝以为如何。

克：余赞成。

苏：且当受握右手之礼。汝赞成否。

克：余亦赞成。

苏：余尚有一提议。想汝或未必赞成也。

克：何议乎。

苏：即军人并当与之行接吻之礼。

克：此岂余所不赞成者乎。余非惟赞成。且当更进一层言之。凡战胜者苟欲与人行接吻礼。则人不可却。盖如是。则彼于军中。苟有钟情之人。不论其为男为女。自其战也必分外奋勇。俾可得其意中人之欢心。

苏：甚善。吾侪固曾云勇者之妻。当多于常人。且可有先择之权利。俾可有最多数之儿女。汝以为然否。

克：诚然。

苏：此外尚有一说。花满曾谓勇敢之少年。当为人所尊重。彼诗中之哀侠客。战胜之后。人以牛脊骨奖之。其意谓此为奖励少年英雄最适当之物品。意取其性坚而强也。

克：此亦甚确。

苏：然则吾侪当以花满为先觉而效法之。且于献祭等事之际。亦当就各人功绩之大小。一一奖励之。奖励之道。不外诗歌酒食。与种种人所视为荣幸之物。凡男女皆如是。盖敬礼之亦所以教训之也。

克：此诚极善之法。

苏：设有以勇敢战死者。吾侪不当谓此人系属于金统者乎。

克：然。

苏：吾侪不当深信黑西所谓彼等为地上之天使。为兴善去恶之人而保障人类者乎。

克：吾侪诚当信之。

苏：吾侪当以如何之葬礼。葬此神圣之英雄豪杰。诚宜请于上帝。一俟上帝有所指示。吾侪自当遵行弗怠。

克：诚然。

苏：且将来葬事告毕之后。吾侪当跪拜坏土之前。如拜古英雄之墓。以表吾侪敬慕之心。不特此辈为然。即凡有非常之善德者。或建非常之事业者。不论其为考终。为死非其正。要当受同等荣幸之敬礼。

克：余诚赞成。

苏：至军士之对于敌人。当取如何之手段乎。

克：汝指何方面而言。

苏：首为奴隶问题。希腊人奴隶希腊人。或容他邦人奴隶之。汝以为正当之道乎。设彼等以忧惧外人或有时奴隶希腊全国之故。而一变其自相奴隶之风俗。不亦善乎。

克：是为无上上策。

苏：然则希腊人不当以希腊人为奴隶。当为全希腊之定例。而为人所共服从者。

克：然。惟如是。希腊可协力御外。不自相残害。

苏：对于战死者当如何乎。战胜者之对于战死之敌。除兵甲外。可别有所取乎。剥夺死敌之物之一端。岂非适使胆怯者得掩饰不战之过乎。盖胆怯之辈。每好攫取死敌所有。炫示于众。以表其力战之功。不知自来军旅之以此而败绩者。不知凡几。

克：然。

苏：且生敌已弃甲远逸矣。而徒认死者为敌。快意于攫取死者之物。是适显其态度之贪庸浅狭。卑鄙懦弱。兼而有之。此与犬之不能行近掷石之人。而徒狺狺于顽石。何以异乎。

克：此喻甚切。

苏：然则吾侪当禁止战时攫夺死者之物。且亦当禁止阻挠埋葬死者之举。

克：然。此均不可不禁止者。

苏：吾侪亦不可以战胜时所得之械器。归献于神。即献之。而得自希腊人者。则绝对不可。其故以一则吾侪欲与其他希腊诸邦留和好之感情。一则以本国之军器献神。恐冒渎神之罪。盖以本国之军器献神。非出自神意。不可也。

克：是固然也。

苏：此外如本国中战时之劫掠焚毁等举动当如何。

克：愿先闻汝意。

苏：余意此等举动。在所当禁。可许者。惟取一岁之粮食耳。汝欲知其理由乎。

克：愿闻。

苏：汝知“纷争”与“战事”之名义上之异点乎。非特名义上有异点。即二者之性质亦不同。一则用以对外。一则用以对内。纷争为对内之名。战争为对外之名。

克：此诚精当之区别。

苏：凡希腊人皆以血统与感情之关系。当为一联合之族。而对于以外之种族。当视为异类。汝亦以为正当之道耶。

克：然。

苏：故希腊人与异邦人。或异邦人与希腊开衅。则吾侪可称之曰战。盖此二者固仇敌也。设希腊人与希腊人战。则可谓希腊国中有纷争之事。不得为战。盖同是希腊人。初无仇敌于其间也。

克：余诚以为然。

苏：然则设遇顷所谓纷争之事。一邦之中。裂为二部。设彼此均以焚毁劫掠为事。则惨酷已甚。盖真爱国者终不肯毁伤己母与乳母。至纷争而攫夺其暂时之粮食。则自有故。然且当存一早晚必复和平之念。心目之中。确认万无永久纷争之理而后可。

克：此诚较为文明之道。

苏：汝所创之国家。亦为希腊诸邦之一乎。

克：当然如是。

苏：然则其国民为能向善而文明者欤。

克：然。是诚文明矣。

苏：彼等岂不爱希腊。而以希腊为己有之国。其宗教上之礼节。非与其他之希腊人相同乎。

克：然。

苏：设彼等之间。有不能一致而起变端。则吾侪名之为纷争。盖本族人中之争端。固不得以战事目之也。

克：诚然。

苏：彼等在争斗时。亦明知必有言归于好之一日。汝以为然欤。

克：然。

苏：故彼等之争斗。当以较文明之法出之。不当奴隶其人民。焚掠其财物。盖非真正之仇敌也。

克：诚然。

苏：己既为希腊人。自不当蹂躏希腊之土地。焚毁希腊之房屋。当知争斗之起。非由一邦或一城之人。每由于一城中少数人而然。其余大多数之人。要仍为此少数人之亲友。明乎此。则当争斗之际。自不忍焚毁劫掠。盖彼等明知此种仇恨。时限至短。迨至彼少数发难者受适当之裁制。则立必和平如初。

克：余诚以为然。希腊人待希腊人。固当如是。彼等现行之法。以待异国人可也。

苏：于是吾侪当增订一法。若不得劫掠希腊人之土地。焚毁希腊人之房屋。凡在军人。诚当书绅谨守。

克：然。且余以为此法之善。亦与前所订定诸法律。不相上下。然苏格拉底乎。余有一言。至此不得不倾吐。设容汝依此进行。汝将忘一至要之问题。而此问题。汝于讨论之初。即谓暂置弗论。其说惟何。即以上所云之种种。究能实现与否。余固知汝凡所提议者。苟能实行。无不大有益于国家。且余亦知此国中之人民。能为最勇之军士。而永无退避左次之患。盖共同作战者。无不相知之人。非父即子。非兄即弟。设妇女同往。则不论其相率或列前茅。或隶后劲。必敌忾同仇。既可慑敌人之胆。又可助男子之不逮。故汝虽未言及此。余则确知若此而张一军。固万万不为人所挠败。不特此一端。余知关于内政上之利益。更不胜数。此种种之利益。余非不愿承认之。即汝更有所指示。余亦无不同意。惟余急欲一知此种种之果能实现与否。设能实现。则余亦不复多言。故为今之计。当先一辨此国家之究能实现与否。以及如何可使之实现之方法。然后再论其他。

苏：余言稍一懈怠。汝竟发挥尽致。直迫余为城下之盟。而绝不宽假。余于第一第二之大波浪中。尚未完全脱险。而汝已挟第三者而来。且此第三者实为轩然大波。而其险之甚。恐为汝所未知者。设汝知之。吾知汝之词锋必较和缓。而或者能谅余之对此非常重大之问题。所以踌躇而退缩。至一至再而三也。

克：汝今若此之请求愈多。则余欲汝速言之志愈决。究竟如是之国家。何以能实现。愿亟言之弗隐。

苏：吾侪当先一思讨论之所以至此。盖由追求公道与不公道而来。

克：然。然此与余所问者何涉。

苏：以余欲一知设公道与不公道为吾侪所寻得。则吾侪所欲求之公道之人。是否须行动绝无不合于公道者。抑只须与公道大致不背。而愈于寻常之人者。

克：但能大致不背。斯可矣。

苏：吾侪所以不得不研究纯粹公道之性质。与纯粹公道者之品格。纯粹不公道之性质。与纯粹不公道者之品格。其故无非欲得一理想的模范。完备之标准耳。有此标准。始可知自身公道与不公道之程度。观乎模范所有之安乐困苦。即可知自身之安乐困苦为何如。并无使此模范实现之意也。

克：然。

苏：设画家借其无上之艺。绘一美观之人。维妙维肖。人将以其不能使如是之人实现。而轻其艺术耶。

克：自无此理。

苏：吾侪非创一完备国家之模范乎。

克：然。

苏：吾侪岂可以如是之国家。不能实现。而遂谓此主张无价值乎。

克：是固不能。

苏：此真理也。然设余欲示汝以在如何之地位。此国家最有实现之能力。特非先得汝前所允许者不可。

克：允许者为何事。

苏：理想的模范。究能完全实现否。未可论定也。但既称理想的。非即谓凡真能实现者。皆不若此理想的之完备。幸能大致相似已足欤。

克：然。

苏：然则汝不可强余证明一实现之国家。须与彼理想的模范。不爽累黍。设余能得一国。其治国之道。与吾侪顷间所云者大致相似。则即为此模范能实现之明证。而余愿足矣。特未识餍汝意否。

克：能如是。余亦足矣。

苏：于是余当先一察方今之国。何以有此不良之政治。乃至不能与吾侪之模范有相似之程度。须经若何之变革。而后可使进步。且变革之中。何者为最简捷。盖所变者。能仅一端或二端为最上。即不能。亦要以愈简为愈妙。

克：诚然。

苏：余以为国家中有一端可变。变之于国家大有裨益。惟着手非易。然非不可能之事也。

克：何事乎。

苏：至此余将遇一最大最险之波涛。设余言出口。则必为广众之笑骂所交集。愿汝仍留意余言也。

克：唯。

苏：苟非哲学家为君。或今之治国者有哲学家之精神与智识。苟非政治上之能力。与哲学之智识。合而为一。苟非以此二者为相异之物。摈去弗道。而别求之于他途者。则国家终无脱离苦恶之一日。非惟国家。人类皆然。能实行以上数端。则吾侪之模范国家。方有实现之希望。克拉根乎。余意如此。余所以踌躇出此者以此。余明知真理之难见信于人。余明知欲人之深信。不论公私幸福。必如是方可获得。殊非易事也。

克：苏格拉底乎。汝果何谓乎。汝曾计及汝一出此言。汝方备御诘难。即有多数人不啻投袂而起。持械而前。将图奋力扑汝。

设汝不预备一满意之答覆。则必为众矢之的。立即为人所颠仆无疑。

苏：然。使余入此险地者。非汝耶。

克：然。然此亦余所当为之事。余当竭力使汝脱出此险。惟余只能以余之好意。余之见解告汝。助汝设法答覆。盖居余之地位。助汝置答。自较他人为易。惟汝既获余助。益当勉自努力从事。必使反对者知汝言之确方可。

苏：汝既慨允助余。余自应竭尽智能。惟余以为吾侪于战斗之中。设有暂避之机会。即当向彼等申明吾侪所云之治国之哲学家。乃指何等人而言。俾吾侪可有自卫之余地。吾侪当曰。人类中固有性情与哲学相近者。此辈当研究哲学而为国家之领袖。彼性情与哲学不合者。不必以领袖强之。使为辅佐可也。

克：此诚正当之申明。

苏：请垂清听。余诚望终能与汝一满意之解释。凡人而真爱一物。则必非爱此物之一部。或一端。必就此物之全体而言。想汝尚未忘者。故余不复问汝能记忆否也。

克：请再申前说。以余实不了解汝意。

苏：此语出自他人。固无足异。惟不应出自汝口。盖汝当知爱儿童之人。见有呈露少年活泼之气象者。即生挚爱之心。且以为其确有受人挚爱之价值。即汝之对于汝所钟爱者。亦莫不然。设其人之鼻过扁。则汝将谓其美。其鼻而为钩形。则将谓有威严。不扁而又不钩。则又将谓适得其中。设其肤色苍黑。则汝谓其雄壮。设雪白者。则又夸为天纵之骄儿。总之。苟其人具少年活泼之气概。为汝所钟爱。汝必用种种说法称扬之。即其人如死灰。仍必别创新奇之美名相矜诩。

克：设汝以余之爱人之道。忖度他人之爱物。余诚赞成。

苏：汝知嗜饮者之如何爱酒乎。彼等每喜借种种之说辞而畅饮。

克：然。

苏：有好胜之心者亦然。彼即不能指挥一军。亦必能指挥一伍。即不得受显赫者之推重。亦必求卑贱者之拥戴而后快。其然欤。

克：诚然。

苏：余更欲重申前问。凡人之爱一物。爱其一部分。抑爱其全部耶。

克：全部。

苏：哲学家为爱智识之全部者。抑仅爱其一部分者乎。

克：是固全部也。

苏：凡少年尚未能辨善恶之时。而即不好学问。则必非哲学家与酷爱智识之人。此适如拒食者必不饥。而决非有健全之脾胃。汝以为然欤。

克：诚然。

苏：凡酷爱各种智识。求之不厌而永不自足者。当称之曰哲学家。余其不谬乎。

克：以汝之言。则哲学家指不胜数矣。盖好戏剧者。于戏剧亦有所研究。亦将为哲学家乎。彼专爱听悦耳之音。与哲学家绝无气味之可通。盖彼等为最无思想最无讨论之人。其专门之学业。惟听悦耳之音而已。然亦无专门智识之可言。其欲听者。在城中即集于城中。在郊外即集于郊外。此等人与其他有别种小智识者。皆得为哲学家乎。

苏：否否。此非真哲学家也。

克：然则孰为真正之哲学家乎。

苏：爱求真理者是也。

克：甚善。然余仍欲汝一解释之。

苏：设为他人解释则甚难。幸为汝言。或尚可相悦以解。盖汝必许余先提出一问题也。

克：问题惟何。

苏：恶视既为美观之对面。则此二者自为二事。其然欤。

克：然。

苏：合之既为二事。则分之各为一事。其然欤。

克：然。

苏：如公道与不公道。善与恶等。何莫不然。分而视之。则各为一事。与他事合而言之。则为无数之事矣。

克：然。

苏：余之谓此。盖欲分辨爱美观美音与其他有形之美物者。断非真正之哲学家。

克：如何分辨之。

苏：入于目爱美色。入于耳爱美音者。以余观之。不过能爱人造的美的物耳。至此美的物。固产自无形之真美。然真美非彼等所能领悟也。

克：然。

苏：凡仅能爱美物者。非即能爱真美。即使人诱导引掖。彼亦绝不能兴起挚爱之心。若而人究为睡为觉乎。汝须知睡梦中人。每以不同之物为同。以相同之物为不同。其然欤。

克：若是之人。实在梦中。

苏：既如是。则请再以美论。凡能爱真美而并能分辨美物与真美。不以真美为美物。亦不以美物为真美。凡如是之人。称之为醒。抑称之为梦乎。

克：彼诚清醒无疑。

苏：然则吾侪岂不可谓彼能知此而辨此者为有智识。苟不然者。即徒有意见（opinion）乎。

克：是何不可。

苏：然使彼徒有意见之徒。不满意于吾侪之区别。致起争端。则吾侪可有安慰劝勉之道。而不直斥其脑筋错乱乎。

克：是诚当安慰而劝勉之。

苏：然则请一思若之何而劝慰之。吾侪可先告之曰。不论汝所求为何种之智识。汝均可以力致。且吾侪诚愿汝之得之也。然后再进一问曰。凡具智识之人。知物乎。抑不知物乎。汝（指克拉根）当为之措答辞。

克：余谓彼诚知物。

苏：其所知为世间存在之物。抑不存在之物乎。

克：自为存在者。若既无物。何由而知。

苏：由此即可证明凡确有之物。可确为人知。确无之物。自不为人知。

克：此为极真切之理。

苏：善。然设有物焉。在存在与不存在间。则其地位亦当在确有确无间。然欤。

克：然。是当适介于其间。

苏：确有之物。与智识有连带之关系。确无之物。与无智识有连带之关系。然则在确有确无间者。自必与有智识者无智识者有连带之关系。其然欤。

克：然。

苏：吾侪固承认意见之存在乎。

克：然。

苏：意见与智识为相同之能力乎。抑意解别为一种能力乎。

克：别一能力也。

苏：然则与见解有连带之关系者。当与与智识有连带之关系者不同。然欤。

克：然。

苏：与智识连带者为确有之物。此固顷所已言者。余今当先就能力申言之。

克：愿闻。

苏：能力者吾侪所赖之以作为。例如视与听。非即为人之能力。汝以为然欤。

克：然。

苏：然则请聆余之对于能力之意见。余以为能力不能为人所见。物之形式之不同。颜色之各异。非能力也。人之能分辨其异点。是为能力。盖吾侪讨论能力。当仅想能力之势力范围。凡能力之势力范围相同者。为相同之能力。其势力范围相异者。为相异之能力。汝以为然欤。

克：然。

苏：请再答余一问。智识为一种能力乎。抑不属能力之一类乎。

克：非能力而何。且为能力之至大者。

苏：意见亦能力乎。

克：然。惟意见可使吾侪有意见。

苏：然汝顷间非已承认智识与意见不同欤。

克：然。智识无错误之时。意见有时而或谬。有识者必不并为一谈也。

苏：斯诚一极佳之答复。盖由是可见吾侪对于此二者之异点。已洞见无隐矣。

克：然。

苏：然则智识与意见。既为不相同之能力。则二者之势力。二者之连带物。亦必相异。

克：是必然者。

苏：智识之连带物。为确有之物。而智识之势力。为确知其连带物之性质。其然欤。

克：然。

苏：意见者。使人有见解。然欤。

克：然。

苏：然究为对于何物之见解耶。意见之连带物。即智识之连带物耶。

克：否否。顷已证明其不同矣。盖不同之能力。既有不同之势力与连带物。而智识与意见既为不同之能力。则智识与意见之连带物。是决不同者。

苏：然则确有之物。仅为智识之连带物。意见当另有特殊之连带物。其然。

克：然。是必另有他物。

苏：然则确无之物。可为意见之连带物乎。以定理论之。人之意见。必由于物而发生。设无一物。可有意见乎。

克：是乌乎可。

苏：然则意见者。必对于一物之意见乎。

克：然。

苏：无物者。无一物之谓也。

克：然。

苏：无一物与无智识有连带之关系。其然欤。

克：然。

苏：然则意见与有物无物。皆无绝对之关系欤。

克：然。

苏：今夫人既非绝对有智识。亦非绝对无智识。可乎。

克：似可。

苏：意见一端。既当求之于二者之外。则谓其明于智。或暗于不智。可乎。

克：是皆不能。

苏：然则汝殆以意见为暗于智而明于不智欤。

克：诚然诚然。

苏：在智与不智之间。

克：然。

苏：然则汝以意见为居间物欤。

克：诚然。

苏：然吾侪顷不云乎。凡物在同时能似有而似无者。即为确有确无之居间物乎。与如是之物有连带关系者。非智与不智。乃智与不智间物也。

克：然。

苏：在智与不智间之物。已为吾侪所拈出。而名之曰意见矣。

克：然。

苏：吾侪今所应求者。惟具此似有似无之性质之物质耳。一经求得。当即以相当之能力配之。盖有无之极端者。当配以极端之能力。在有无间者。当配以智与不智间之能力也。

克：然。

苏：此节既确。余将一询彼不知有一种永久不变之真美者曰。汝知一切美观物。果有一久而不现露其丑劣者乎。公道者。有永不为不公道者乎。一切高洁者。有永不复变为污浊者乎。余所以发此问者。以彼好美观之徒。终以美为多数之美物。即明告之以真美与真公道。实为一永久不变之物。彼亦必不余信。

克：美观之物。甲方面以为悦目。乙方面有时或竟觉其丑劣。其他如公道等亦如是。

苏：物之视为加倍者。非亦可为物之半数乎。盖为甲物之倍数。可同时为乙物之半数也。

克：此言甚确。

苏：物之重者与轻者。大者与小者。亦不过一方面所定。自他方面观之。岂非又轻者可为重。重者可为轻。大者可为小。小者可为大欤。

克：然。此固无不可也。

苏：然则世间固不乏似是而实非。似非而实是之物欤。

克：此适如小儿所猜之谜语。实无从知其究竟也。盖如以上所云。此种种者皆有两方面之解释。欲确知其是与否。有与无。诚非易事。

苏：然则汝将奈何。汝将谓其适在是与否有与无之间乎。盖此种种者。固不较确无为更暗。亦不较确有为更明。诚不待言而喻矣。

克：然。

苏：由此观之。可知众人以多数美观物为真美之谬见。实盘旋于空际确有确无之间。明矣。

克：诚然。

苏：吾侪顷已承认。凡此类之物。当认为意见之连带物。而非智识之连带物。盖居间之物。当属诸居间之能力也。

克：甚善。

苏：然则凡仅见多数美观之物。而不能见不变之真美。能见多数之公道之人。而不见不变之公道。虽经人指示。亦无能力见之。若而人可谓徒有意见而无智识者。其然欤。

克：然。

苏：彼能见永久不变之真美。而亦能见多数美观之物者。是为有智识。不徒有意见。

克：然。

苏：一则爱智识之连带物者。一则爱意见之连带物者。后者即为爱观悦目之物。爱听悦耳之声。而不知真美之何在者也。

克：诚然诚然。

苏：然则吾侪称之为爱意见而非爱智识者。何所不可。彼人将有怒吾侪之称谓为不然者乎。

克：果尔。则余又将与商榷惩忿方法。盖人不当对于真理而怒也。

苏：善。彼爱真理而爱确有之物者。可称之曰爱智识。而非爱见解者。然欤。

克：是必然者。

第六章　政治　哲理

苏：克拉根乎。经此许久之讨论。幸能辨认真哲学家与伪哲学家矣。

克：此非多延晷刻不可。以无捷径可寻也。

苏：设吾侪专心辨认。则所得之结果。或能较善于此。且亦不致若是之费时。今所以久延若是者。实吾侪急欲知公道者生命与不公道者生命之异点。坐是旁涉许多题外之问题。

克：然。然吾侪今所当解决之问题惟何。

苏：然吾侪当一思今当讨论者为何。惟哲学家能察见永久不变之物。彼飘荡于多数物质之中者。不得谓之哲学家。汝意此二者当孰为治国者乎。

克：汝当如何作答耶。

苏：孰能善守法律。而能维持国家之精神者。当推之治国。

克：甚善。

苏：且治国者既负保守之责。则自必为有远大之目光者方可。想此亦不成问题也。

克：是固不成问题。

苏：质言之。彼无智识者不知物之确有。盖有如画家之未经睹其标本。既不知物之确有。即不能为美善与公道定明确之区别。即已为人所区别。亦不能守之而不乱。要之此辈实与盲者无异。

克：然。诚无异于盲人。

苏：设此外尚有人焉。其经历及善德等与之相埒。而又能灼见物之确有之真理。则吾侪当任盲者以治国之职务耶。

克：此无理由之可言。盖凡有最大之能力者。即当居最高之地位。不然。必其道德或经历。有所欠缺也。

苏：既如是。吾侪当一研究若人果能兼具各种之优点与否。且至若何之地步。

克：是必研究者。

苏：讨论之初。吾侪即当先辨明哲学家之性质。及既辨明。彼此无异言。然后更承认以一人而兼此种种优点为可能之事。且治国者非如是之人不可。余其不谬乎。

克：汝意究何谓。

苏：吾侪可姑谓哲学家每爱永久不变、不因时代而改之智识。汝以为然欤。

克：然。

苏：凡物之确有者。与理之确正者。即为彼等所爱。其事理之大小轻重不计也。此与顷所言之爱少年者与好胜者。如出一辙。

克：然。

苏：彼等既如是。则此外尚有特性之为彼等所必具者。

克：何性乎。

苏：真实是也。盖彼所最恶者为伪。而最爱者为真。故彼等决不有意以伪为真也。

克：然。彼等未必出此。

苏："未必"乎。决然不为也。盖其天性爱物。则凡与所爱之物相近而有关系者。无不爱之。此自然之理也。

克：诚然。

苏：与智识相近者。殆无加于真理乎。

克：然。

苏：爱智识者。能亦爱虚伪乎。

克：理之所无。

苏：故真爱智识者。必自幼即爱真理。

克：是亦必然者。

苏：凡人于一方面之欲望愈盛。其于他方面之欲望必愈衰。此适如河水之流入此处愈多。则流入他处者必愈少。此吾侪所历经实验而知者也。

克：然。

苏：且凡人之专心于各种之智识者。其所得之快乐。为精神之快乐。其于身体上之快乐。必不复介意。然此惟真哲学家能之。

克：此亦必然者。

苏：且如是之人。必有节制而不贪。盖他人之以多获自奉为重。彼实无之。

克：然。

苏：具真哲学之性情者。决无一种不为人觉察之器小之病。盖彼人胸襟。包罗万有。不论事之属于神或属于人者。彼无不欲得其真理。此种胸襟。适与器小相反。故余谓万无器小之理。

克：何斯言之明确也。

苏：此外尚有一事。可为辨别有无哲学性情之标准者。

克：何事乎。

苏：胸襟既如是之阔大。其所研究而务明白者。又如是之广。彼尚重视生命乎。

克：殆决不然。

苏：彼尚如常人之畏死乎。

克：是亦决不然者。

苏：然则胆怯与器小。皆不足为哲学家虑矣。

克：然。

苏：此人既不贪婪。不偏狭。不骄矜。不恇怯。其与人接物。有不公道之理乎。

克：此又理之所无。

苏：然则欲辨别人具哲学之性情与否。观其人之公道与驯良。或鄙戾与强悍。即可知矣。盖惟此为辨别幼时天性果近哲学与否之标准也。

克：然。

苏：此外尚有一端。亦不可不注意者。

克：愿闻。

苏：即观其人于智识学问方面。有乐趣乎。盖学之久而无得者。自无人能爱之。此自然之理也。

克：然。

苏：设学即忘失。终无所获。其人不仍为空疏无有之人欤。

克：然。

苏：且学之久而一无所获。其人必自恨其毫无结果之学业。

克：此亦诚不能免者。

苏：然则健忘之徒。亦不得为具真哲学家之性质。真哲学家必先具胜人之记忆力方可。

克：诚然。

苏：彼鄙戾强悍之性。自易中于不节制之病。然欤。

克：然。

苏：汝以真理为近于节制。或不节制乎。

克：固近于节制也。

苏：然则为哲学家者。除以上诸善性外。更须有一种不偏倚而有节制之性情。使之能趋向真理。出于自然而不觉。其然欤。

克：诚然。

苏：且人苟欲尽得真理而无遗。则非兼具此种种之善性不可。尤非此种种善性能联络一气而进行不可。

克：斯均不得不然者。

苏：求哲学者既须敏于学而有优胜之记忆力者。又须为酷爱真理公道。而兼有节制与胆量之人。则此学问之无可指摘也。明矣。

克：然。若是。虽妒神与之为难。亦无隙可寻矣。

苏：固必如是之人。迨年岁与学问已至成熟之期。方可以国家托之。

哀：对于汝以上所云。固无人有所诘难。然当汝讨论之际。听汝者每觉逐渐为汝所误。彼等以短于口辩。致不更随时非难。然此等积渐而然之误点。集至汝讨论告终。已成一极大疑问。而与吾侪顷间已解决之问题。已决定之宗旨。大相刺谬。奕之劣者每为优者所困。今吾侪为汝所困者。非棋也。乃理想与语言也。然真理究不能徒以汝之能言而有所阐扬。余所以发此言者。以余知言语上虽遽无与汝诘难者。然以事实论。莫不知凡研究哲学者。其专重学问。诚不仅在少壮之时。振奋之精神。至暮年而不懈。顾其结果往往成古怪之物。即其中之最优秀者。亦终毫无裨益于国家。而汝尚称颂此种学问不止欤。

苏：汝以倡此说者为是乎。

哀：余不能辨。故愿闻汝意为何如。

苏：余以倡此说者为诚是。

哀：哲学既于人无益。汝之国家必由哲学家治理之主张。何以成立乎。

苏：斯问只可取譬以答汝。

哀：善。此非汝所习用欤。

苏：汝既置余于极困难之地位。幸勿讪笑。愿汝静听。欲使汝更明余之困难之情形。则不得不设譬以显之。且余亦自知余所涉想。亦近似拟于不伦。此正如画家绘一似鹿非鹿之物以塞责也。请试申言之。设一船队或一船之领袖。事事胜于其他之水手。惟其耳目不甚清明。驾舟之术。亦非完善无指摘之处。于是诸水手争欲得其驾舟之职。每人自信已有驾舟之理由。实则彼等绝无智识经验之可言。且从未经人传授。彼等亦以为此固无须人传授。设有反对之者。彼等将竭力攻击而倾覆之。当此之时。纷纷环绕领袖之四周。求其与以驾舟之职。甚至以酒类或其他迷性物进诸领袖。使之知觉全失。夺其舟而自为领袖。至此则彼等之自相残害。自不能免。及稍安。则尽出舟中所有。以供彼等之酣嬉宴饮。凡当时从旁设策。助之夺权者。均酬以船长领袖等之美名。而未为尽力者。则以废物称之。不知真为领袖者。当深知年月天时与风星之道。不能以人之爱恶而定其去留。设一舟而在若是纷乱之地位。则舟中之水手。尽为争权夺利之徒。彼真正之领袖。当受何种之待遇乎。彼众水手岂不将股掌玩之而傀儡视之乎。

哀：是必然者。

苏：此喻之解释。想汝已了了。故真哲学家之于国家。亦毋须复述矣。

哀：然。

苏：然则彼不明哲学家何以不见重于人者。请即以此喻告之。且可详为解释。使彼知哲学家而能见重于国中。殊非常事。

哀：余当如汝所言而行之。

苏：且可告之曰。彼谓哲学家之最优秀者。无补于国家。此言诚是。然当知哲学家不任受其咎。人不之用耳。岂真无用哉。一舟之领袖。自当有统治众水手之权。不应求众水手之为所统治。此为自然之理也。谚云。"有智识者不自赴富者之门。"其意盖若为人而有疾。不论其贫富。要必自求医师之诊治。人而欲人管理。当自赴能管理人者之门。反是而行。则大误。故为管理者而苟稍具管理之智识。则必不求他人之为其管理也。虽然。今之治人者。盖与顷所言变叛之水手相似。断未可以语此。而真能治理者。人乃适视为无用之徒也。

哀：诚然。

苏：以此之故。哲学虽为最高尚之学。每为反对者视为绝无价值。而为人所轻视。其最大之影响。犹非来自与之明白反对者。实由于名为研究哲学之徒。人所谓无用无赖者。实斯辈也。盖此固事实昭昭。余亦承认其然也。

哀：然。

苏：其中之优秀者何以无用。已经解释矣。

哀：然。

苏：于是可进而解释多数之哲学家之腐败。何以而不可免。此亦如前者之不可归咎于哲学也。

哀：是必然者。

苏：请复以问答法明之。讨论之先。吾侪当一回视彼哲学家之善性。夫真理终为其惟一之领导物。离乎此。即为虚伪之徒。

即不得语于真哲学。度汝犹记忆及此。其以为然欤。

哀：诚然。

苏：其他之善德。姑置弗论。即以此一端而言。其为人也。岂非与今人对彼之意见。已适相反乎。

哀：诚相反矣。

苏：然则吾侪欲为之辩护。岂不可谓真哲学家酷爱真理。不论其所遇何事。必力求得真理而后已。其性使然也。彼之求学。不拘拘于琐屑有形之事物。用其敏锐之目光与脑力。贯彻万物之底蕴。非稍得似是而非之见解。即沾沾自足而中止。必竭其力之所至。确乎既得真理而后即安也。

哀：真正之哲学家。固如是也。

苏：好诳言亦为真哲学家本性之一部乎。抑彼将深恶诳言乎。

哀：是必深恶无疑。

苏：彼之践履者既为真理。则凡与其联络者。亦未必有恶德杂乎其间乎。

哀：是乌能哉。

苏：健全之脑力与公道。当为之伴侣。而节制亦自随行乎其后。

哀：是必然者。

苏：想余亦无须复一一详述真哲学家所当有之善性矣。盖余意汝必犹忆此诸善性为胆量。为阔大。敏于学而强于记。顷汝所以反对者。以人虽不能驳难余。而事实上则此辈非无用。即腐败。坐是吾侪因细察此无用与腐败之来由。然无用之故。刻已释明。今所研究者。则何以若辈中之腐败者如是之多。然欲解决此问题。不得不一悉真哲学家之情性。此余所以复语及胆量阔大等诸善性之意也。

哀：余明汝意矣。

苏：汝既明晓余意。当即一察何以多数之哲学家。辄往往变为腐败。其能始终不屈者实鲜。及乎此疑大白。然后再一观伪哲学家为何等人。此辈自号为研究哲理。实则此种学问。迥非彼可梦见。以人格论。亦无学此之程度。实不自量而自名哲学家之流。惟世人不察真伪。故谤毁真哲学与真哲学家者纷至而沓来。

哀：汝所谓之腐败。究为如何之腐败耶。

苏：余当为汝详言之。人固知完备真哲学家之德性者。诚为难得之才。

哀：是诚难得。

苏：然则败坏此难得之才之原因。又何其多而且强耶。

哀：原因若何。

苏：首为其已有之善德。如胆量节制等。不谓此诸善德乃能败坏其近于哲学之本性。而使之日离乎真正之哲学。宁非奇闻乎。

哀：诚奇闻也。

苏：此外为斯世之普通利益。如美观、财富、健康、名位等。吾诚不必缕述。度汝自能以此类推。盖此种种者。亦具败坏之力也。

哀：余固知之。然愿汝更详解释之。

苏：兹汝再听余一言。设能明余之大旨。即知余前言之不足异矣。

哀：愿闻。

苏：不论动物或植物之子。设其产生之后。不遇适当之培养。与适当之天时土地。则其本力愈壮。其所觉之痛苦必愈甚。

哀：然。

苏：由此可知凡人居不适当之地位。苟其性愈善。则其所受之损害。必愈多而愈重。其然欤。

哀：诚然。

苏：然则吾侪岂不可谓具特别天赋之才者。而受不正当之教育。其为害亦必高出于人。汝不观极大之罪恶。每属有聪明而受不正当之教育者所为。此辈不为恶则已。苟为之。必加于常人一等。彼愚拙无能之流。虽欲为之。而无是伟大之能力也。

哀：汝言洵不诬也。

苏：哲学家之为善为不善亦由于此。亦如植物之一遇适当之培养。适当之天时土地。则无不勃然而兴。至完全畅茂成熟而后止。设其所遇不当。则苟无天佑。必成为最不良最有害之野草。抑汝亦知众人所谓无数青年。为诡辩家所败坏。而复有无数之诡辩家。随地随时。诱惑青年。使之为所不当为乎。以余视之。为此言者。非诡辩家之最大者欤。盖论调若此。实于无形中授青年以种种不良之教育。非适导之使为彼辈一流之人物耶。

哀：彼等于何时教育之。

苏：每于公众集会之时。若法庭。若剧场。若游戏场。或其他公共之所。众嚣尘上。多人所视为不善。则大唾骂。而合意则欢呼鼓掌之声。震动屋宇。无论为彼等所是非好恶。无不言过其实。而当其唾骂或称颂之际。其气焰之盛。令人战栗。当此时。年少之人。其孰不见之而惕厉。不论其所已受者为何种之教育。尚能至此而不为大众之潮流所卷。而屹然不动乎。势必至众所以为是者。彼亦以为是。众所以为非者。彼亦以为非。而实无一己之意见可言也。

哀：此势所必然者。

苏：且此外尚有一更大之势力在焉。

哀：是何物耶。

苏：此等公众之诡辩家。除以上势力外。尤有所挟持以制人。其术非他。即严酷之刑罚是也。彼等如遇一人。而非以上之势力所能动。则以刑罚之道制之。

哀：其手段诚如是也。

苏：彼等指哲学家为诡辩家而善惑人者。不知即使其言而确。彼单独之真哲学家之行为。安能敌大众之势力。而使受其教育者能抵制汹汹之潮流耶。

哀：此诚无人能敌之。

苏：即有人欲一试。亦多见其愚而不自量。盖公众之程度若此。则社会上决不能有超出公众之人格。即将来亦永不能有也。惟汝须知余所谓之人格。仅指人力所能及之人格。彼出于天佑者又当别论。盖汝当知处于今日恶政府之下。恶社会之中。而能明哲保身者。实可谓非人力而出于天佑也。

哀：余诚以为然。

苏：此外尚有一端。想汝亦无不表同意者。

哀：愿闻。

苏：彼单独之哲学家。即公众所视为诡辩家而与之树敌者。以实际论诚亦未必以高尚之哲理教人。彼等所持以授人者。亦随公众之趋向而转移。公众之意见。即彼等之学识。其行为适与饲养野兽者同。设有人专饲一强悍之兽。彼必知如何斯可近之。何时危险不可与近。其各种之嗥鸣。表视各种之愿欲。以及若何作声。能使之怒。若何作声。能使之乐。及其饲之既久。自必一一明白。彼于是遂以此区区之智识为学问。而居然授之于人。实则彼绝未知彼兽之情欲。何者有善的性质。何者有恶的性质。何者有公道的性。何者有不公道的性。徒以兽所喜者为善。所恶者为恶。已方昏昏。而欲人之相从受学而昭昭。岂非一极不正当之教师耶。

哀：诚然。

苏：凡于图画上、或音乐上、或政治上、或不论何事上。苟以众人之意见。为己之意见。以众人之智识。为己之学识。此与以兽意定是非者。何以异乎。顾若辈之所以出此。无非欲得大众之称许耳。盖人苟欲博得众人之称许。则其所作为。无论从事于诗歌图画。或显其他之技艺。无不迎合大众之心理而行矣。如是之人。苟有所供献于公众。公众虽贬抑之。亦从未敢出违众之异议。而公然与之反对也。

哀：然。是诚未之闻者。

苏：真哲学家所以不多观者。此亦其原因之一。然当更进一层观之。吾侪欲使世人皆信真美为永久不变。而非暂时与片面的。且非美的物可比可乎。

哀：是万不能者。

苏：然则世人不能尽为哲学家明矣。

哀：此固不可能之事。

苏：然则哲学家为世人所厌弃。非为不可免之事欤。

哀：然。

苏：并为附和世人之徒所厌弃。亦不能免也。

哀：此必然者。

苏：由此观之。哲学家之能保守其固有善德。而能达其最后之目的难矣。至真哲学家所当具之善德。想汝尚未之忘怀。非即敏于学。强于记忆。有胜人之胆量。阔大之胸襟欤。

哀：然。

苏：若是之人。苟兼有健康之躯体。则自幼时始。固已事事胜人矣。

哀：诚然。

苏：彼之友与彼之国人。自必欲俟其稍长而用之以助己也。

哀：此亦必然者。

苏：以此彼等将推崇之。敬礼之。媚悦之。俾将来可自其手中。得种种之利益。

哀：斯固常见之事也。

苏：凡处如是之境地者。外来之影响于彼。其势若何。设其人而为大国之人。系出名门。崇高富厚。则影响于彼更何如乎。彼岂不以众人之随时趋附。事事推尊。遂至妄自尊大。日趋骄矜。而忘其本来面目。谬自信其才智非徒能统治希腊。并能兼治野蛮人而有余乎。

哀：然。是诚彼所不能免者。

苏：当此之际。设有人循循然告之曰。汝乃为人所愚。欲求学识。非虚心不可。汝意彼深受恶影响者。能闻之而有动于中乎。

哀：是决不能者。

苏：即使其人而为富有善德。识见高远之人。幸能闻之心动。幡然变计。汝思彼平日虚为推重。而实欲利用之者。将如何乎。彼辈不将竭力挠阻其改计。诬毁其教师。既用私人之诱惑。复凭公众之簧鼓。使之离正道而从其所不当从乎。

哀：此势所必然者。

苏：处此境地之人。亦焉能成哲学家乎。

哀：是诚不能。

苏：由此可知人虽具真哲学家之品性。而受不良之教育。处不良之地位。即不能研究哲学。盖此不良教育与地位之影响于彼。诚不减于所谓生活之利益如财产荣华等等。其然欤。

哀：诚然。

苏：然具真哲学家之品性者。非即吾侪所谓不可多得之才耶。非即尤于至高尚之哲学性质最近者耶。然其成败不可知又如此。对国家或个人造极大之恶。或有时为极大之善者。皆此辈也。盖庸常之才。不论为善为恶。不论其关系在国家或个人。均不能有伟大之影响也。

哀：此亦甚确。

苏：于是真哲学无人问讯矣。盖相当之人物。已离此而入不正当之歧途。而鄙陋之徒。见此高洁之哲学。无人为之保护。乃窃进而点污之。以高洁无瑕之名。而为卑鄙龌龊者所据。此人所以视哲学为无价值之学。而谓学此者皆非善类。而应受相当之刑罚也。

哀：然。人之所以毁哲学固以此。

苏：彼卑鄙无耻之徒。一见此无人过问之地。忽满贮高贵物品。并宠锡高贵之名。其孰不立即放弃本来之所学。而自附于哲学者流。如狱囚之忽登圣人之庙堂乎。盖今之哲学虽为人污。其地位与名誉。尚非其他之学艺可比。以此彼具恶劣之性与卑鄙之行者。每图乘隙而入。以哲学家自居而欺人。汝亦认此为不可免之事实乎。

哀：然。

苏：余请设喻以明之。有铁工甫释自狱。始本一身外无长物。既而稍稍有所获。见主人之须人护视。乃务即修饰冠服。为结婚之装束。而与主人之女行结婚礼。其不足为嘉耦可知矣。顷余所云伪哲学家之情态。亦果与铁工何以异。

哀：譬喻之切。莫过于是矣。

苏：由此产生之结果何如乎。有善果之可言乎。

哀：此直不成问题也。

苏：哲学既非常人所可期望。今以绝无善德。绝无高尚教育者居之。则其产出之见解为何如乎。非真所谓诡辩学乎。盖彼等之所谓哲理。实与真理相隔。抑且不啻天壤也。

哀：诚然。

苏：然则能成真哲学家者。寥若晨星矣。能成就者。惟素具善德而受良好之教育者。其人必以贬谪于旷寂之区。未为社会恶习所薰染者。或高尚其志。性安恬静。非独不喜虚荣。抑以政治权利等为可鄙。而掉首不顾者。或则情虽热中。躯体孱弱。虽欲染指而不可得。除此以外。无能从事于此者。故其人常居少数。而此少数人既能专心于此。自觉其中之利益旨趣。寻绎无穷。彼世人之扰扰攘攘。若人视之无谓也。彼知世无诚实之政治家。并知无绝对真公道之人。彼等所处之地位。适如人居众兽中。既不能从之为恶。又不能禁之使不为恶。彼虽具胜人之人格。胜人之学识。亦不能有裨益于国家或个人。盖虽摩顶放踵以乐为人助。亦曾何补于人。职此之故。彼因计出于缄默不言。而实行其明哲保身之道矣。彼之为此。非好独善其身。其为此也。适如大风雨之中。不得不暂避室中。庶免迷仆。故其人之自处。惟终其身保全固有之宗旨。高洁之人格。而不挠不污。老之既至。则抱乐观而离世。于愿足矣。

哀：然。彼离世之前。实已成就伟大之事业矣。

苏：诚然。然非事业之最大者。欲其成就最大之事业。非适得一最相宜而可以有为之国家不可。盖彼在相宜之国家。可以有为。于公众。于私人。均能大有裨益。哲学之所以受人唾骂之故。与唾骂者之实为不当。亦已明了。汝今尚有所言乎。

哀：此问题可告结束矣。余更欲知者。则现代之国。孰与哲学为最宜。

苏：非余敢一笔抹倒。诚无一相宜者也。盖现代之政府。无一具真哲学之性质。故其国中即有真哲学。亦必因之而改变。而失踪。适如一难得之种子。落于不正当之泥土。至不能得正当之发育。而终至腐败。哲学之于现代之国中。其所遇之境。与最后之结果。亦犹是也。设一旦遇相当之国。则自能臻臻日上。使人觉学之高洁。无以加兹任举其他以相较。均为形而下之学也。然余言至此。汝殆将以如何之国乃始能之问余矣。

哀：否。余所欲问者非此。余仅欲一知汝所以为相宜者。果指吾侪所建之国而言欤。

苏：然。诚如是也。惟汝当知于如是之国中。其立法者对于立法一端。须与吾侪有同等之主张方可。

哀：诚然。

苏：吾侪所已明者如此。惟尚有未经研究者在。而此未经研究者。亦非易事也。

哀：未经研究者惟何。

苏：即人当如何治哲学。庶可有益于国家。此非一难问题乎。然事之大者。必经险难。谚云。“险难致善。”非欤。

哀：请详言之。俾对于哲学之一问题。可完全结果。

苏：固所愿也。余虽自知未必有此能力。然决不以有所畏怯而不言。当余发言时。汝已可知余对于此事之热忱与决心与胆量为何如。盖余敢毅然谓欲治哲学。非反今之道不可。

哀：然则治哲学。究当何道之从乎。

苏：今之治哲学者。大半为少年。从事于此之初。尚未过幼年时代。且不过于谋利治家外。所余时间。偶读其书。即真具哲学家之性格者。一遇哲学中所疑难。如论理的问题等。则弃之不顾。及其年事稍增。遇有学理之演讲。而为人邀之赴会。彼亦不过居于听者之列。或辅助他人而已。盖彼本未尝以哲学为专门之学业也。及其老也。则绝然无所发明。较诸罕拉克里德[①]之日为尤甚。盖罕拉克里德之日。尚有复明之时。而彼则一死无闻矣。

哀：然则究以如何之法为上。

苏：当适与此相反。余已言之矣。人之幼时。关于哲学之功课。其性质须务适合幼年柔嫩之脑筋。及少壮而将成人。最当注意之事。乃为养护其身体。俾可从事于学问。而不受疾病之阻力。既壮矣。则当尽心研究学理。迨心力已衰。为国家尽力之时代已过。则可容其自由休息。不必更以疲劳之事任之。盖吾侪非欲苦难之。欲其老时能逍遥以游。死后能得来世之幸福也。

哀：听汝之言。察汝之状。即知汝之热心为此矣。然以余观之。在座者之闻汝言而欲起反对者。恐较汝更为热心也。盖彼等决不遽信汝所言。他人姑弗论。斯拉雪麦格决不能也。

苏：幸勿先与余辩。且斯拉雪麦格前亦与余无仇。今已为余友矣。余必竭余之力。使汝等深信余言而后已。

哀：恐非易事。

---

① 罕拉克里德为古哲学家（纪元前510）谓日于每晚失光至天明复明。——译注

今译为“赫拉克利特”，古希腊哲学家。

苏：诚然。然余亦不怪多数人之不信余言。盖从未见吾侪所议论者。见诸事实。彼等所遇之哲学。乃一种虚伪之哲学。而有名无实者。今以言行相顾。学识高远。善德完备之人。遭遇相当之国家。而使之治理。此固彼等所从未闻见者也。是故不信余言。不足为异。汝以为然欤。

哀：然。此诚从未见诸事实者。

苏：彼等亦未尝闻高尚自由之主张。即闻之。亦为极难得之事。凡具真高尚与真自由之理想者。其所言所行。皆求合于彼所以为真理者。而不顾人之对于彼之见解如何。彼之对于社会上或法庭上之非理之争辩。彼固视为无意识。而知其结果终必为意见与争端也。

哀：彼固当为如是之人。

苏：吾侪既明此理。自不得不承认国家与个人非由真哲学家治理。均不能至完善之地位。真哲学家固非指虚伪与腐败者。盖就众人所谓无用之徒而言也。此辈天意当使肯服务国家。不论其人之自愿与否。而在下者又必深明乎服从之必要。苟不然者。则凡今之君或君之子。天使之能酷爱哲学。而以哲学之道治国。以余观之。此皆非真不可能之事。设果为不可能者。则吾侪将为人讪笑。而视为梦想家。汝以为何如。

哀：余诚以汝言为然。

苏：果如是。则邃古时代。或现代。或在离此极远之国中。使有完善之哲学家。以天命而治国。则余敢保其国即为吾侪理想中之国。盖哲学家执政一日。其国家之景象。必与吾侪所言。无不尽合。然此非不可能之事。谓其难则有之也。

哀：余意亦然。

苏：汝谓此非众人之意乎。

哀：众人之意。诚非如是者。

苏：然亦不必深责众人。设汝能以善言晓喻。详告之以何为真哲学。何为真哲学家。则彼等之怒自消。而意见自能更变也。彼等之所以对哲学有此恶感者。以未知哲学与哲学家之真相耳。一旦了悟。岂有不幡然变计者。盖人之对于爱己之人。与绝不妒己之人。终不恶之嫉之。此人情之常。即有之。亦少数别具天赋之恶性者。多数人不如是也。

哀：余意亦然。

苏：且彼人对于哲学之恶感。所以如是之深者。半由于彼伪哲学家也。此辈于各事上每不请而自至。不肯研究真理。徒以毁谤真哲学家与论人长短为能事。不知此种举动。与哲学之原理适相反。

哀：然。

苏：彼真哲学家专心于真理。穷年孜孜矻矻。尚恐时日不及。更何暇留心世务。嫉妒为心。而纷与世人争衡哉。彼之目光常注永久不变之真美与真理。力求己身之行为动作。与此相合。既无伤于人。又无伤于己。此永久之真美与真理。乃彼所中心向慕。人之对于其所向慕。岂有不极力效法哉。

哀：然。此亦自然之理也。

苏：彼之所慕者既如是之高洁。则彼必竭尽人类之能量。勉为高洁之人。然毁谤终不能免也。

哀：然。

苏：彼至不得不出之时。毅然任事。以迁国家个人于至善为己任。汝意彼果为善于运用公道节制诸善德之人乎。

哀：是必然者。

苏：设世人见吾侪所云之非虚。将仍厌弃哲学乎。设吾侪告以国家非经此善德完备之哲学家治理。终不能有进步。彼等仍不我信乎。

哀：设彼等明晓汝言。未必更起反对。惟吾侪必进而思考。彼哲学家果当用何种手续以行其道欤。

苏：既得治理之权。则入手第一事。即为涤垢荡瑕。去国家一切本来之情状。如画家之必先洗刷其稿版而下笔。此固非易为之事。亦非一朝一夕所能成。然无论难易如何。彼必尽力为之。必至固有之积习。一洗无剩而后已。正不必先订种种琐屑之法律以扰人。此即哲学之特色。而异于寻常之政治家也。

哀：然。

苏：及乎气象革新。于是制宪法之大纲。

哀：此又必然者。

苏：迨宪法既成。以余意度之。彼必仰望而俯视。其仰望者。欲一观此永久不变之真美与公道节制等。其俯视者。欲一视世人之德能否与此相合。盖彼之目的。在使人人能调和各种善德而兼有之。而为各人道德之标准者。即彼像也。彼像者何。花满所谓上帝之影像是也。

哀：诚然。

苏：彼将以当去者洗去之。当有者加入之。随时更改。终求人能事事合于上帝之行为而后已。

哀：然。除上帝以外。诚无更善之模范可得也。

苏：顷之闻以哲学家治国而大怒。而尽力攻击吾侪者。至此亦将少安乎。闻彼之如何敷政。如何临民。亦将明哲学之未可轻视乎。

哀：然。彼等苟有意识。自必不复如前此之反对矣。

苏：彼等果尚有反对之余地乎。彼等尚怀疑于哲学家之爱真理乎。

哀：是决不然者。设如是。则无理由之可言。

苏：如吾侪所摹拟之人物。尚可疑其为非至高洁之人物乎。

哀：是亦不能。

苏：设此种哲学家而置之于相当之境地。是必大有益于国家无疑。素持反对主张者。至此将欢迎之乎。抑仍欲得吾侪所反对者以治其国乎。

哀：宜必欢迎之。

苏：至此而复告之曰。国家与个人。不经哲学家治理。决无希望可言。而吾侪之理想之国。亦永无实现之日。彼等闻之。将仍以怒目视我乎。

哀：是决不然者。

苏：然可预料其非惟不怒。抑且以和平遇我侪矣。盖讨论至此。彼等已自觉不得不承认吾侪之言为是。设犹不服。则亦可耻之甚。

哀：然。

苏：既若是。则顷所谓帝王或帝王之子孙。亦偶有性情与哲学相近之说。亦复有反对者乎。

哀：否否。是必无者。

苏：使帝王之中。幸而果有其人。人将谓其终必腐败而一无所成乎。虽吾侪亦未尝不承认其学成之难。惟对于终必腐败之说。不敢赞同。

哀：是岂可以赞同者。

苏：如是之人。有其一已足矣。使举国服从之而不叛。则彼自以其存诸理想。为世人所最不信者。一朝实现于今兹。

哀：然。一人诚已足矣。

苏：此在上者当本其固有之道以制法。在下者当服从无异言。

哀：然。此皆吾侪所认为善而极端赞成者。想他人亦无不表同情也。

哀：然。

苏：此种种者。苟能实行。吾侪非已证明其皆为最善之道欤。

哀：是固已证明者。

苏：吾侪至此。并可谓凡吾侪所制之法。苟能实行。固为最善。且实行亦非不可能之事。而难则有之。

哀：善。

苏：噫。哀地孟德乎。吾侪瘏口哓音。幸一问题已得解决。然待解决者尚多。如此种真能救国之才。当以何种之学问。何种之训练而养成之。抑于何时代当研究种种之学问等是也。

哀：然。

苏：当讨论之初。余曾避去婚嫁生育。与遴选治理者诸复杂而难解决之问题。盖余知此诸问题讨论非易。即能解决。未必能实行。然余今已觉余当时之避之。不免无谓。盖至此余已一并提出。悉付讨论矣。顾妇女儿童。前此已商榷有得。所余惟选择治理者一事。吾侪论及治理者之初。岂不云治理者须为爱国之人。其爱国与否。当以种种忧危困苦与富贵淫乐试之。试之而即改变其初衷者。不可使之治国。屡试而不颠覆。如金之经炉火而不变者。方可托以治国之责。而以种种荣誉加之。此非吾侪所已言者乎。

惟吾侪当时言此之后。即不复继续提及。盖恐引起一切连带困难之问题。想汝亦未尝忘之也。

哀：然。余尚能记忆之。

苏：当时余未敢贸然下一更坚决之断语。即治理者非哲学家不可。

哀：然。然今可如是断定之矣。

苏：然勿谓若而人可随时随地而有之。盖欲集种种不可缺之才德于一人。良非易事。吾侪所见者。大都非完才也。

哀：汝意何谓也。

苏：欲一人而具胜人之聪明。胜人之材智。与胜人之记忆力等。是岂易事。即有如是之人。其人亦易自大而流于骄矜。一骄矜则聪明材智。每为骄矜之心所蒙蔽。而终至所学皆虚矣。

哀：然。

苏：彼不骄矜而生质较钝者。固诚可恃于战争之际。盖此辈每不知畏惧为何物。然欲其好学而有所领悟。又戛戛难之。对于艰深之学理。每生倦厌之心焉。

哀：是必然者。

苏：然欲得高尚之学问。而执治国之权。非兼此二者之长者不可。

哀：然。

苏：吾侪果能遇此难得之人乎。

哀：能。

苏：此人不当徒以顷所言之忧危困苦富贵淫乐等试验之。数者之外。更有大端。亦不容忽。即试以各种之学识。并试其果能受学识中之最高贵者与否。经此试验。而仍不颠仆。斯可矣。

哀：试验之道诚是。然何为学识中之最高贵者乎。

苏：想汝未忘前者吾侪曾分心为三部。并曾分辨公道节制胆量与智识之性质也。

哀：然。此而已忘。余岂复能与汝讨论哉。

苏：然则汝尚记吾侪讨论及此之先。曾有何言乎。

哀：未知汝指何者而言。

苏：当时吾侪谓凡欲得见最完善之真美者。非经历盘旋之修途不可。然非不可能之事。但使能不畏险阻。勉随吾侪所指视之地而行。终有达目的之一日。当时汝以为讨论已足。不必过事研究。余固以为未能透彻也。不知汝意今何如。

哀：余诚以为汝言已能使人明了。想他人亦莫不然。

苏：果如是。则诚善。苟犹有未透彻处。则当一一辨明之。以治国者之于国家。关系殊非浅鲜。

哀：然。

苏：治国者而欲至完善之程度。亦非经历盘旋之修途不可。盖彼既竭力操练其身体。又当努力于学问。否则即不能有最高贵之学识也。而此最高贵之学识。为治国者所应具者。是岂可以无之哉。

哀：然。此最高贵之学识。究为何物。更有高于节制公道等善德者乎。

苏：然。然此诸善德者。非皆经吾侪详细讨论而分辨之者乎。此较小者尚一一分辨。以明不同之性质。彼更高于此者。岂不当论之更详。而使之真相大明而后已耶。

哀：斯言诚是。然究为何物耶。乞明以示我。

苏：无他。对于善的意型耳。明乎此。则其他之学识方有用。岂不闻余所常言乎。余谓吾侪对于何为善之一端。智识甚浅。然亦明知。苟无善。则其他才德学问。等于无有。此固浅显而易明者。然欤。

哀：然。

苏：汝亦尝闻多数之人。每以善为快乐。而识见较高者。每以之为智识乎。

哀：此固余所习闻者。

苏：然亦知后者以智识为善之说。终未可通。设迫之解说。则彼于无可如何之时。必强词谓智识之善者。

哀：斯诚可笑。

苏：此辈往往始则以不能解释责我。及经人诘问。则亦毫无所知。其解释与未解释同。宁非可笑乎。

哀：诚然。

苏：彼以善为快乐者。其谬亦与顷所言者无异。盖快乐有善者。亦有恶者。此固彼等所不可不承认者也。

哀：然。

苏：惟然。而彼等将以善与恶相混矣。

哀：然。

苏：果如是。则因此发生无数之问题与疑点。必纷至而沓来矣。

哀：然。

苏：吾侪岂不见人之对于公道等善德。但求形似。而不务实际。能为一形似公道之人而可以欺人者。则已满志。惟善之一端。则莫不欲得其实在而后已。至于形似之善。皆弃之而不顾也。

哀：人固大抵如是也。

苏：虽然。人皆以善为目的。而得之必求其实在。不知人每以未知善为何物。善之性质为何。往往善当其前。而熟视无睹。亦诚可惜也。吾侪之治国者。身受人民之托。自当以善为前提。彼亦可如众人之昧于善之真义乎。

哀：是万不能者。

苏：余确知凡不知真美与真公道为善的。决非真能治国者。凡不明何为善者。对于公道与真美。亦决不能有正确之见解。

哀：诚是。

苏：汝意当使吾侪之国家。必为深明善者所统治。而后国家有完好之秩序乎。

哀：然。惟余欲一知汝之对于善。究有如何之见地。为智识乎。抑快乐乎。抑二者均非乎。

苏：然。余知明哲如汝。决不因已闻他人对于此义之见解而自足。

哀：诚然。然如汝之终身研究哲学。而于此已深得三昧者。不当徒以转述他人之主张为能事。必以己意示人焉。

苏：此言诚是。然人之对于任何事理。使无正确之见地。安能望有正确之议论乎。

哀：欲其言必正确。固难能之。然陈述一己之见解。有何不可。

苏：汝不知徒有见解而不知真理。与盲者同。其发言行事。即不大谬。要亦如盲人擿埴而行也。

哀：诚然。

苏：设有人能以光明与美观示汝。汝将仍盲从而盲行乎。

克拉根：苏格拉底乎。汝讨论之目的地。已即在目前。幸勿弃此而别生枝节。使汝能为吾侪解释善之真义。如顷之解释公道与节制等。斯已足矣。

苏：此固余所愿也。然余意此非余之所能。强为之。徒遗人笑柄耳。故余意正不必急急于善之解释。盖此为过大之问题。而非一时所能解决者。今试以善所产生之子。加之说明。特未识汝等亦欲一闻之否耳。设为汝等所不喜。余即不言可也。

克：甚善。诚愿汝以善所产生之子。先告吾侪。惟汝当知对于其父之解释。仍为汝所担负之债务也。

苏：余固愿将余所负债。同时归偿。俾汝能同时收入。不若今之先付一项也。然余今所述善之子。姑作付汝子金可也。再者。当余发言之际。如有谬误。愿汝等随时指正。虽然。余固未有故意欺人之心也。

克：吾侪自当为汝留意。请径言之可也。

苏：讨论之先。有一屡经道及之事。而亦汝等所赞同者。不得不再为申说。

克：何事耶。

苏：吾侪岂非屡谓美的物为多数的乎。岂非曾以“多数的”三字。加于美的物乎。

克：诚然。

苏：抑吾侪岂非又谓有一永久不变之真美。而此美为惟一的。而非多数的乎。

克：然。

苏：夫多数的能见而不能觉。而惟一的则能觉而不能见。然欤。

克：然。

苏：人身五官。惟何者可以见世上能见之物。

克：视官。

苏：言乎听官。吾侪能听。推之其他官器。则亦能辨别其余可觉之物。然欤。

克：然。

苏：然汝知彼视官之组织。较诸他官更为精密而复杂。

克：此乃余从未留意者。

苏：汝试思耳之于声。须有第三物之存在而后能闻乎。

克：无之。

苏：其余之官器。虽不能谓尽然。然大抵皆如是。无可讳言也。

克：然。

苏：然汝当知视官则不然。设无第三物之存在。是必不能见而被见。

克：汝意云何。

苏：人固皆有目。而欲有所见。其所见者颜色各别。然设无第三物之存在。彼必一无所见。虽种种之颜色仍在。而彼必不能见之。

克：汝所谓之第三者为何物耶。

苏：即汝所谓光是也。

克：然。

苏：然则光为联合见与被见者之物。而此物之重要。不言可知矣。且光亦本非寻常之物也。

克：是本非寻常之物也。

苏：汝知光之一物。当属于何神。

克：人莫不谓属于日。度汝意亦云然。

苏：然。日之光与人之视官之关系。可以下列之言申说之。

克：申说如何。

苏：人之目与视力。皆不得谓之日。然欤。

克：是固不能。

苏：然官器之中之似日者。诚莫如目。

克：然。

苏：目所具之能力。谓为自日得来之能力。亦无不可。

克：然。

苏：然则日固非能予人以视力。实为视力之原因。

克：然。

苏：此视力即余所谓善所产出之子。故日光之于能视与被视。犹之善之于智识与可知之物焉。

克：请详言之。

苏：设人注目于一物。而此物不复为日光所照。仅有星月掩映之。则其所见者必模糊影响。而不明澈。此殆势所必然欤。

克：诚然。

苏：使此物为日光所照及。则自可罗罗清疏于一览中。

克：然。

苏：然则人之心适与目同。凡心之所注。苟经真理所照。则人自能有正确透澈之见地。设真理不在是。而仅有暗淡之光。则偏执模糊之见解。随地随事而变迁。不能有坚持不拔之性质。

克：此必然者。

苏：凡以真理授被知。而以能知力授知者。即余所谓为善之意型。亦为真理与学识之来源。此二者虽已至高而至美。然汝当知究不能与善并论。以善之高美。尤远出于二者之上。盖真理与学识。比于光与目力相同。光与目力虽极似日。而究不得为日。故学识与真理。虽与善极相似。实不得即以为善也。

克：然则善之高美。真不可思议矣。彼既为至美之真理学识之来源。而尤远胜此二者。其美岂复人所能以言诠乎。然汝终不以善为快乐欤。

苏：是岂可哉。今余拟再从他方面观察之。

克：何方面乎。

苏：日非仅为能见力与被见物之来源。亦为生育滋养与发达诸端之原因。然日之自身。固非生育者也。汝以为然欤。

克：然。

苏：善亦若此。夫善不独为事物智识之来源。亦为此智识之精华。然善之自身。固非即此精华。而彼于能力上。诚远胜此精华也。

克（大笑）：其奇谭也。

苏：奇固诚奇。然汝亦不得辞其咎。盖强余言者。即汝也。

克：虽然。请勿中止。汝之对于此义。如更有所发挥。诚吾侪所乐闻。

苏：待发挥者尚多。

克：然则尽言之可也。虽无关重要者。亦愿勿隐匿。

苏：余必尽余力而后止。然不得不隐匿者。势必犹不少。

克：吾侪终望汝能一无所隐也。

苏：汝当先知有二种主力之存在。一为治理智力方面者。一为治理目力方面者。汝能明白智力与目力之分辨。而终久弗忘乎。

克：能。

苏：今设以一线。先分为不相等之二部。然后以每部更分之。其每小部中之长短。以二大部为比例。一大部则作为智力方面的。一大部作为目力方面的。如是。则每一部中有一长者。更有一短者。长者必较短者清澈而易见。故以目力的一部论。则此部中之二小部之一。必代表诸物之肖像。与水中或坚质之光面上之影像。汝其明白余意乎。

克：此尚能明。

苏：尚有一部。则必具此肖像与影像之实在之物矣。或为动物。或为植物。或为有生机的。或为无生机的。均在其内。

克：甚善。

苏：然则此大部中之二小部所代表之真理。非有高低之别乎。一为实在之物。一仅为此实在之物之影像耳。此影像之与实在物。犹意见之与真智识也。汝亦以为然欤。

克：此诚无可疑者。

苏：再以智力方面之一部研究之。

克：愿闻。

苏：此部亦分之为二小部。二小部之一。代表假定的。非真确的。其余之一小部。则代表已超假定的而至真确的。盖真确之在假定之上。亦与实在物之在影像之上同。

克：余尚未能了解汝意。

苏：然则重言之可也。或者余再加以解释。汝必能领悟余意。汝知治数学几何。与其他相似之科学者。每假定双数奇数与三种角。此为彼等所假定。而以为人所共知者。故对人对己。不复加以说明。循此进行。至达其目的。得其结断而后已。其然欤。

克：诚然。

苏：彼等研究之际。虽借有形能见之物而研究。实则其目的并不在此。如谈几何者。虽借其所画之方圆而推论。实则所欲研究者。乃方圆的真存在。所画出者。不过其影像。无异于水中之物。而彼方圆的真存在。非目力所能见。能见之者。惟心中之目耳。想汝亦未必以为不然。

克：汝言诚确。

苏：此即余所谓智力方面的。此小部所代表者。即以几何学等论。诚不能脱离假定的而进行。惟其终不出假定之范围。其价值自不能至极高之度。虽然。彼之见解亦由推断而来。较诸寻常仅能见实在之物与影像者。已自高出一筹矣。

克：然。余知汝专指几何等学问而言。其然欤。

苏：然。智力方面尚有一小部。则为代表理想的或哲理的。虽有时亦不得不用假定之理。然并不以此中止。必出乎假定之上。务得真理而后已。彼于视假定的。不过视为循是而睹真理之阶级耳。

克：余明汝之大旨矣。但未能完全领悟。盖余知汝所论者。诚为非常之事。而非易于了解者。汝意谓由哲理而得真智识。较诸由寻常之学艺所得为高。盖寻常之学艺。必以假定始。以假定终。不能超出假定之上。盖自几何学或相似之学术而有所得。汝将谓之明理。而不谓之明哲理。盖此适在哲理与见解之间也。汝意果如是乎。

苏：汝已大悟余意矣。然物理方面。既有此四部份。“物质与影像。假定与真理。”则智力方面。亦当有四部份以配之。当以理想配第一部(真理)。明理配第二部(假定)。信实配第三部(实在物)。视力配第四部（影像)。而智力方面各部间层次高下之清。亦当如物理方面各部间层次高下之清。汝明余意乎。

克：然。且亦余所赞同也。

第七章　教育之实在与影响

苏：于是吾侪可一辨人性之开通与未开通者。欲分别此二者。当先设想一地孔中有无数人在。日光自孔而入。而个中人乃自幼在彼者。其颈与足皆有徽缠之拘系。不能自由行动。可前视而不能旋转其首而四顾。其后方之上端。有火掩映。惟相距甚远。在火与人之间。有一隆起之道。道上围以低墙。墙上之人。历历可数。其状态盖适与傀儡戏相仿。

克：余能彷彿见之。

苏：汝不见墙上之人。有携器皿者。有携偶像者。有手牵木制或石制之动物者乎。种种状态。不一而足。笑语者有之。默然者有之。

克：此诚奇观。且此辈亦奇特之幽囚也。

苏：彼等亦如吾侪之只能见己之影像。与他人之影像。其所以能见之者。以火光射于孔中相向之屋壁耳。

克：然其首既不能旋转。则除影像外。安有所见哉。

苏：即其所携之物。亦只能见影像。

克：然。

苏：当其谈论之际。岂不以为彼等所道及之某物某物。固确为某物某物乎。

克：诚然。

苏：设于此孔中闻一回声。彼等不将以此为发声者之影像所发之声乎。

克：是必然者。

苏：此辈实无实在与真理之可言。所知者惟影像耳。

克：然。

苏：设此囚一旦释放而出穴。彼虽能起立自如。周旋四顾。然见巨大之光明。彼将感非常之痛苦。其视光明实在之物。反不如昔之视影像之舒适。当此之时。设有告之者谓彼前所见者。皆凭虚乌有。今则渐趋于实在之境。所见皆实在之物。彼将如何答覆乎。设彼指导之人。复示以各物。使之悉举其名。彼岂不更迷惑乎。彼岂不疑今所见之实在之物。反不如昔所见之影像之清乎。

克：诚然。

苏：设强其对光而视。则其目之痛苦。自不待言。吾知其必逃乎此。而以昔之影像为可安。盖彼固认影像为易见。而实在反难睹也。

克：然。

苏：设有人焉。强挟之至一高处。而曝之于日光之中。使不得不一见此光明之日。彼不将大怒而感非常之痛苦乎。然彼于此光明之日光中。终觉目眩而不能见一物。

克：诚非彼一时所能见者。

苏：故彼必逐渐试处地上。逐渐试见日光。斯时其所见者。始则影像为最清。继则凡物反射水中之影。然后为天上之星月。与星辰罗列之穹苍。虽然。其视昼日之日光。终不如视入夜星月之便利也。

克：此亦必然者。

苏：然彼终必能注视日轮。而不仅见其在水中之影。及其既见之后。自必欲一察日之真相。

克：然。

苏：于是彼知使有年岁四季者即此日。使人能见实在物者即此日。为万物所必需之物亦即此日。至此而彼与彼之同类。已能熟视而无惧矣。

克：然。既能洞见之后。自必加以研究。

苏：使彼尚能记忆昔日所居之地穴与当时之智识。汝意彼不将自庆今日之变迁。而怜昔日之懵懵哉。

克：是诚不能免者。

苏：设其昔日所居之地。有颁发奖品之举。凡能敏于视察往来之影像。而能记忆何者在先。何者在后。何者在同时。由此而可推论未来者。则与以重赏。汝意彼对于此种赏赉。仍有恋恋之心。而且歆羡得此赏赉之人乎。抑彼将不愿再处此境。而愿如花满所谓“宁为他人奴”乎。

克：彼必宁受各种之困苦。而不愿再处此更惨之境地矣。

苏：使其骤然离日光而复回至原处。彼不将觉其黑暗乎。

克：然。

苏：当其甫离黑暗。目光尚未健全之时。（离地之后欲其目能习惯于日光。固非匆促可办。）而欲其与地下之囚。于辨别影像上较长短。彼不将为幽囚地下者所笑耶。彼等谓其一经离地。即目不能视。及回地下。又失前有之视力。设有人欲强彼等出地而至日光中。必大非彼等所愿。设彼等得强之之人。或将置之死地。盖彼等鉴于前者之苦。必以为不如不离地之为愈也。

克：诚然。

苏：此喻所以解释顷间之问题。地孔即此世界。火光即日光。

自地下至日光。即由黑暗而至智力界之道路。余所以为此说者。以汝要求之故。至此说之是与否。惟天知之。然无论如何。余终信在智力界中善之意型。发现最后。且非奋力从事。不能见及。一见之后。即知其为世间万物之原因。为世间光与能视力之发源物。而亦即理想与真理之发源物也。人而欲于公私上均能事事合理。而不背于至高明之道。其目光非注于此不可。

克：余亦以为然。且余能了解汝意也。

苏：凡得至此高明之境者。其必不愿复弃此而降为溷迹尘俗之人。度不足异也。盖彼等之欲常处于高明之境。固自然之道。汝以为然乎。

克：然。此诚自然之道。

苏：然则彼离高明之境。而降至黑暗中者。其举动之可笑。亦有因而然。盖当其目尚未习惯于日光之际。彼必以物之影像或公道之影像。与人争斗于法庭之上。自属必不可免之事。而不足为奇者。

克：诚然。

苏：凡具常识者皆能知目光之迷乱。其原因不出于两端。一为离日光而入黑暗。一为离黑暗而至日光。心中之目亦然。明乎此。则苟见人之目光迷乱。自不当笑之。当问之曰。此人不能视物。乃以离高明而入黑暗。目光未习于黑暗所致。抑由离黑暗而入高明。目光未习于高明所致。彼必于后者则有庆幸心。于前者则有悲痛心。故与其庆人之自光明而入黑暗。宁笑人之自黑暗而入光明。

克：诚然。

苏：设余言果是。则一部份之教授必谬。盖彼等谓可以一种受智识之能力授人。如授盲者以能见力然。

克：持此说者。诚不乏人。

苏：然以吾侪所知。夫脑力上能受智识学问之能力。固无人不具。顾必其全部之脑力。趋向不误。而后此种能力。用之有益。犹诸人欲其目之见日。斯不能不移动其全部之躯体。惟其脑力之趋向不误。乃庶能自黑暗而至光明之境。更渐次经学识之磨练。而后得万事之真理。与善之意型。

克：甚善。

苏：然则不须有一便利之法。能诱之掖之。使其人日进高明于极短之时间中乎。此非与人以受学之能力之谓。以此能力为人所固有。吾侪之目的不过以其误入歧路。而欲若人能幡然改向真理而行耳。

克：此法固不可无者。

苏：人之受学之能力与躯体同。盖躯体之健康。可以运动之得当与否而转移。即其躯体所本无之力。亦可以运动得之。受学之能力亦然。苟其学与受之之道皆为正当。则即为有用而有利。反是则无用而有害。汝不见聪明之恶人乎。彼所观察云为。目光何尝不锐。惜其用之于恶。徒为害人之举。故苟学而不当。或受之不得其道。则其为恶之甚。必胜于不学无术者。

克：是必然者。

苏：设有人焉。自幼未经恶习之薰染。如酒食等肉体上之快乐。则其人将为何等人乎。盖此种快乐之影响于人。犹诸以重量系人之身。使之日向下沉。徒见在下之物。而不复知有天日。使人果能委蜕诸恶。而改向以行。则其能为善而见真理。自无足异。以其人受学之能力。固不以改行易向而有所减少也。

克：诚然。

苏：准上之言而推论之。则其结果之如何。可不言而喻。质言之。无学识者。未明真理者。及学而终无结果者。要皆不能为有用之治国之才。何则。无学识者之不能治国。以其无坚定之宗旨。不知何者为责任。且于公私上不能约束自身之行为。彼夫未明真理与学无结果者。则一旦而行政用人。权归掌握。辄以为身在最高最乐之位。而恣所欲为。非经人之强迫与监视。决不肯尽其分内之事。

克：诚然。

苏：然则强使脑力最富之人。力求最高之学识。非吾侪治国者之责任乎。吾侪当使此辈专心向学。日新月异。必至既达最高之境而后已。惟及其已至此境。所学已足。吾侪又不应许其如今之哲学家之长此终身也。

克：汝意欲其何为乎。

苏：余意彼等既至此境。自必恋慕于此。然此为吾侪所不许。彼等必仍反地下。与囚徒分任工作。其工作之有无价值弗论也。

克：此非不公道乎。彼等可自有较善之生活。而吾侪强易之以较恶者。毋乃不可乎。

苏：汝已忘治国者所当抱之宗旨乎。治国者不以一部份人民得幸福为前提。必使全国人民皆得幸福。彼当以诱掖督责。使举国之人。皆为有益于国家之人。然后就彼等性之所近。而勉事其事。如是则国家受其益。而人民自能有团结之力。有一致之心也。

克：诚然。

苏：然则强迫哲学家执政。而为他人服务。不得谓不公道也。吾侪可正告之曰。哲学家之在他国。诚不为人所强迫而执政。其故以彼等之生成与身受教育。皆出于己意。于国家无涉。且彼等又不为政府所欢迎。欲其对于国家有感奋之心。而愿为尽力。是乌乎可。今汝辈幼时之抚养。少时之教育。皆赖有国家之力。且汝辈所受之教育。较诸他国人所受者。尤为高深。玉汝于成。期可有利于国。以此之故。汝辈中不论何人。一经轮值。皆不能恶湿而辞居下。当与在下者同任工作。俾汝可于此种工作上。亦有经验。及既具经验之后。则识见之增高。以视习居于地下者。不啻万倍。盖彼等徒知影像。而汝则确知真在与实在。一见种种之影像。即知某影即代表何物。某像即代表何物。惟如是。吾侪理想之国。始能实现而非梦想的。然亦即汝辈之国也。至治理此国之法。自与治理他国异。盖他国之中。其人每以逐影像而起纷争。攘权利而致涣散。盖影像与权利。彼等固视为至高至大之物。由此可知一国之中。苟其治理者雅不愿委身从政。则其国必最善之国。其治理者最喜握持政权。则其国必最恶之国。汝以为然欤。

克：汝言诚确。

苏：此辈既闻以上之忠告。将仍不问世事。而逍遥于学问之中乎。

克：殆必不然。盖彼等皆公道之人。而吾侪所欲其担负者。为公道之职务。故其视服务国家。诚为不可免之事。而毅然身任而不辞。惟其任事之目的。与今之好揽大权者之目的则不同。

苏：然。此二者固不可同日语也。换言之。凡欲其人异日与执政者之选。须使之有比较政治更高之生活。然后国家可安。盖惟于可得高尚之生活之国中。彼富有之人。乃肯出身任事。余之所谓富有者。富于道德学识。非谓金玉锦绣也。盖道德学识。人生最宝贵之物。使执政者无此美德。则必重视权利。只知有己。

不知有国。久之终以争权攘利之故。以致内乱频起。而国无宁日。其结果则不外乎与国俱亡而后已。

克：此诚不刊之论也。

苏：生活之中。除哲学的生活外。有轻视政治生活者乎。

克：是必无者。

苏：治国之事。不可以心喜执政者任之。盖喜之必争之。争之必起纷乱。

克：诚然。

苏：然则吾侪所欲强之执政者。为何如人乎。以余观之。自当以富于治国之智识。而能实行其道之人充任之。惟此人当同时有比较政治生活更高尚更荣幸之生活。在其意中。汝以为何如。

克：此亦吾意所愿物色而得之者。

苏：于是吾侪当一思如何可产出如是之人。如何可使之自黑暗而至光明。

克：然。诚又吾侪所当熟思者。

苏：然此非易事。欲其人由尘埃晦冥之中。而至于光天化日之下。欲其人之简单之智识。而一变为高尚之哲学。是非俯拾一蛤壳可比。

克：诚然。

苏：吾侪不当一思何种学识。即能使如是之改变。见诸事实乎。

克：然。

苏：当先知何种学识。能使人由见解而进真理。汝尚记吾侪国家中之少年。当亦为能赴战之运动家乎。

克：此固吾侪所已言者。

苏：然则此种学识。必多具一特性。

克：特性云何。

苏：能使人习于战事。

克：然。设能之。固甚善。

苏：吾侪素持之教育计划。分为二部。非欤。

克：然。

苏：一为体育。专司人身之发达与孱弱。因是而生之关系。不过为生长与死亡。

克：然。

苏：故此非吾侪所欲求之智识。然欤。

克：然。

苏：音乐非亦吾侪教育之一部乎。

克：然。此固余所未忘者。音乐与体育并重。治国者须经音乐之陶淑。然后乃有修养。音乐所以调和其性情。韵律所以使之习熟于秩序。至于其资料与辞句。皆以此为取材之标准。然此亦非吾侪目下所需之智识也。

苏：汝所记忆者。无丝毫错误。音乐固亦非吾侪目下所需。然则吾侪所欲得者究为何种之智识。盖其他寻常之艺术。尤非吾侪所重视也。

克：此固无可疑者。顾音乐与体育。以及寻常之艺术。既皆非所当急。则尚有何物乎。

苏：既不能求得一特殊之学识。要惟仍于人人不可无之学识中求之。

克：当以何者为适用。

苏：此即为各种学问艺术所不可无。而亦人人于初学时所当具者。

克：此何物耶。

苏：即分辨一与二。二与三之小道也。换言之。即数学耳。此非各种学术上所不容或缺之物耶。

克：然。

苏：战术其亦需此乎。

克：然。

苏：故贝勒弥[①]每次于剧中出现。必讪笑哀克孟[②]之无受命为将之资格。每谓彼曾确有成算。彼历数彼所率之军舰与将士。此即表示哀克孟之从未一数己所有之军额船艘。此而不能。其为将概可知矣。

克：设此而果确。诚奇事也。

苏：然则吾侪不得不承认为将者。万不可不知数目。

克：欲于军事上稍具智识。数目诚不可不熟谙。且以余观之。凡欲为人者。皆不可不知也。

苏：顾不知他人对于研究此学之见解。与余相同否。

克：汝之见解如何。

苏：余以为此即吾侪所欲得之智识。而能开发人之思想者。惜此种智识。人皆用之不得当。盖其正当之功用。乃使人有思想而能见真理也。

克：请再以汝意详细解释之。

苏：固所愿也。且余欲辨别各种智识之中。具此功用者。究为何种。数学究为此功用之一种与否。望汝能以“是”“否”答余。

---

① 贝为古神传中之英雄有功于赤洛埃之役者。——译注

② 同上。

俾可得一明白之结断。

克：愿闻。

苏：余意凡人官能所及之物。可分为二部。一部份之物。官能能自辨之。无庸思想之判断。一部份之物。则非官能所能辨。必俟思想辨别。

克：汝意指物之相距甚远者。与在画中者。然乎。

苏：非也。

克：然则汝意果何指。

苏：余所谓无需思想之物。即目见之而不于同时发生对面之知觉者。反乎是。则必经思想。不论其物之在远在近。总使人同时生相背之知觉。请以指喻之。汝或可明了余意。

克：甚善。

苏：今有三指。一为最小者。一为次小者。一为中指。汝知此三者。皆彼此相距甚近也。

克：然。

苏：然均是指也。其在中在末。其或黑或白。其或粗或细。与指之为指无涉也。故人之于此。无须以思想辨明其何以为指。盖目见其为指。终不使心中更疑其非指也。

克：诚然。

苏：此即余所谓不生对面之知觉。而无庸思想为之分辨者也。

克：然。

苏：然指之大小之分。亦若是乎。此岂目力所能独辨乎。目岂能独辨其位置之在中与在末乎。即指之粗与细。坚与柔。亦岂由扪触而即能辨明乎。岂其他之官能。均能事事完全独立。抑亦于睹见触觉外须他物耶。即以指之坚柔论。能觉坚之官能。亦必能觉柔。以此之故。彼之报告于心。必谓坚者柔者。实为一物。汝以为然欤。

克：汝言甚是。

苏：迨心闻其即坚而即柔。则必惶惑不解。设更闻重者亦轻。轻者亦重。其惑不将滋甚乎。

克：此诚可异之报告也。

苏：惟其可异。心必召集思想与计算力。助其审察官能所报告者。果为一物。抑为二物。

克：是必然者。

苏：设果为二。则分之各自为一。而且各自不同。

克：诚然。

苏：分之既各为一。合之既共为二。则此二者必自不同。盖二者苟相同。不复可辨其为一为二矣。

克：然。

苏：目固共见大与小。顾彼不能明辨大小之别也。

克：然。

苏：然心则不然。彼欲解释此疑点。必视大者与小者为绝不相同之物。

克：诚然。

苏：于此彼不将起而问曰。“大者为何物。小者为何物”乎。

克：然。

苏：于是有目所及的与心所及的之分。其然欤。

克：诚然。

苏：此即余所欲解释于汝前者。物之令人同时生相背之知觉者。须思想为之辨别。反是则无需思想也。汝其能明余意乎。

克：非惟能明。且亦深以汝言为然。

苏：单位与众数。当属于何类乎。

克：余不能答。

苏：汝能稍加思索。一忆以上所云。自不至于对此而茫然。使单位为目所能见。或为其他官能所能及。则无复有引人入于真理之作用。然若同时有相背之知觉发生。则人必觉其可异。而欲一悉此单位者究为何物。盖人惟研究于此。始有得见真理之希望。

克：然。

苏：单位既然。研究其他之数。当亦必有同等之作用与效验。非欤。

克：此固不待言而明者。

苏：算术非研究数目之谓乎。

克：然。

苏：亦能引人接近真理乎。

克：然。算术固具此特点也。

苏：然则此即吾侪所欲得之智识无疑。盖此固并有效用于哲理与军事也。为军人而不知数。如何能计算其军队之布置。而支配多寡。读哲学而不知数。如何能超出众人之上。而能复得真理。殆亦汝以为然者。

克：然。

苏：吾侪之守国者。当为军人而亦为哲学家。非欤。

克：此亦无待再言者。

苏：然则此种智识之必要。当为国家所制定。凡吾侪欲其将来为政治上之重要份子者。当劝之以研究算术。且不可如常人之浅尝即止。其研究也必连续不辍。洞晓算术之真理而后已。

其所以须如是研究者。非以学成可用之于市侩卖买之事。欲其有补于军事上之智识。与自己之脑力。盖此诚为由见解而至真理之大道也。

克：甚善。

苏：此种智识。殊为可爱。设能以哲学为目的。而勤加肄业。则有益于人。殊非浅鲜。盖此诚能令人得见真理也。

克：何以能之。

苏：无他。以数学能发达人之脑力。并使人不得不研究抽象的数目。设有以目所可见或手所可触之物质而推论究竟。必非彼所赞成。汝固知精此术者。每笑人之妄欲分析单位。盖欲分单位。必先乘而后除。否则单位将成为命分。而不成其为单位矣。

克：诚然。

苏：设有人起而问曰。"诸君乎。予甚奇汝等所研究之数。顾究为如何之数乎。且汝谓此诸数之中。有一单位。又谓此单位与其他之单位相等。而均为无形的。义果何居。"彼将如何答覆乎。

克：以余度之。彼等必答之以此种数目。只可以心力见而不可目睹。

苏：然则此种智识之不可无。明矣。盖惟此种智识。能强人完全以脑力求真理也。

克：然。诚为此种智识之特色。

苏：汝不见凡性与数学近而精此术者。其于他种智识上。亦必较他人为敏捷。即其人性本迟钝。苟既娴习于此。虽不能得巨大之利益。要能使其人较未习数学前为灵敏也。

克：此固常事也。

苏：学术中之较数学为更难者。殊不可得。即与之能并立者。

亦不多见。

克：然。

苏：以此之故。数学为人所不可少之智识。而秉性聪颖之人。尤宜尽力研究而不辍。

克：余意亦然。

苏：然则吾侪当以此为教育之一项。然后再研究其余与此相似之智识。是否有用于学者。

克：汝意殆指几何学而言乎。

苏：然。

克：几何之有用于吾侪。自不难见。盖关于军事上之几何。固人所不可无者。如军中之屯营划界等事。皆赖有几何智识。故无论于军行。或交绥之际。为将者之有无此项智识。其关系殊非浅显。

苏：汝言诚是。然对于军事上之一切。能有普通几何智识已足。设汝欲人由此而见真理。由此而明善之意型。则非高深之智识不可。盖惟此高深之智识。能使人渐趋于正道。由此正道。乃可达吾侪所当至之目的地也。

克：然。

苏：惟几何能令人洞见真理。故于人身心有裨益。使其仅令人有见解。则可置之不论。汝以为然欤。

克：洵然。此固无待言者。

苏：然使稍具几何智识者。闻吾侪之言。必谓吾侪之对于几何之见解。适与今日此道专门家之见解相反。

克：何以故。

苏：盖若辈徒知何谓规矩方圆。徒求其能应实施。而视为平常日用之物。岂不可笑。不知几何之目的。乃最高深之智识也。

克：诚然。

苏：此外更有一端。亦吾侪所当承认者。

克：愿闻。

苏：几何所供人之智识。乃永久的。非暂时的。或能变化的。

克：此固当立加承认。不俟踌躇者。

苏：克拉根乎。然则几何能使人近真理。能发达人于哲学上之能力。非欤。

克：此固几何之功用也。

苏：然则吾侪之国中。当制定几何为人所不可不治之学。即此外间接之功用。亦复不小。

克：何为其间接之功用乎。

苏：汝顷间所言之军事上之功用。即其一端。其他以吾侪经历所知。几何诚为各项智识所不可无。且人苟专精于此。则处他事必由是心灵而手敏。此皆其间接之功用也。

克：然。学此者与不学者。固非可同日语也。

苏：然则吾侪不当以此为少年人所当研究之第二项耶。

克：此诚当视为第二项。盖数学居第一项也。

苏：如以天文学列第三。汝以为何如。

克：余所赞成也。盖以余观之。年岁季月上之智识。不徒农人舟子所当知。亦人人所不可无之智识也。

苏：余颇异汝之畏人之非难。而急于申说其功用以自卫。人固每以此事为无用。而攻击赞成之人。虽然。余亦欲人之深信惟人性灵中之目。虽经不正当之学识所蒙蔽。能借此诸种学问而复明。故此目之宝贵。实万倍于面部之目。以惟此目能见真理也。

余固知欲人信此。诚非易事。今之人可分为二部。一则闻汝之言而倾倒。意若谓先觉先知。如是如是。一则视为绝无价值而只可托诸空谈者。盖均之不能灼见个中可得之利益也。汝可即自择定。愿与何方面辩论。汝或将谓皆不愿与深辩。并申明汝所以欲讨论之者。欲己有所进益耳。至他人之能得益与否。非汝所计及也。余所忖度者。其不谬乎。

克：然。余之所以欲研究者。诚大半为己。

苏：然则当退一步言之。盖吾侪进行之秩序已乱。

克：如何而乱。

苏：吾侪于平面几何之后。当论立体几何。不当遽及于立体之能行动者。如日月星辰等。盖既知物之面积。则当更求其高下深浅。方为有秩序之研究。

克：汝言诚是。奈今人对于此项学问之智识。尚甚幼稚何。

苏：然。其故有二。一为政府之未曾提倡。而治此学尤困难。一为此项学问。非有人指示辅助。不能窥其堂奥。而对于此事之能指示辅助者。亦不可多得。即有之。学者又未必肯倾心相从。盖今之学者之妄自尊大。固不可讳之事实也。然使执政者一旦提倡之。奖励之。则情形必为之一变。将见学之者日众。而久必有所发明。今虽为世人所忽。学之者虽亦不知其有何用。其于科学中所应有之地位。虽为人夺。然犹赖有其本来之特色。不致湮没无闻。故余谓一经政府提倡。终必有非常发达之一日也。

克：诚然。此学固有可爱之特点。然于汝之秩序之更改。余不能了了。汝顷非先论平面之几何乎。

苏：然。秩序之乱。乃余欲速不达所致。盖平面之后。当继以立体。此为自然之秩序。然余曾越此而道天文。是岂非由平面而直至行动之立体乎。

克：然。

苏：汝既明乎此。则吾侪可假定此立体几何。经政府之提倡而竟实现。以之为第三项之学问。然后讨论天文学而视为第四项。可乎。

克：然。此诚自然之秩序也。然汝顷间责余对于天文学之言论。恐汝亦将躬自蹈之。盖人无不知天文学。诚能使人思想向上而不向下。

苏：人人能知。而惟我不能。

克：然则汝意何谓乎。

苏：以今日学者之研究之法。而谓其能引人入于哲学。而有高尚之思想。吾不之信。以余观之。适使其向下而不向上也。

克：何以言之。

苏：汝所对于高尚思想之见解。诚为不谬。然使汝谓举首而见屋之梁栋。乃脑力而非以目力。其可乎。即汝言诚是。而余竟为无意识之人。余仍不能信汝言。以余之意。惟对于无形之物之智识。始能令人窥哲理而见真道。苟徒斤斤于有形之物。有虽穷年累月。余终谓其实未曾学。思想终无向上之一日。盖欲得高尚之学识。其人之在水在陆。仰观俯视。皆无与也。

克：诚然诚然。汝之责余甚当。然而余所愿闻者。则果以如何之法诵习之。斯可令人得高尚之智识。

苏：容余言之。星辰罗列天空。究为目所能见之物。故凡在天空之物。虽为有形物之最高明最美观者。然终远不及此诸物之实在。与互有关系之真迟速。盖此种种者。非目所能见。惟心能之。

克：然。

苏：故吾侪所共见之苍穹。当视为天文学中所当有之图像。而能令人见想像高尚之智识者。其外观之美。犹诸提恃勒①所绘之图。此固吾侪所有时得见者。凡治几何之人。见其图固无不称其绘事之精妙。然从无人以其图像之精美。而遂谓相等或加倍或其他比例之真理。尽在其图上也。

克：在所必无。有之非笑谭乎。

苏：彼治天文学者之对于星象等。亦不当具此见地乎。彼岂不知天上之一切。皆系上帝所造。而极完美者。然彼不能以其完善。而谓日与夜之比例。日夜与月之比例。月与年之比例。星与星之比例。以及一切有形物间之比例。均一定而永久不变也。设其然也。则岂非极不通之论乎。

克：然。此为余所从未念及者。然今亦赞成汝言也。

苏：然则研究天文。当亦如研究几何之以解决问题为要事。不当徒以仰见日月星辰形式之美而遂中止也。盖必于解决问题时。吾侪天赋之思想力。方有用也。

克：诚然。然此殊非今之天文学家所能见及者。

苏：然。然欲吾侪对于教育所定之法完善而得当。更有不可知者在。汝能略举其一二乎。

克：是诚不能。非余之不思维也。

苏：动作力方面之当研究者。不独有一。即以吾侪之智力。亦必能见其二。智力较高之人。自能所见更多。

克：此二者果何物耶。

苏：一为天体之动作。即天文学。不必再论。此外尚有一项。与吾侪顷已道及者有连带之关系。

---

① 提为古之善绘几何图者。——译注

克：请明言之。

苏：此项之与耳。犹天文之与目。盖目能仰视天体。犹耳能听闻和谐之音韵。此非毕散各理（Pythagoras）[①]之徒之主张。而亦吾侪所赞同者乎。

克：然。

苏：然此非易得之学。吾侪当学之于毕散各理之徒。彼等或能以此学之有无他用告吾侪。然而万不可忘吾侪所固有高尚之目的。

克：此高尚之目的惟何。

苏：即各项智识之完备之境。而为吾侪所当至者。如顷所论之天文学然。凡欲求智识者皆不可不以此为目的地。然今之研究声学者。徒从事于耳所能闻之音韵。而不知其他。所以语其效能。终亦如今之治天文者之无用也。

克：诚然。若辈之论音韵。闻之令人失笑。往往流连于丝竹之旁。如听隔墙之耳语。然一方面谓彼等已察见一中音界于高音低音之间。可以之为单位。而度量他音之高低。一方面又谓此音实与他音无别。而不足为量音之准则。岂不甚可笑乎。

苏：汝所云者。即专务寻烦恼于丝竹之徒。不特此也。彼等往往有以琴拨之未善。不能指挥如意。因而迁怒于弦者。此等皆可厌之事。而非吾侪所愿承教者。盖此辈之谬点。与今之读天文学者之谬点同。此辈所研究者乃所闻之声。而非需用思想之问题。不知音韵之真义。亦不知音韵之何以有和谐者与否。吾侪所可与之讨论者。其惟毕散各理之徒乎。

克：诚然。然此学何其高尚哉。

---

① 今译为“毕达哥拉斯”，古希腊数学家、哲学家。

苏：如能以真美与真善为目的。则此诚为有用之学。不然。则亦玩物丧志耳。

克：然。

苏：迨各项学识皆有心得。而对于其间相互之关系。又能融会贯通。而后其所学方能致用。否则求之虽勤。亦无益也。

克：余意亦然。然闻汝之言。觉此诚一极重大之事也。

苏：然以上所论之各项智识。皆不过为入门之初步。盖汝固知不可以理想家之名。加之于算术家也。

克：诚然。余实未曾见一算学家而真富于思想力者。

苏：人而不能以思想启人。则亦不能明人之思想。欲其得吾侪所谓高尚之智识。可乎。

克：是决不能。

苏：至此吾侪自当称颂思想力矣。盖惟思想力能使人至高尚境地。其状况与目之视力同。人于离黑暗之后。渐能见实在之物。继能见星月。而终能见日。思想力亦然。设人能以思想力求真理。不赖官能之辅助。日求进益。则终有一日得见永久不变之真理。其至此也实已抵智识界之尽处。犹诸目力之抵视力界之尽处而见日也。

克：汝言甚确。

苏：此为思想力之进行。其然欤。

克：然。

苏：汝尚记彼黑暗中之人。自其脱缧绁。离地孔。见日光后。始仅能见物在水中之影。继能见物在日中之影与其他非火光中之影。（火光中之影较诸日光中之影。尤为模糊。）终能见星辰与月日。此皆由视力之发达使然。人而欲见真理。必由思想力之发达。

而欲思想力之发达。则非研究顷间所言之各项之智识不可。

克：余赞成汝意。自一方面言之。固觉汝言难信。而自又一方面视之。则觉否认较承认为尤难。然此非偶然道及之问题。将来当必更加研究。故无论今之结断究竟是否。吾侪可姑置弗论。先认入门之初步。进而研究吾侪意中之主部。凡思想力之性质。与其阶级门类。可以通此之路径。请详言之。盖能引人达于思想力之路径。即引人达于智识圆满之路径也。

苏：亦无怪汝之不能深信余言也。虽然。余终当竭余之力。使汝了解无遗憾。余所欲以视汝者。乃真理而非影像。余虽不能断定余所言者。完全确为真理无疑。然余能自信余言虽不中。亦不远矣。

克：诚然。

苏：且余必重申前说。惟思想力能引人见真理。亦惟研究前所云之学问者。其思想乃得见真理。

克：此亦余所深信者。

苏：且吾侪亦可确认除此以外。别无得见真道。得明万物之真。存在之道。盖其他之学术。有专论人之见解或情欲者。有专述人身之结构与生育者。即涉及最高之智识如几何等。人每不明其真义。虽治几何学。往往仅能梦见真理而不能目睹。其故以彼等解决问题之时。每用假定之前提。而不之深察。不知何以有此假定之前提。人而不自知其第一层之意义为何。与真确与否。则其所得之第二层与结断。安望其能有真实无妄之结果乎。

克：是固不能。

苏：然则惟思想力能使人不忘其第一层之意义。惟思想力能去假定之之害。此端既去。斯地位稳固。盖所谓性灵中之目。久为荆棘所掩者。至此得思想力之助。而可一睹光明矣。思想力呈此效能之际。每以前所云之种种学问。为其辅佐。而此种种学问。世人称之为科学。实当另具名称。表示其较见解为清澈。而不及科学。吾侪前者曾称之为智力。或理想力。然吾侪重要之问题。尚待解决。何暇计量一无关重要之名称哉。

克：然。名称苟能达意。斯足矣。

苏：诚然。然无论如何。吾侪总可满意。盖吾侪仍能如前之有四部份也。二部为智识方面的。二部为见解方面的。第一为科学。第二为思想力。第三为信心。第四为影像。见解为暂时的。智识为永久的。永久实在之与暂时。犹诸智识之与见解。智识之与见解。犹诸科学之与信心。思想力之与影像也。至关于智识与见解之其他之小部。可暂弗论。以此又为一极长之问题。较诸今所讨论者。恐有过之无不及也。

克：诚然。

苏：汝不将谓凡具思想力之人。必能知万物之实在与真理。设其不能。则必以其人为缺思想力。然欤。

克：然。此固安可否认者。

苏：人之对于善的意型之见地亦然。必其人对于真善之意型。有明白圆满之解释。而其解释有充分之理由。必其人能推翻一切反对者之主张。其推翻时所用之利器。则当非见解而为真理。盖必如是而后可谓其真有最高尚之学识也。不然。彼之对于善。势必惝恍无据。所知者徒为影像而无实在。而此影像则来自见解而非科学也。此辈终其身如在睡乡。虽与人并世而生。终若蛰居黑暗中而从未一睹光明者。

克：此皆余所极赞同者。

苏：使吾侪之理想国家。果有实现之一日。想汝亦未必愿国中之青年。即吾侪所抚养教育。而欲其为未来之治国者。终乃成为傀儡。尸居高位。而绝无思想力也。

克：是岂吾侪所愿者。

苏：然则国家当制定一种学问。使人人于发问应对上有最高之能力。汝其谓然欤。

克：然。愿与汝共制定之。

苏：然则思想力为各项智识之源泉也。明矣。他种之智识。其位置终不能如彼之高。想汝亦无不赞成者。吾侪于智识之性质上之研究。至此其可告结束欤。

克：可矣。

苏：然此种种学问之当授诸何人。如何研究。则又吾侪所当讨论之问题也。

克：然。

苏：汝不闻治国者。当如何被选乎。

克：此固未忘者。

苏：甚善。吾侪当选择前此所云之人格。必其人勇毅而性善。容观威重。襟抱温和。抑且天亶聪明。俾易领受高尚之教育。

克：其人之聪明当若何。

苏：即脑筋敏锐。能有迅速之领悟力是也。夫脑力对于困难学问之易生厌倦。较诸对于体育运动为甚。盖直接受学问上之痛苦者为脑力。形体无与也。

克：诚然。

苏：且此人亦须有极强之记忆力。又必兼具好学敏求之性情。不然。彼不能忍受身体上之一切操练。与脑力方面之种种磨折。

克：然。彼诚不可无天赋之才。

苏：然今之研究哲学者。每不以此为要务。此为大谬。余前已言之矣。哲学之所以为人轻视。亦即以此。盖哲学当由崇拜哲学者读之。不当为似是而非之人所沾污。

克：请详言之。

苏：以哲学为业者。对于其应尽之各项。不当有所偏废。余意谓彼万不可重此而忽彼。或重彼而忽此。请再取譬解释之。设有人焉。热心于体育动运。及一切关于身体上之练习。而不愿研究学问。亦不喜与人问难讨论。或专喜学问而绝迹于体育方面之操练。是岂非皆不可者。

克：诚然。

苏：然则读哲学者。徒知人之故意虚诈及故意诳言之可恶。而已复甘心于不学无术之境。身居污浊而不知耻。身犯欺诈之行为。而自以为非故意的而自谅。斯人也。是徒知恶之可恶。而未尝一研究恶为何物。亦未知恶之出于故意与无意。同为恶也。如是之人。谓其脑力方面有所偏废。不亦可乎。

克：是无不可。

苏：吾侪分辨哲学家之伪。亦当详察其人之胆量节制与其他之善德。设不详察。则国家与个人均将大不幸。个人将误认伪哲学家为师友。国家将误举品学不备之人为治国者。

克：此固势所必然者。

苏：故吾侪对于人之善德方面。亦不可不详细观察。使凡受吾侪所制定之教育与其他之训练者。而果皆为身心健全之人。则吾侪可无愧于公道。不愧为为国制法之人。设不然。使吾侪所得之人。或竟与吾侪意中之人相反。则国家必受其祸。而吾侪之沾污哲学之名誉。较诸他人为尤甚。

克：此诚无可讳者。

苏：虽然。余言恐未免过于恳切。反招人讪笑。

克：何以言之。

苏：以余几忘吾侪之讨论。不过为互相切磋之道。今余于述及哲学受人吐骂之情形。对于使其受人吐骂之人。不禁怒从中来。致有忘形之态。

克：虽然。余竟未之觉也。

苏：余于发言时。诚自觉之。然此无讨论之价值者。至选择人才之道。向者吾侪非专选人之年老者乎。盖沙伦(Solon)[①]之意。谓人生有许多事。须于老时可学。实则此乃大谬。人于老时之不能多学。犹诸其老时之足之不能多行。发奋用功。当在少年。

克：诚然。

苏：故数学几何与其他类似之学。而为思想力之前导者。皆当于幼时授之。然亦不可强迫行之。

克：何以故。

苏：自由之人。不当为指定之学问所困。身体上之练习。虽由强迫。无伤于身。智识上之强迫。于脑力无益也。

克：然。

苏：故吾侪万不可行强迫之制。幼年时代之教育。当具游戏之性质。俾可使学者对之不易厌倦。并可由此观察各人性之所近。

克：甚善。

苏：顷间吾侪曾谓于战争之时。儿童亦当乘马参观。使战事

① 今译为“梭伦”，古代雅典的政治家、立法者、诗人，“古希腊七贤”之一。

而不甚危险。则可稍近战线。以长阅历。想汝亦未之忘也。

克：此固余尚记者。

苏：不独此也。即如在其他之工作上。与功课上。均当有若是之练习。凡于各种练习上最敏捷而最善于领悟者。当特拔之。

克：当在若何之年岁。

苏：当其专务体育之时代已过去。此二年或三年之体育上练习。专为其身体之健全而设。于他事无补。盖专务体育之时。除睡与运动外。别无他事。而睡与运动。适最不宜于求学。然在幼年时代。非重此不可。故余谓苟欲选择人才。须择已过此时代者方可。

克：汝言诚是。

苏：至二十岁而具以上所云之优点者。当擢之较高之一级。至此则其幼时所得之各项智识。当使之能融会贯通。知其互相关系。与功用之究何在。

克：然。惟如是之智识。方能有用而不忘。

苏：诚然。且人而能受此种智识。即其富有思想力之明证。盖必惟思想力之最富者。能吸受最高之智识。

克：然。

苏：故此为吾侪所当注意者。凡于能多得智识。而于学问上有坚忍之志者。且于军事与其他各项之练习上。均能矢志靡他者。则当于其年届三十时。由前所被选者之中。更擢之至更高之级。且于同时汝当细察何人能不徒假耳目或其他官能。而能寻得真理者。惟当汝为此之时。须极端谨慎。

克：何以故。

苏：汝知思想力所产出之恶果乎。

克：恶果为何。

苏：务思想力者。往往不守法律。

克：此固然者。

苏：然汝以为彼等之出此。为最不情理而最不可原谅者。抑汝以为有可恕之道乎。

克：可恕之道何在。

苏：请更以譬喻明之。设有一假定之子。生于富贵之家。胁肩谄笑之徒。自幼环侍其侧。及其长也。始知彼素所视为父母者。非其真父母也。其真父母之为谁。无从而知。汝试思彼于未知此事之时。与其已知此事之后。其对于其旁侍之徒。其对于其所谓父母者。将取如何之态度乎。

克：汝试言之可也。

苏：当其未知之时。彼之尊敬其所谓父母。必甚于尊敬其旁侍之人。于言行上。彼未必欲己之不服从其父母之言。而于重大之事。尤不肯背父母而行。

克：此必然者。

苏：及其既知之后。彼之尊重其所谓父母。必不若前此之甚。其对于其旁侍之徒。必较为联络。于是受此辈之恶影响。而己亦与之为伍。至此则苟其人非具特善之性情者。不至完全抛弃其父母不止也。

克：此亦大致必然者。然此喻与哲学家何涉耶。

苏：俟余毕言。汝自明矣。汝固知公道与荣誉之说。固吾侪自幼所习闻。而如父母之未尝一日相离者。自岂有不尊重而不服从之乎。

克：然。

苏：然同时有与之相反之邪说。及一切放纵情欲之恶习。常如人之谄媚于人侧。而使人误入迷途。惟胸有成竹而是非不浑者。能不受其影响。而能始终尊重其素闻之公道等说也。

克：然。

苏：当此之际。人苟为其所惑。而自问何为公道。何为荣誉。必觉其素所习闻之答覆。未能尽满其意。于是进而辩论。继而攻击其习闻之说。而终至以其素所重视之公道荣誉等。视为与不公道不荣誉相等。至此而欲其仍服从公道等。其可得乎。

克：是固必不能者。

苏：及其既至此境。而能不尽弃其本来面目。而不附和于惑人之恶习者。未之有也。

克：诚然。

苏：于是一素守法律之人。竟变为一专犯法律之人矣。

克：然。

苏：此皆读哲学者之所极易犯。而亦极可原谅者。

克：且亦极可怜者。

苏：欲吾侪之年届三十之国民。免此可怜之病。须于其开始练习思想力时。万分谨慎方可。

克：然。

苏：年少之人。一得其趣味。每患用之过分。此为吾侪所不可不知之危险。汝固常见若辈一能运用其思想力。始则以之游戏。继则以之攻击他人之主张。一若效法他人之攻击己意者然。其情形适如幼犬之初能啮物时之遇物即啮也。

克：然。喻之切当。莫过于此矣。

苏：及其屡次战胜他人之主张。而终则己亦为人所战败。则必愤然一变其态度。而尽弃其素有之主张。至此则不惟彼一人。即哲学与一切与哲学有关系者。皆受其害。而得不名誉之结果矣。

克：诚然诚然。

苏：年少长而血气已定者。可免此如疯如狂之患。彼所效法者乃寻求真理之思想家。而非以攻击为能事之思想家也。故彼之于哲学之名誉。必有增而无减。

克：然。

苏：然则吾侪之所以须万分谨慎者。岂无故欤。吾侪选择读哲学者之际。非不当严拒彼冒为高尚之徒者欤。

克：是固不可不严拒者。

苏：人之研究哲学之时间。一倍其研究体育之时间。足乎。于此时间中。其悉心研究。概不与闻他事。当与其前此之专心于体育同。

克：汝意谓须四年或六年乎。

苏：作为五年可也。此五年之后。当使其入世。服务于政治或军事。或其他少年人所当为之事业。彼等由此可得世上一切之经验。并可自试己之能否遇外来之诱惑而不乱。

克：如是者当几何年。

苏：十五年。至年届五十而仍生存。且于其学识行为上。均无缺点者。可与以自由。至此则彼等之学识已高。经验又富。其能见真理。而以先觉觉人。自为易事矣。故简言之。人当以哲学为至要之学业。及届正当之年岁。则当为公众服务。其服务之目的。非欲建非常之事业以眩世。不过为尽其对于国家之一种责任耳。迨后辈经其训练。已能如彼等之完善无缺。而可以继彼等而治国。则彼等可不问世事。逍遥终世。国家当为之建碑设祭以纪念之。苟神所许。并可以祀神之道祀之。

克：苏格拉底乎。汝之描摹治国之人。正如雕刻偶像者之惟妙惟肖也。

苏：女子之治国者。亦在其内。汝必知吾侪之所谓治国者。固非专指男子而言。盖女子之性情与政治相宜者。亦复不少。吾侪固久已承认之矣。

克：然。吾侪固已许女子分任男子之事业也。

苏：想汝亦知欲吾侪之国家与政府能实现。究非不可能之事。虽则有之。惟其能实现之道。只有一端。此端为何。即非哲学家执政不可。其人之为一为二为无数可不论。惟其人须不以世上之权利为荣誉。而以正义所产之名利为荣誉者。不独此也。彼必以公道为其惟一之标准。而其待人治国当始终以此为方针而不怠。

克：彼当如何发展其治国之道乎。

苏：当先使年逾十岁之人。尽至乡僻之地。然后取其儿童而教育之。盖如是则儿童不受其父母之影响。教育之法。当依吾侪所规定者而行。如是则国家必能于极短之时间中。即得幸福。而人民亦得莫大之利益。

克：然。此诚最善之法。使一旦而吾侪之国实现。则其中之一切设施。即皆汝所述及者。余意汝之描摹此国。实可谓至矣尽矣。

苏：然则吾侪于完善之国家上。于完善之人格上之研究。固已定矣。国家之如何为完善。既已明矣。则人格之如何为完善。不难知矣。

克：是固不难。故余亦以为对于此节之讨论。至此可告结束。

第八章　四种政治

苏：克拉根乎。然则于此完善之国家中。妻子当为公共的。国民所受之教育与和战时代之职业。亦当为公共的。治国者之须为最完备之哲学家与最勇敢之军人。非皆吾侪最后之结断欤。

克：然。此皆吾侪已承认者。

苏：且治国者任事之后。即当使军人居于吾侪顷所述之屋中。此屋亦当为公共的。而屋中当绝无个人私有之物与财产。此亦吾侪所已承认者。想汝亦未之忘也。

克：然。即人类所具之普通之用物。彼等亦不当有。其所需者。当由国民供给之。然不可以金钱代。盖彼等当为勇敢之军人与忠义之卫国者。其惟一之责任。即保守其神圣之国家也。

苏：汝言皆是。今此节既经解决。当一察顷间吾侪于讨论之际。何时离去本题而旁涉种种。俾吾侪可仍归本题也。

克：欲回本题诚无难。当汝详述此理想国家后。汝谓惟如是之国家。与合于如是国家之人。方为完善。虽然。汝今所述之个人与国家。实较前为更善。且汝谓设此国家之政治果善。则其他之政体皆为不当矣。而其他之政治共有四种。此四种政治之劣点。与与此相似之个人之劣点。皆吾侪所当详细研究者。迨个人方面研究既毕。而彼此已表同意于何者为最善。何者为最恶。然后可一察彼最善者究是否为有最大之幸福者。最恶者是否为最不幸者。当此之时。余以如何四种政治询汝。而派拉麦克与哀地孟德忽加入问难。故汝于是重提前说。往复讨论。而至现在所抵之境。

苏：汝所记忆者。诚无毫厘之误。

克：今者望汝能如演拳术者之仍处前此之地位。而容余一问。汝仍以顷所欲答余者。答余可也。

苏：余而能此。固所愿也。

克：余所欲闻者为如何之四种政治。

苏：答此固非难事。四种中之第一种为如司巴达与克里德之政府。而为人所称颂者。次之为少数人之富阀政治。然此不若第一种之受人欢迎。人每视为不良之政治。再次平民政治。此与富阀政治大异。第四种为专制政治。此为最不良之政治。而与以上三种。皆绝对不同者。汝知此外尚有他种政治而别具特色者乎。余固知此外固有所谓封地领土等之政府。与一切类似者。然此皆无特色之可言。而亦希腊与异邦人所同有者也。

克：然。吾侪固习闻种种离奇之政府也。

苏：汝知政治之不同。当亦如人性之不同欤。人之性情有若干种。政治亦必有若干种。盖吾侪自知国家非木石所造。乃由人类之组织而成。国家之如何。政治之如何。惟其国人之品性之如何是赖。

克：诚然。政府固与人同。盖政府即为人类所造也。

苏：故政治而有五种。人类之品性亦必有五种。非欤。

克：此必然者。

苏：哲学家或贤人政治。吾侪非已认为政治中之最公道而最善者乎。

克：然。

苏：然则姑舍此而论其他较低之政治。即如司巴达之专重荣誉之政治。富阀政治。平民政治。与专制政治是也。今请以最公道之政治与最不公道者相比。迨比较之结果既得。则个人之最公道者。究是否为最有幸福之人。国人之最不公道者。究是否为最不幸者。不难知矣。且由此可知吾侪之为人。究当如斯拉雪麦格之专行不公道。抑当以吾侪之结断为标准。而惟公道是赖也。

克：吾侪诚当如是讨论之。

苏：吾侪当仍依旧法。先论国家。然后个人。以便易于明了。可乎。若然。则当先论如司巴达之专重荣誉之政治。此种政治余实无以名之。今姑称之以豪杰或军阀政治。谅无不可。吾侪可先研究其政府。然后再论与之相似之个人。迨此节既毕。可更论富阀政治与类于富阀政治之个人。然后平民政治与类于平民政治之个人。最后可一察专制或独夫政治。与类于专制政治之个人。研究至此。或可得一圆满之结断。

克：汝之研究之法甚善。

苏：吾侪开始之第一步。当先观哲学家或贤人政治之如何变为豪杰或军阀政治。政治上之变迁。必由于执政者之分裂与变叛。秉政者有团结之力。政府决不有摇动之虞。

克：然。

苏：然则吾侪之国家。将如何而变乎。吾侪之治国者与为其辅佐者。将如何而有分裂变叛之端乎。吾侪亦当如花满之求神明宣布人类间意见之如何发生乎。吾侪亦将以为彼神明亦必视吾侪为小儿。以诙谐之言辞。严肃之态度。谆谆告戒。俾吾侪可信其言之为真确乎。

克：彼究将如何告吾侪乎。

苏：彼等谓国家经如是完备之组织。是固不能摇动。然物既有始必有终。此种国家与政府虽善。终不过一时的而非永久的。盖存者终必亡。亡者终必存。乃循环之道而不可免者。植物之生长于地。动物之行动于地。是皆值其当生存之期者。其期之短者。其存亡皆短。其期之长者。其存亡皆长。然对于此种自然消长之智识。虽最聪明之治国者。亦不可得而明。盖此中原理。虽聪明而兼具智觉者。亦不能明。以此之故。人每于不当生育之时。或未至其生育之期而生育矣。治国者既不明生育方面循环之原理。每于不正当之时。为人择偶。而其结果每致生育不良之儿女。迨此不良之儿女长而代其父或母治国。则必不克如其父或母之完善。彼必始则忽于敬神。继则荒弃音乐。而终至抛却体育。于是一国之人皆受其影响而失教矣。彼已如是。继彼者并人民之种类。如黑西所谓金统银统铜统铁统。亦不能辨矣。于是铁统将与银统混。铜统将与金统并。而一切之争端由此而起矣。其结果终必至互相仇恨而争战而后已，此即彼神明所谓变叛之由。而亦即彼等之答复也。

克：然。且吾侪可视其答复为真确者。

苏：是必真确无疑。盖神明岂诳言欺人者乎。

克：神明尚有何言乎。

苏：迨变叛之端既起。则二方面之人背道而驰。铜统与铁统之人即孜孜为利。惟土地房屋金钱之是图。而金统与银统者以金银固在其统系之中。无复需外来之物。每心向道德而以保守旧有之秩序为念。然终以彼此争斗之故。终必平分其财产。而以其平日所视为友人或教师。及一切平日之所谓自由人民而受其保护者。皆奴隶之。且此辈奴隶。当为保护其主人而作战。

克：余觉汝之述变端之发生。诚至矣尽矣。

苏：由此而产出之新政府。适在贵人政府与富阀政府之间。非欤。

克：诚然。

苏：其改变之情形固必如以上所述。然既经此变之后。国家之进行。将如何乎。其政府既在贤人政府与富阀政府之间。则其举动自必有类似贤人政府之举动者。亦必有类于富阀政府之举动者。且亦必有异于此二者之特色也。

克：是必然者。

苏：至治国者所受之荣誉。军人之不得与农夫工人等混杂公共饮食所之组织。与体育及军事上之训练。则皆与贤人政治所为者相似。

克：然。

苏：然总不敢授哲学家以政权。以此时之哲学家。已不复为简单热心之人。其性格已较前为复杂。人民将弃此而愿使卤莽而具较为简单之性格者。为之执政。惟此辈之天性。必好战而不好和平。故其执政之后。势必注重武备。及一切军事上之智识。如韬略等。以备永久之争战。此为新政府最大之特色也。

克：然。

苏：然此辈执政者必贪得金钱如富阀政府中之人。惟其取之之道。必以秘密方法。既得之后。必藏之于秘密之所。故其有此欲念。有此举动。每不为人觉。其坚如壁垒之宫室。不过为其秘密快乐之地。居于此。可任意放纵其各种情欲如酒色等。

克：甚确。

苏：然余觉彼等既爱金钱。而又无光明取之之道。不得不出窃盗之手段。以偿已之欲。诚可怜也。盖背理而窃取暂时之幸福。

与儿女之背其父母而他奔无异。其受教育。实非出于己愿。不过为时势与名利心所驱使耳。故彼等每忽音乐而重体育。盖彼等不知音乐为思想与哲学之导线也。

克：诚然。如是之政府。实为一善恶兼具之政府。

苏：诚然。然有一极触目之特色。即国人之争胜心与野心。此由人之卤莽好战而然也。

克：然。

苏：此为此种国家之所由来。吾侪所述者。虽不过为其大纲。然亦足矣。盖欲比较完全公道者与完全不公道者。能知二者之大概已足。不必斤斤于小节。设欲比较各种政治与各种人民而必缕述无遗。毋乃太苦。

克：然。

苏：然如何之人。与若是之政府相类。且此人如何而能有若是之人格。其人究何若。

哀地孟德：自其好胜心观之。此人非与克拉根相似乎。

苏：以此端而论。彼或者诚似。然此外尚有数端。与克拉根绝然不同者。

哀：此数端为何。

苏：如是之人。必稍具自大之心。必善听而不善说。学问较浅而终不失为拥护教育之人。其对于其奴仆。必较为暴虐。不能如哲学家之完全以公道待人。其对于与之平等之人。则颇能循礼。对于在上者非常服从。权利与荣誉。军事与体育。皆其性之所好。其欲执政也。非为己之有辩才或学问。欲一显其军事上之能力。以博非常之荣誉耳。

哀：诚然。如是之人。诚类于所谓军阀政治也。

苏：其幼时必不重视金钱。及其渐长。则贪得之心。日见发达。盖彼之天性中固具贪财之性。且彼以已失其最善之保护者。致不能一心向善。

哀：何为其最善之保护者。

苏：有音乐为其辅佐之哲理耳。此而入人之心。则人之一生之善德。可无虞矣。

哀：甚善。

苏：类于军阀政治之人如是。

哀：然。

苏：其所以有如是之人格者当不出下列之缘由。彼或为一勇而有道者之子。其所居之城市。殊无秩序。以此之故。其父不愿出而任事。与贪名利者争。宁放弃其权利。以免无意识之烦恼。

哀：其子将何如乎。

苏：其子之人格。于幼时先受其母之影响。其母每于其子之前。怨其夫之无份于政治。致彼于妇女之中。亦不为人所推重。及见其夫之不若他人之常为争利而与人涉讼。与人争斗。见其遇事每和平了结。见其最注意于自身之言行。而其待已（指母）也。亦殊平常。于是愤懑之气。溢于言外。每告其子谓彼父实为凉血。无男子气。并加以一切妇人所习以责其夫之恶称。

哀：然。此固比比皆然者。

苏：即其家忠诚之老仆。亦必常以此类之言辞。忠告其幼主。设有负父之债而未偿者。有开罪于其父而其父未报者。彼必戒其子。谓此不当效法者。成人之后。再不可如其父之懦弱。故其子未及成人。此等论调已深印于脑。及其出外观察。则觉所见所闻。与在家所见闻者无大异。盖在如是之国中。人之仅能尽自身之本分者。人每视为愚人。必争名夺利。劳碌无已者。为众人所推重。然其在家之时。亦曾见其父高洁之行为。与高尚之谈吐。此亦非无影响于彼者。故一方面为权利名誉等所引诱。一方面为其父之善德所抑制。两方面同时活动。其结果不出于成一介乎二者间之人格。其所重者非权利而为荣誉。其特殊之性即其好胜之心。其所以能不致一败涂地者。以彼固非素具恶根性之人。其病不过受他人之恶影响耳。

哀：汝之对如是之人格之来源。述之诚详矣。

苏：然则对于第二种之政治。与与其相似之人格之研究。至此可告结束矣。

哀：然。

苏：然则吾侪当再就其次之人格论之。而此其次之人格。当如哀思克勒所谓与其次之国相合。然欲研究个人。不当先研究其国家之政治乎。

哀：诚然。

苏：军阀政治之下。当为少数人政治或富阀政治。

哀：此种政治之性质若何。

苏：此为少数富于财产者所操纵之政治也。如是之政府中。执权者皆富于资财之人。贫者无与也。

哀：余知之矣。

苏：余当一述彼军阀政治之如何流为少数人之富人政治乎。

哀：然。

苏：欲明此事之变化。虽盲者亦能之。

哀：何故。

苏：各人之聚敛金银。即消灭此军阀政治之原因。彼等往往以有不正当之耗费。而致有不法之聚敛。即其妻子等。至此亦必藐视法纪也。

哀：然。

苏：一人成巨富。众人羡之而效之。而于是一国之人。尽为爱慕金钱之人矣。

哀：此诚势所必然者。

苏：于是彼等日富一日。然人愈富。其忽视道德必愈甚。盖设以金钱与道德同置天秤之上。必一升而一降。

哀：然。

苏：至是则国中之富者愈为人重。贫者愈为人轻。

哀：此亦必然者。

苏：众人之所以为重。趋之者必多。众人之所轻。好之者必鲜。

哀：此亦浅显之道也。

苏：故彼等终必忽荣誉而专务金钱。对于富者之敬仰日甚一日。终必至举富人为治国之人。

哀：诚然。

苏：彼等然后规定人须有若干之财产。始得有若干之权利。财产之不及若干者。不得有执政之资格。若是之变更。彼等每以威吓之手段实行之。威吓无效。继以武力。

哀：诚然。

苏：此为富阀政治之所由来。

哀：然。然此种政治之特色何在。劣点何在。

苏：请先自其规定人民之资格之道观之。设吾侪选择船长而惟其财产是视。彼贫者虽富有行船之智识与经验。亦不得有船长之资格。汝以为如何。

哀：汝意谓如是则船必有覆亡之祸。非欤。

苏：然。人之管理他事。非皆然欤。

哀：是固皆然。

苏：惟治国不然欤。抑汝以为亦如是乎。

哀：是岂有不然之理。且较他事为更甚。盖治国最难而最大之职务也。

苏：然则此非富阀政治极大之劣点乎。

哀：然。

苏：此外尚有一劣点。亦不弱于前者。

哀：愿闻。

苏：即不可免之分裂也。盖如是之国家。必分二部。一富人。一贫人。此二部之人。同居一国之中。而彼此攻击终无已时。

哀：此诚亦极大之险象也。

苏：以此之故。彼等无与他国争战之能力。盖彼等如以军器授多数之平民。则虑其变。故畏之反胜于敌。设亲自出战。则人数太少。盖富而执政者。固极少数之人也。且此辈每以爱财之故。不肯慷慨解囊以助军饷。此非亦为一特别之短处乎。

哀：诚然。

苏：且于如是之国家中。一人之职务太多。往往一人而兼农人及商人与军人。此非亦一不正当之道欤。

哀：是非善事。

苏：然尚有一极大之劣点在。且或者此为劣点中之最大。而此种政府所不可免者。

哀：此点为何。

苏：在此种政府之下。人人能尽售其所有财产。而他人可尽数购之。及已之财产既已尽去。则身虽仍居其国。而实则彼已无分于其国。至此则彼既非商人。又非工人。亦非马兵。亦非步兵。不过为一贫苦而一无所有之人也。

哀：然。此固如是之国中所不可免者。

苏：且政府亦不设法阻止之。盖在富阀政治之下。极端之富与极端之贫。皆为法律所许可者也。

哀：然。

苏：然一思彼执政者。当富有之时。徒知挥金如土。岂得为有益于国家。有益于人民乎。抑汝以为彼仅有执政者之名而无执政者之实。既非治人者。亦非被治者。不过为浪费金钱之徒欤。

哀：然。彼不过形似治国之人。而实不过为一败家之子耳。

苏：彼之于国。非适如雄蜂之于蜂房乎。一则为患于蜂房之中。一则为患于国家之中。

哀：诚然。

苏：天之造能飞之雄蜂。未与以虿。而其造人类中之雄蜂。则有虿者有之。无虿者亦有之。无虿者即年老无能而贫苦者。有虿者即人所谓犯罪作恶之徒。

哀：诚然。

苏：故于一国之中。苟见有乞丐之流。即可断其必有窃盗等及一切作恶之人。藏匿于其中。

哀：诚然。

苏：在富阀政治之国中。果有乞丐之流乎。

哀：是必有者。除执政者外。恐尽如乞丐之徒也。

苏：然则吾侪即由此而断定其亦必有窃盗等作恶之人。而为法律所禁止者。可乎。

哀：此固可断定者。

苏：国家而有如是之人。即表视其国家之教育之不善。训练之不完备。与法律之不尽善也。汝以为然欤。

哀：诚然。

苏：以上种种皆富阀政治之短处。然犹不过其大纲而非小节也。

哀：然。

苏：然则吾侪于少数人政治或富阀政治上之研究。至此已告终。今当研究者。乃类于此种政治之人格也。

哀：然。

苏：军阀政治之人格之变为富阀政治之人格。非与政治之沿革相同乎。

哀：请详言之。

苏：为军阀政府执政者之子。必尽力效法其父。其举止行动无不欲酷似其父。然使不幸而其父忽遭失败。致尽失其所有彼之职位。本非低贱。惟以其一旦失败而牵入政治关系。遂致受人审判。而审判者又或早存意见。故其结果终不出于或放或死。或褫夺其全部公民之权利。或抄没其所有之财产。

哀：此诚难免之事也。

苏：其子目睹此情势。自知已成为不幸之人。且觉荣誉之不可靠。于是其平日之好胜心。顿消灭殆尽。盖彼以贫苦之故。不得不弃此而从事于为利之道矣。至此彼胸中之好胜心固有之地位。不将为贪利心所攫夺。而彼亦一任其指挥乎。

哀：诚然。

苏：及思想力与好胜心已为此贪利心所降服。而惟彼之命令是听。则彼将用其思想力于研究如何可以致富之道。用其好胜心于其金钱上之争胜，与崇拜一切致富之手段。

哀：诚然。

苏：人性变更之速。固无逾于好胜者之变为贪财者。然此贪财者。非即富阀政府中之人乎。

哀：然。如是之人格之由来。与如是之政治之由来同。

苏：然后可一观此种人格。与此种政治相同之点究何在。

哀：善。

苏：其第一同点。为彼此均崇拜金钱。

哀：然。

苏：第二为彼等同有吝啬与勤奋之性。个人之具此性者。每惟利是视。而不肯稍有耗费。对于其他之欲念。皆极力抑制。以其无益而与其谋利之宗旨相背也。

哀：然。

苏：彼实为一鄙啬之人。凡有利可图者。必设法染指。俾可扩充其已有之财产。然如是之人。适与其所代表之政府相似。而为众人所称誉者。

哀：诚然。无论如何。即以重视财产一端论。政府与个人。固无相异之点。

苏：然若是之人。必非有学问之人。然欤。

哀：余诚以其为决无者。设有之。决不以彼盲人为引领之人而复崇拜之。

苏：甚善。然吾侪由此可知彼等既无学问。自必有一种如雄蜂之欲望。而此种欲望。实即为乞丐与犯法者之欲望。然其平日每以名誉或职业之故。藏匿而不露。

哀：汝言固甚确切也。

苏：汝知欲察出其犯法之性。当于何处察之乎。

哀：愿闻。

苏：当其最可欺人之际。如于抚育孤儿等时。则汝可注意察之。

哀：善。

苏：其于众目昭彰之贸易上。则以名誉有关。不敢公然施其欺人之手段。每以勉强之道德。掩饰其实在之奸诈。其佯为善人者。非知奸诈与犯法之恶而不为。实以不得不然耳。

哀：诚然。

苏：然则凡欲染指于他人之财产者。必具雄蜂之性。非欤。

哀：然。且必富有此性者。

苏：然则若是之人。亦必如国家之分裂为二部。然以大概而论。其善的欲望。尚能抑制恶的欲望。

哀：然。

苏：惟其如是。彼尚较常人为可敬。然贤人所应有之真善德。则非彼所能有。

哀：诚然。

苏：然总以贪财之故。彼于军事上或别种正当之事业上。终不肯尽力争胜。终不肯耗费其资财。以达其胜人之目的。盖彼恐己之养成一种以财服人之习惯也。故此辈苟遇与人争胜之事。仅肯稍费其财。而其结果不出于事败而财保。

哀：诚然诚然。

苏：然则此种惟利是图者之类于富阀政治。非已明晰乎。

哀：是诚明晰。

苏：此后当讨论平民政治矣。对于此种政治之性质与来源。自当悉心研究。迨研究有得。然后更研究与之相类之人格。

哀：此固吾侪研究之方法也。

苏：试思富阀政治。如何能一变而为平民政治乎。富阀政治之最要之事。非即欲日富一日乎。然此欲终无满足之一日。

哀：然则如之何。

苏：在上者既知其政权与其财产有直接之关系。则自不愿禁止他人之浪费金钱。盖惟他人之如是。彼等可于中取利。或直接购买其财产。而己之资财。于是乎可以扩大。

哀：诚然。

苏：然则于一国之人民中。贪财与挥霍。终不能永久两立。二者之一。必被厌弃。此固不待言而明者。

哀：然。

苏：故于富阀政治之国。富有之人家。每以浪费之故。降为乞丐之流。

哀：此固常见者。

苏：然此辈仍处国中。有负债者。有已失其国民资格者。有嫉视富人之购己之财产者。种种之不满意。不一而足。而革命之思想。随之而起。

哀：此亦甚确。

苏：当此之时。商人市侩之运用其欺人手段。无异于蜂虿之毒人。其伤人之利器。即其金钱。其法术则不出乎以己之金钱贷于浪费之徒。及其用罄。则以债权之名义。取其财产为己有。故国中窃盗乞丐之多。半由此辈所致。而此辈之尤可恶者。则苟遇昔日之受其愚而失败者。则掉首他顾。而绝无怜惜之心也。

哀：诚若是也。

苏：此种恶习。势必日盛一日。盖政府既不设法限制。人民又不能善自补救。

哀：补救之道若何。

苏：此法虽不能如禁止浪费之善。然亦能使国民注重品行。而减少国中一切不正当之谋利之道。其法维何。即以金钱贷人者。当自负责任。如是则此举成为一种冒险之贸易。而人不敢轻于尝试也。

哀：此诚亦一善法。

苏：然今之执政者。皆以谋利之故。置人民于不顾。而其中年事较少者。皆有一种奢华放荡之恶习。不劳心。不劳力。且不能约束自身。

哀：然。

苏：彼等除谋利外。别无他图。其不顾人民。犹诸贫人之不顾道德。

哀：诚然。

苏：此为彼等平日相处之情形也。然贫者与富者。终有共事共处之时。或在道路。或在会场。或于旅行之际。或于并肩作战之时。当此之际。二方面各留意彼此之行为举止。所处之地位愈险愈困难。则贫者愈不为富者所轻视。一则至战场而习于辛苦。一则体虽胖而微劳已不能支。故于此之际。富者决不藐视贫者。而贫者见其至此已无能为。则必恍然大悟彼富者之所以能保其富。不过无人敢攫夺之耳。及贫人与贫人相遇之时。必相告曰。“彼作战之富人。诚无能为也。”

哀：然。余知彼等固有如是之论调也。

苏：有病之身。一遇外感。其病即发。即无外感。有时亦能自发。国家亦然。素弱之国。不能禁外来之纷扰。不幸而为他国所侵。则非惟不能对付。且有内部分裂之虞。即无外患。有时亦不能安。使举国之贫民。结为一党。富人亦为一党。则国已不国。虽无外患。亦不能维持矣。

哀：诚然。

苏：迨党派既分。富者已为贫者或平民所胜。富者之中。受诛者有之。被放弃者有之。而仍得自由者亦有之。于是平民政治成立矣。此种政治中之执政者。为人民所选出。

哀：诚然。无论其以武力而成立。或由于富人之恐惧退让而成立。此总为平民政治之特色也。

苏：然。然其政府果何如乎。政府之性质既明。则个人之性格如何。不难明了矣。

哀：然。

苏：政治既为平民。则人民非皆有自由者乎。非于言论上行动上。均能享自由者乎。

哀：诚然。

苏：然人既自由。必各自选择其生活。

哀：诚然。

苏：然则如是之国中。必有种种不同之人格。

哀：是必然者。

苏：若是之国。适如衣服之遍绣各种不同之花。而人所视为最美观者。妇孺之无识者。每以五色斑斓之衣服为最佳。常人之视此种政府亦然。

哀：然。

苏：欲得一相当之政府。莫善于于如是之国家中寻觅之。

哀：何以故。

苏：惟以其极端自由之故。各种性质之政治。其国皆备。国之有此种政治者。吾侪可视为政治会集之市场。人可任意选择。遇合意者即仿而行之。盖欲建造一政府。诚不可无模范也。

哀：然。在如是之国家中。决不复有缺乏模范之虞矣。

苏：于如是之政府之下。人虽具治人之能。亦无服务之必要。苟不愿被治。亦无被治之必要。他人出战。汝无出战之必要。他人休息。汝无休息之必要。欲出身任事。亦不为法律所限制。优游世外。亦不为世俗所阻。以一时而论。此非生活中之最可羡慕者乎。

哀：以一时而论。诚然。

苏：彼等之对于犯律之人。亦颇可异。如是之国中。苟有人犯罪而已经判决死罪或徒刑者。有时仍得自由行动。一如常人。而不为人所注意者。想此亦汝所习见者。

哀：诚然。

苏：此种恕人之量。与对于琐事之“不经意”。亦此种政治之特色之一。即吾侪于建国之初。所视为根本要义者。彼等亦不重视。吾侪岂不云除极少数之具天赋之聪颖者外。苟不自幼习善。日与善德为伍。决不能成善人乎。彼等对于此种至理。亦视为无足重轻而不顾。彼等亦不研究人须经如何之训练得为政治家。凡人民所欢迎者。即推戴之而使之执政。

哀：此种器量。诚不可谓不大。

苏：然。此皆为平民政治之特色。且由此可知平民政治。实为一种可羡之政治。于此政治之下。人皆平等而无秩序之可言。

哀：此势所必然者。

苏：于是可一观类于此种政治之人格为何如。且可一察其人格之来源。

哀：甚善。

苏：彼之父必为吝啬而类于富阀政治之人。故其所得之教育与训练必与父同。

哀：然。

苏：且彼亦必如其父之抑制耗财。与一切非生利之欲望。盖欲望之非生利者。彼等即视为非必要而当抑制者。

哀：然。

苏：汝欲辨别何者为必要之欲望。何者为非必要之欲望。俾可得清切之见解乎。

哀：固所愿也。

苏：必要之欲望。即人生所不可无者。凡于人有益者皆可称之为必要之欲望。盖人之欲得其必要而且有益之物。乃其天性使然。非有所假借也。

哀：然。

苏：凡欲望之非必要者。即人生可无之欲望。有之非惟无益而有害。然人苟自幼对之稍存戒心。自能幸免。今称之为非必要之欲望。谅无不当。

哀：然。

苏：今于二者之中。试各举一例。以明二者之真相。可乎。

哀：甚善。

苏：简单之饮食之欲望。非当列于必要之一类乎。余所谓简单者。指饮食品之有益于人身。而人所赖之以生存者。

哀：诚然。

苏：故人之于饮食之欲望。其利益有二。一为有益于人身。一为使生命能继续进行。

哀：然。

苏：然饮食之得称为必要者。专指人身所不可无者而言。

哀：此固汝所已申明者。

苏：苟越此范围而欲得更可口更糜费之食品。非即可称为非必要之欲望乎。此种欲望。有害于身。若能于幼时留意。去之无难。

哀：诚然。

苏：吾侪岂不可以此种为耗财之欲望。以前者为生利之欲望。盖前者能使人康健。康健然后可生利也。

哀：此亦甚确。

苏：人生其他之欲望之分别。皆可以此种类推矣。

哀：然。

苏：吾侪顷所谓雄蜂之徒。即专以此种非必要之欲望为前提。而实为此种欲望之奴隶者。凡仅肯服从必要之欲望者。即顷所谓吝啬而类于富阀政府中之人也。汝以为然欤。

哀：诚然。

苏：当一少年人既经其吝啬之父所训练。其一举一动。始则一味效法其父。然一旦得与雄蜂辈为伍。备历其素未经验之快乐。则其人之变。亦意中事耳。于此之际。其平日之富阀政治之宗旨。必日见消灭。而平民政治之性质。必日见发达也。

哀：此诚必然者。

苏：其变也。与顷所言之国家之变同。国家内部既分。一遇外患。变端立见。年少之人。内部既有二种之欲望。一为必要而有益的。一为非必要而有害的。后者一经外来之助力。势必勃发。而其人遂由此而变矣。

哀：诚然。

苏：设其持固有之宗旨甚坚。或其父之劝勉督责甚力。则此人之内部。必分裂为二部。而此二部互相攻击矣。

哀：然。

苏：然有时平民政治之宗旨竟遭失败。于是一切必要之欲望旋复消灭。其内部分而复合。而秩序亦旋即恢复。

哀：此亦偶然之事也。

苏：然有时非必要之欲望既灭而复生。终以其父之教育之不得其道。而此种欲望。得日见昌盛。

哀：此亦余所习见者。

苏：于是此种种之非必要之欲望。互相联络。互相扶助。而日见其增添无已。

哀：诚然。

苏：及此少年人之心。已如壁垒之经人离弃。其素有之善德真理。与一切至理名言。能为人生之金科玉律者。皆已消灭殆尽。于是一切非必要之欲望。占而举之。

哀：此诚必不可免者。

苏：于是一切虚伪骄矜之恶习。得巩固其地位于其心中而日见发达。

哀：诚然。

苏：故其结果。为此少年人于众目照彰之际。竟仍回至欲望多端之境。与欲望多端之人为伍。当此之际。即有亲友设法劝阻。彼即如国君之闭门拒谏。虽有正式之规劝。或老年人之友谊的忠告。亦不闻不纳。盖斯时也。彼内部分之善性与非必要之欲望。已开一大激战。而其结果则后者胜利。于是谦让反视为愚拙。而逐诸门外。节制反视为无勇。而为人践蹈。非特如是。彼且以节俭与有秩序之消耗为可鄙可耻而不足道。而于是即此节俭等善性。亦为彼恶欲望所驱逐矣。

哀：诚然。

苏：迨此少年人之心。既全为此种欲望所占举。他种之欲望既驱除已尽。则骄矜、纷扰、奢华、与卤莽必集于一处。冠以花圈。颂以歌赞。且各以美名称之。如骄矜谓“学问”。纷扰谓“自由”。奢华谓“阔大”。卤莽谓“勇敢”等是也。故此少年人已于无形之中。经一大变。其本来性格。至此已全失。盖彼本为一专务必要而有益之欲望者。而今则变为一专重无用无须之欲望之人矣。

哀：诚然。此诚于无形之中而然也。

苏：既变之后。其必要与非必要之欲望。自必双方并进。其于二者上之耗财耗时。不复有所区别。使其幸而智识未尽消灭。则至年事稍长。经历较深。少年意气用事之时代已过。则或者仍有许昔日所被其驱逐之善德复回旧处之一日。然彼亦终不能尽去其恶德。至此则善德与恶德。必要与非必要之欲望。适成一均权之势。而其人之对于此二方面。则一视同仁。绝不偏倚。

哀：然。

苏：即人以忠告之言相告。彼亦不能纳。设有人屡告以欲望之中有善者有恶者。善者当为人重。恶者当去之而不愿。彼必掉首谓欲望实无分别。且无一非善者。

哀：然。彼固必如是云者。

苏：故彼之度日也。即琐屑之欲望。亦必使之达到目的。有时竟沉溺于酒。有时竟醉心于笛。有时饮水若狂。有时禁食以消瘦。有时热心体育而旋好诸事不问。有时一无所事而忽研究哲学。偶一念及政治。则即发表其政治上之意见。意之所至。即出诸口。苟见军士而偶生羡慕之心。则立即投身军中。一旦而欲事商。则即立弃他业而事商。故其一生。既无定例。又无秩序。而彼方以此为快乐、为幸福、为自由也。

哀：诚然。彼固以为能享自由与平等也。

苏：故彼之生活甚复杂。而可代表多数人之生活者。其人格适与顷间所述之最美观之国家相似。吾侪已言此种国家备具各种政治之模范。今此种人格。亦备具各种人生活之模范。

哀：诚然。

苏：然则此种人格之类于平民政治。可无疑矣。

哀：然。

苏：平民政治既合于平民政治之人格矣。吾侪当进而研究专制政治。与类于专制政治之人格。此为政治与人格中之最美观者。

哀：此诚吾侪所当研究者也。

苏：请先一观专制政治。果何自而来。彼非由平民政治所产出乎。

哀：然。

苏：专制政治之发源于平民政治。非亦如平民政治之发源于富阀政治乎。

哀：请详言之。

苏：富阀政治之所最注意而最重视者。莫如金钱。余言其不谬乎。

哀：然。

苏：然其于金钱方面之永无知足。终使其抛弃一切其他之事业。而致此种政治于失败。

哀：诚然。

苏：平民政治亦有优点。然亦以人之对于此种优点之欲望。不知加以限制。致平民政治。亦终归于颠覆。

哀：其优点为何。

苏：自由也。于平民政治之国中。自由为最宝贵之物。故惟天性爱慕自由之人。乐居于平民政治之国。

哀：此固余所习闻者。

苏：然终以爱之不能知足。不能注意于其他之事。致平民政治亦不能久立。而专制政治。遂因之而产出矣。

哀：产出之经过如何。

苏：平民政治之国中。人民之于自由。每至过度而致有害。当此之际。执政者苟不以尽数之自由与人民。人民将责罚之。而视为腐败之富阀政治家也。

哀：然。此亦余所习见者。

苏：国民之忠于政府者。彼等且称之谓奴隶或无用之徒。惟人民而能举动如官长者。官长而能举动如平民者。为众人所推重。汝意如是之国中。自由果有限制乎。

哀：是乌能有。

苏：然纷扰之机。即动于此。始则起于家庭。终必及于动物。

哀：汝意果何谓耶。

苏：余意不过谓为父者。必习于与为子者平等。而有时竟对之有畏惧之心。为子者亦俨然与父并立。而逐渐疏忽其敬上之念。人民之自他国迁入者。与本国之人民亦得平等。此皆自由过度之流弊也。

哀：然。

苏：然此外尚有无数较浅之流弊在。盖在如是之国中。教师必畏惧学子。而有谄媚之行为。学子则藐视教师。不听其教训。少年与老年。绝无区别。少年人得与老年人并立而争衡。而老年人则喜与少年人谈笑作乐。自居于少年人之列。盖老年人恐人之谓其自作威福。不敢不事事取少年人之态度也。

哀：诚然。

苏：彼等男女皆享同等之自由。而男女间又皆平等。非惟如是。即奴隶之以金钱购来者。不论男女。亦得自由与主人同。此为彼等自由至极端之时矣。

哀：诚然。

苏：当此之时。人所蓄之动物。其自由亦较他国之动物为甚。汝曾见犬之得与其主人并立者乎。汝曾见驴马之得昂然行于道路。而不为人所轻视者乎。简言之。如是之国中。实无物不充足自由。于此种政治上绝无智识者。闻此决不敢信。

哀：然。余于乡间游行之际。往往得见此种情状。故觉汝所描摹者。实非常之确。

苏：然人于极端自由之际。其对于威权之知觉。必非常之敏锐。凡与他人之权力稍有抵触时。即不能忍耐。故其结果不出于并法律而不顾。盖彼等诚不愿为法律所束缚也。

哀：此必然者。

苏：然最威严之专制政治。即由此而产生矣。

哀：威严诚然。然究如何产生。

苏：平民之失败。与富阀政府之失败。同由过度之病。一由爱自由之过度。盖物之多至极端者。必有极端之反动力。此为自然之理。不独气候与动植物如是。即政治亦莫不然。

哀：然。

苏：国家或个人得享极端之自由者。终必降至极端奴隶之境。

哀：此固自然之理也。

苏：故专制政治。必产生于平民政治。极端之专制。必产生于极端之自由。

哀：是诚无可疑者。

苏：然此非所亟欲讨论者。汝今所欲知者。为平民政治之纷扰。何自而起。平民政治之失败。何以与富阀政治之失败同。非欤。

哀：然。

苏：其源皆在懒惰而浪费金钱之徒。此辈中之较有胆量者为领袖。懦弱者为附和之人。即吾侪顷所谓雄蜂之有虿与无虿者也。

哀：此喻诚确。

苏：此二种者实国家之祸根。不论富阀政治。或平民政治之国家皆有之。其于国也。犹诸疗疮之于人身。故善治国者之处置此辈。当与医家之治疗疮。蜂王之逐雄蜂。同一严密。万一此辈于国中已得立足之地。则国家之设法驱逐。愈速愈妙。

哀：诚然。

苏：吾侪今可以人民之在平民政治之国者。分为三类。俾吾侪对于此种政治之失败。可得一更清确之见地。第一类为雄蜂之徒。此辈于平民政治之下。必较于富阀政治下为尤多。其极端之自由使然也。

哀：然。

苏：且此辈于平民政治之国中。其影响为尤大。盖于富阀政治之国中。彼等为众人所轻视。无握权之机会。故其为害较微。然于平民政治之国中。执政者几全为此辈。其中之较有能力者。发言而任事。无用者同声附和。他人反对之声浪。无从透出。故于如是之国中。几无事不操纵于此辈之手。

哀：诚然。

苏：此外尚有一类与第一类绝然不同者。

哀：为何等人乎。

苏：即有秩序而能节制之徒。惟其有秩序而能节制。自必为国中最富之人。

哀：此固自然之理。

苏：然为他人所蚕食者。亦惟此辈。其所处之地位。与蜂房中之酿蜜而供给雄蜂者无异。

哀：然。彼不能自立者。自必依赖他人。

苏：故此类实为富人。而雄蜂辈实倚赖之。

哀：诚然。

苏：第三类即为平民。而自能工作者。此辈非政治家。故其生活甚难。然于平民政治之国中。此辈一经会集。实为人数最众。势力最大之一类。

哀：此固然者。然彼等苟无利益可图。不易使之会集。

苏：然彼等岂真无利益可图乎。彼等之领袖。非常夺富人之财产而分给彼等乎。然其分给之际。自必以大部归已。

哀：然。平民所得者。固远不如彼也。

苏：彼富人之财产被侵者。为卫已之故。自不得不竭力与平民抵抗。非欤。

哀：此外诚别无办法也。

苏：当此之时。彼富人虽无改革政治之意。而平民方面。必诬之谓赞成富阀政治之人。而专与平民为难者。

哀：此必然者。

苏：迨彼等见平民终不能与之一致。而彼等之财产永在恐慌之中。于是不得已而竟另立富阀政府矣。实则二方面之恶感与决裂。半由误会所致。半为平民之领袖之挑拨而成。而富人之出此革命之举动。实由于有虿雄蜂之激刺而然。非其本愿也。

哀：汝言甚确。

苏：于是彼此诬陷。彼此诉讼而受审判。

哀：然。

苏：然平民方面。必有一自号拥护平民之人。此人自必受平民之爱护拥戴。

哀：然。

苏：然此即专制君之惟一之来源也。其初现也。为拥护平民之人。

哀：然。

苏：然彼将如何而变为专制之君乎。彼之行为。不将如厓开提[①]赖徐乌庙中之故事乎。

哀：此故事为何。

苏：凡于享受牺牲之际。得尝人类之血肉者。必变为狼。汝未之闻乎。

哀：此固余所习闻者。

苏：拥护平民之人亦如之。盖彼既有多数之平民。听其指挥。

---

① 希腊地名。——译注
今译为“阿卡狄亚”。

则安能禁止其杀戮本国之人。其杀之之道。不外于诬陷。于是为其诛戮者有之。为其放弃者有之。土地之为其攫夺者有之。财产之为其充没者有之。彼之行为既如是。其结果不出于二途。一为其仇敌所灭。一为成一如狼之独夫。

哀：此必然者。

苏：彼非即结党与富人为难者乎。

哀：然。

苏：设彼一时为富人所逐出。而旋复恢复其原有之势力。降服其仇敌。则其专制之地位。当较前更为巩固矣。

哀：然。

苏：设彼等竟无去之之能力。而又不能以法置之死地。彼等不将密谋暗刺之道乎。

哀：此亦难免者也。

苏：于是彼专制之君。借此有召集卫兵之举。其掩饰之辞。为“勿使拥护平民者为人暗杀”。

哀：然。

苏：而平民必极赞成之。盖平民之拥戴此人。实较爱己为甚。

哀：诚然。

苏：然设一富有之人。为众人所诬为敌视平民者。彼富人不将“疾去如飞。不敢休息。不虑人之将以胆怯笑之”乎。

哀：诚然。盖彼设能亡去。可免第二次之惊慌也。

苏：然设为国人所获。则必死无疑。

哀：然。

苏：当此之时。彼号为拥护平民者。不复施惠于平民。与之反对之人。既为其所除尽。则俨然立于众人之上。一国之全权操诸彼一人之手。至此实何尝为拥护平民之人。实一完全专制之君耳。

哀：诚然。

苏：于是吾侪可一察若是之人之幸福。与若是人所居之国家之幸福为何如。

哀：此诚吾侪所当研究者。

苏：当其政权之初在握也。温和之笑容。溢于言表。与人接物。无不以礼。其在公在私。均能言而有信。负债者设法豁免之。贫困者以土地分给之。简言之。其对于举国之人。无不曲事周旋。岂可以专制之君名之乎。

哀：是固不能。

苏：迨一切外患既由战胜。或由和约而消灭。彼必设法挑衅。与他国开战端。盖战端一开。人民自必需一领袖。

哀：诚然。

苏：其开战之目的。不独此也。彼知人民为军费所迫。其生活必更难。生活既难。则日惟孜孜于自给且不暇。更何暇有密谋革命之举动哉。

哀：然。

苏：设有酷爱自由之徒。而对之有嫌疑之举动者。彼即乘隙而去之。去之之道。每假手于敌人。此又战事之有利于彼也。以此种种之利益。彼每与他国挑战而不休。

哀：诚然。

苏：然至此则彼必大失人心矣。

哀：此必然之结果也。

苏：于是凡政府中之执权者。与前之推戴之者。有窃窃私议者。有直言规劝者。甚至有面斥其罪恶者。

哀：此诚意中事也。

苏：设彼欲继续专制。则必尽去此辈而后已。盖彼苟有善人为其敌。决不能肆行无忌。

哀：然。

苏：故彼必留意何人勇敢。何人聪明。何人有大志。何人有财产。为一己之幸福计。不得不日俟间隙。设法将此辈尽去之。

哀：此亦彼所不得不为者。

苏：至此则国中已为其洗刷一新。惟其洗刷也。与医家之洗刷人体不同。盖医家所洗去者为污秽。与无用之资料。而彼则适与之相反。

哀：彼既欲专制。自亦不得不然。

苏：然则彼只有二途可行。一为与恶人同居而为恶人所恶。一为死。

哀：至此彼固只有此二途也。

苏：国民之恶彼愈甚。彼之需卫兵须愈多。而卫兵之对彼须愈忠。

哀：然。

苏：然谁为彼之忠臣乎。此辈何自而来乎。

哀：彼设以金钱雇人。何患人之不至乎。

苏：诚然。此辈固如雄蜂之无处无之也。

哀：然。

苏：然彼岂不欲得之于本土乎。

哀：彼将如何得之。

苏：彼能夺人民之奴隶。释放之。而授以卫兵之职。

哀：然。且彼之优待此辈。必在众人之上。

苏：噫、此专制君之幸福为何如哉。其所诛戮者如彼。而其所倚赖信任者。如此。

哀：然。

苏：此辈实为国中之新国民。而皆彼亲手创造者也。

哀：然。

苏：然古来悲剧之中。每以此辈为聪明之人。于是人遂以悲剧为极有意识之作。而悲剧家之最著名者为由立毕地[①]。

哀：何以彼最著名。

苏：以彼曾云。"专制之君。因与有智者为伍。故必聪明。"其意谓凡与专制之君为伍者。必为聪明之人。

哀：然。彼且谓专制之君。实如神圣之不可犯。诸如此类之言。不胜枚举。其他之诗人中之倡此说者。亦不乏人。

苏：然。然此辈悲剧家。既如是之聪明。必能谅吾侪之建设若是之国。且亦必能谅吾侪之不容其人国也。盖此辈固专喜专制者也。

哀：有智如彼等。岂不能原谅吾侪乎。

苏：彼等可周游他国。借其敏辩之口才。悦耳之言辞。鼓吹暴民。使国家之政治变为专制或平民而后已。

哀：诚然。

苏：彼等之为此。自必藉相当之酬报。鼓吹而成专制。则得最显赫之酬报。成平民则次之。然其于政治方面之地位愈高。其名誉愈坏。终至如登山者之喘息而不能行也。

哀：然。

苏：然此皆非吾侪题中之言。今当仍归本题。一观彼专制之

---

① 今译为"欧里庇得斯"，古希腊三大悲剧作家之一。

君。如何保守其庞大而变端不测之军队。

哀：设国中有公产或属神圣之财产。则彼将取之以养其兵。设此而已足。人民之负担可稍轻。

苏：然无此则将奈何。

哀：于是彼与军队全赖其父之维持。

苏：汝意谓人民乎。彼专制之君固产自人民。而今则彼与彼之同伴。皆将倚赖之乎。

哀：然。此彼所不得不然者。

苏：然设人民闻之而大怒。谓已成人之子。非惟不当倚赖其父。且当供养其父。其父之所以抚养之而使其成人者。非欲己之得以供奉之而奴事之。欲其子之保护之而不受富人贵族之虐待也。今彼既背道而行。则不得不挥之使去。如父之驱逐其不肖之子然。

哀：然。然至此为父者方费其平日所抚养而引以为己子者。为如何之恶物。但至此而欲去此强悍之子。已非易事。盖此时之子。实强于其父矣。

苏：汝意彼专制之君。至不得已时。将有强硬之举动乎。彼将鞭笞其父乎。

哀：然。彼必先夺人民之武装。

苏：然则彼实为弑父之人。为一横暴之保卫老人者无疑。惟如是始可谓真正之专制。故人民之欲免极端自由之害者。陷入专制之毒。而彼平日极端之自由之平民。至此而一变为极可怜之奴隶矣。

哀：诚然。

苏：吾侪于专制政治之性质。与平民政治之如何变为专制。论之不可谓不详矣。

哀：然。

第九章　正当之政治与不正当之政治二者之乐趣

苏：专制之政治既明。当论专制之人格矣。吾侪当一究此种人格之何自来。此种人之生活为何如。快乐乎。抑困苦乎。

哀：然。吾侪所未研究者只此耳。

苏：曩者有一问题。吾侪尚未答覆。汝未之忘乎。

哀：何问题乎。

苏：即欲望之性质与多寡是也。此吾侪尚未明白解释者。然此而不明。于专制之人格中端。决不能得圆满之解决。

哀：既如是。则及今解决。未为迟也。

苏：然。余尚记当时余所欲解释者。为此欲望之中。有非必要而且可以视为违法者。然此种欲望。无人无之。惟有人能以法律抑制之。使善的欲望可得胜利。亦有不能完全抑制。而仅能使善者较强于彼。恶人则反是。

哀：汝果指何等之欲望乎。

苏：即明辨力与约束力静默时所活动之欲望也。当此之际。此种欲望。如野兽之欲饱食血肉。咆跳若狂。必达其欲望之目的而后安。斯时节制谦逊等善德。均为其所控制。一切罪恶。无不可为。即如弑亲乱伦等大恶。亦竟犯之而不顾。简言之。实无恶不作也。

哀：诚然。

苏：然当人身体康强。心中只有高尚清洁之思想之际。则其思想力或明辨力自不放弃责任。而一任恶欲望之大肆猖獗。彼必先使欲望之不可无者。皆能满意。而不使其过度而涉乱。俾于研究学理之时。可不为其扰乱。不受其阻力。此部既安。然后以修养之功。灭其暴怒之性。迨此二部既可无虑。然后振刷其明辨之力。盖与真理最近与罪最远者。惟此明辨力耳。

哀：余亦以为然。

苏：以上之言实已离题旨。惟余所欲申明者。即凡人皆有此豺狼之性。每活动于善德疲乏之时。虽善人亦不免也。汝以为然否。

哀：余诚以为然。

苏：然后请再观合于平民政治之人格为何如。彼非经贪财吝啬之父母所教育者乎。其教育之要点。非即勉励其节俭吝啬之特性。而指一切游戏装饰等为非必要之欲望而痛斥之乎。

哀：然。

苏：及其既遇欲望多端之人。则又必见之而生羡慕之心。于是不满意于乃父之行为。弃其昔日所得之教训。而一变为极端放荡之人。及其既久。彼终以其本性之本不如其同伴之性之恶。能觉悟昔日乃父之教训。是亦有理。于是以二方面之均不忍舍。竟成中立之势。自以为于各种欲望上。皆能不偏不倚而得其中。此平民政治之人格之所由来也。

哀：然。此固吾侪之见地也。

苏：然光阴易过。不数年而此人亦有子矣。迨其既有子。又不将教之以己所主张之道乎。

哀：此必然者。

苏：由是可知其子之遭遇。必与其父之遭遇同。彼必从其同伴极端放荡。而名之曰完全之自由。当此之际。其父与其友人必尽力规劝。使之合乎彼等所谓中庸之道。而其罪恶多端之同伴。极力引其犯罪作恶。及见其父辈之势力较大。不能事事操纵。于是不得不激发其强有力之恋爱性。使为一切放荡之欲望之领袖。盖恋爱性实为欲望中之最可怕之有虿雄蜂也。汝以余之譬喻为切当否。

哀：然。盖非此不足以形容之。

苏：迨此种恋爱性一经激发。其他有害之欲望。蜂拥而起。各放其异样之精彩。以恋爱性为中心而拥护之。犹诸蜂之飞鸣于四周而为蜂王之护卫也。久之此强悍之恋爱性彷彿为魔力所诱。而竟有如颠似狂之举动。设此时尚有较善之教训或羞恶之念存留于心中。则必为其剿灭净尽而后安。

哀：然。合乎专制政治之人格之由来固如是也。

苏：想古时谓恋爱即专制之君。即以此也。

哀：诚然。

苏：酒醉之人。非亦有专制君之性格乎。

哀：然。

苏：人当头脑不清之际。或疯狂之时。往往自以为非仅能治人。并能治神。非欤。

哀：然。

苏：由此亦可知专制之人格之所由来矣。此种人格之养成。必由其人之完全为酒色等嗜好所束缚所致。而此种嗜好之所以能束缚之者。必以其性之本近于恶。或以其习惯之本近于恶。或以二者均非善类而然也。

哀：此必然者。

苏：此为其人格与来源。于是可研究其生活之状况矣。

哀：请亦详言之。

苏：以余观之。彼之第二步必放纵于饮食酒色等事。而其胸中之主持一切者。则为恋爱。其他之欲望。皆受其支配。

哀：此固无疑者。

苏：其欲望必日增而夜长。而各欲望之要求必愈多而愈可骇。

哀：然。

苏：彼即有金钱。亦不久即消耗无遗。

哀：然。

苏：于是财产失而债负来矣。

哀：此亦势所必然者。

苏：迨其金钱已尽。彼之欲望。非将如雏鸟之群集巢中。哀鸣而求食乎。彼不将以恋爱与其他欲望之激刺。而发出如狂如醉之举动乎。彼不将拭目一观。何人可欺。何人之财产可夺。以应欲望之要求乎。

哀：此固彼所不得不然者。

苏：换言之。无论如何。彼必具金钱。否则不能免痛苦之激刺。

哀：然。

苏：且彼之欲望日见增添。新者必较旧者为有力。而能夺取旧者所有之利权。以此之故。彼虽为年少之人。而其所有之财产。虽较多于其父母。其消耗仍必甚速。迨己所有者已耗费殆尽。则必复夺其父母之所有。

哀：然。

苏：设父母不从。则彼必先用其欺诈之手段。

哀：是无疑。

苏：欺诈不遂。则用强力夺之。

哀：然。

苏：设其父母亦以强力抗拒。则彼不将毅然以专制之手段降服之乎。

哀：然。余意其父母必不能幸也。

苏：如娼妓之于彼。并无必要之理。而彼竟惑于一妓之故。致鞭笞其至慈爱至不可无之母。且竟纳妓至家。而置于其母之上。有时以己之钟情于素无关系之少年。用种种残酷之手段。以待其至宝贵之老父。

哀：然。余亦知如是之人。诚有之。

苏：哀地孟德乎。然则父母而有如是之子。其幸福果何如哉。

哀：是何堪设想。

苏：若是之人。始则夺其父母之财产。及亦既用罄。而各种之欲望又如雏鸟之嗷嗷待哺。则不得不开始窃盗之行为。或夜入人家。或路劫人衣。或窃取庙中之物。当斯时也。其幼时所有之善德。与辨别善恶之能力。皆为败坏之欲望所排斥。而此种败坏之欲望。已拥戴恋爱为主。自命为其护卫者而不容异己之德性侵入也。当其人之合乎平民政治之时。当其人之尚知服从父训。服从法律之时。则此种欲望不过发现于其梦想之中。或于善德缺陷之际。偶一实现。今一经恋爱为王。则竟公然发现于光天化日之下。不复为幻想中事矣。盖其内部既为恋爱所制。则事事听其指挥。其余一切助虐之欲望。从而附和之。于是杀人放火等之罪恶。无一不可犯。其情形与国家之为专制君所宰制者同。盖专制君之在一国也。亦必作种种极大之罪恶以保守己所有之地位。与其附和者之地位也。至此种败坏之欲望之来源。则因与恶人为伍。而自他人处学来者有之。以性之素不善而发自内部者亦有之。此非彼生活状况之实在情形乎。

哀：诚然。

苏：设一国之中。此辈之人数不多。而大半皆驯良之人。则必去而至他。为他国之专制君之雇兵。助其出战。如无如是之机缘。则必于本国中作种种琐屑之恶事。

哀：如何等之恶事乎。

苏：如窃盗拐骗等。长于口才者。兼为造谣诬人行贿等事。

哀：然则即使此辈之人数果不多。其为害虽小。亦可观矣。

苏：然。然小与大不过比较上的分别。此种种之罪恶。诚不及专制君之有害于国。然一旦此辈之人数既众。自知其势力已充足。无智之人民。又复从而附和之。于是此辈即以彼等中之性之最近专制君者。举之为王。

哀：诚然。自必性之最近者方可。

苏：人民而听其所为则无事。设拒绝之。则彼不将以前之对付其父母之手段。对付其人民乎。凡人民中之不良分子而附和之者。则引为己类而亲近之。此为其恶欲望与情欲所产生之最后之恶果也。

哀：诚然。

苏：此辈于未得权位之前。凡与之联络者。惟专事谄媚而能为人利用之徒。使其有求于人。则亦能以殷勤之态度。惑人之甘言。以求达其目的。迨所欲既遂。则即掉首而去。不复他愿矣。

哀：然。此辈之行为。固如是也。

苏：故此等人不为强暴之主人，即为卑鄙之奴仆。从未与人为友。盖专制之君。本不知自由与交情之趣味也。

哀：是必然者。

苏：使吾侪顷之对于公道之见解诚不谬。则复称之以不公道可乎。

哀：是诚切当。

苏：然则此种恶人之行为。可一言以蔽之。凡他人于善德疲乏时所梦想之事。彼无不一一实行之。

哀：诚然。

苏：然使此等性本近于专制君者。一旦执政。则其在位之日愈长。其专制之事业愈完备。

克拉根：是必然者。

苏：然最恶之人。非亦为最可怜最困苦之人乎。执专制政权之最长者。非亦为受困苦最久之人乎。虽然。常人之心理。固不如是也。

克：诚然。

苏：然专制之人格。非如专制政治之国乎。平民之人格。非如平民政治之国乎。其他之人格与国家。非亦可以此而类推乎。

克：然。

苏：国家与国家之比较。当以善德与幸福为标准。人与人之比较。非亦当如是乎。

克：然。

苏：然则请先以吾侪理想中之国家与一专制之国家比较之。其治国者一为贤明之王。一为专制之君。试观此二国之善德为何如。

克：是必绝端相反。盖一为最善而一为最恶也。

苏：此诚无疑。然汝果能由是而断定彼二国于幸福方面亦如是相反乎。然于判断之先。勿徒观夫彼专制之君与其附从者之境遇。致不能有清正之判断。吾侪当凝神拭目。遍观国中。一无遗漏。然后以各人之见解。陈述于众人之前。

克：斯诚善策。然余总觉专制为政治之最恶者。贤人秉政。为政治之最善者。想有识者莫不以余言为然也。

苏：观察人格。亦必万分周密。故余以为须有一头脑清澈。目光敏锐。而能窥破人之内部者。使之任判断之职。此人不可徒观其似乎庄严之外表。而即如小儿之见彩色而目眩。任此职者。须曾与实行专制者同起居。曾见其平日起居行动之状况。曾熟悉其家庭间之生活。且曾见其于国家或公家危险时之表视。惟如是之人能明白告吾侪专制之人格。与他种人格相较。其幸福困苦果何若。惟斯人之言。吾侪可深信而不疑。

克：甚然。

苏：吾侪不可自以为长于判断。而谓与如是之人格曾有接触者乎。若然。此职吾侪可自任之。

克：固无不可。

苏：然则请勿忘国家与个人之相似。吾侪于判断之际。可双方并举。而望汝能以所得告余也。

克：汝意果何谓乎。

苏：请先以国家论。国之为专制君所统治者。汝谓其自由欤。抑奴隶乎。

克：是诚为奴隶无疑。

苏：然于如是之国中。自由之人。亦未尝无之。

克：然。然少数也。以普通之平民论。自皆奴隶。而其中之善者。必更为不幸。

苏：人既与国家同。专制之人格非亦有同等之情状乎。种种罪恶盘踞于彼之心中。凡其素所有之善性。悉为其所压迫而奴隶。统治其全部之权者。为极少数之欲望。而此少数之欲望。即欲望中之最恶而最败坏者。

克：诚然。

苏：汝以此人之心为自由乎。抑奴隶乎。

克：以余观之。诚奴隶之心也。

苏：国家之受专制君所束缚者。绝无自由行动之能力。非欤。

克：然。

苏：然则人之心为专制之恶欲望所束缚者。亦岂能自由行动乎。苟欲越出其范围。则终必为一切恶念所困。而感极惨之痛苦也。

克：是必然者。

苏：国家之于专制君下者。贫乎富乎。

克：贫。

苏：然则人而为专制欲望所困者。亦必贫而无知足之时也。

克：然。

苏：若是之国与若是之人。非常在恐慌忧虑之中乎。

克：然。

苏：他国中之痛苦忧患怨恨悲伤。有如此国之甚者乎。

克：是必无者。

苏：个人方面此种苦楚。亦莫甚于人之充足败坏之欲望者。

克：诚然。

苏：统观以上之言。汝不将谓国之最苦楚者。莫如专制政治之国乎。

克：诚然。

苏：统观专制人格之恶。汝将何谓乎。

克：当谓其为人类中之最苦楚者。

苏：余固知汝之至此而将误矣。

克：误点何在。

苏：余以为如是之人。当不得为最苦楚者。

克：然则最苦楚者为何人。

苏：最苦楚者。当推有专制之人格。而又不幸为一国之专制君者。

克：以以上之言而论。大致不谬。

苏：然于此等重要问题。汝当有确实之见地。不可稍涉含糊。盖善的生活。与恶的生活之区别。非寻常之问题可比。

克：然。

苏：试取譬解说之。或者较易明了。

克：愿闻。

苏：巨富之人亦有多数之奴隶。其境地与专制之君相似。盖彼二者同有奴隶。所异者多少之别耳。

克：诚然。

苏：汝知彼等均安稳度日。而无惧于其奴仆欤。

克：是何惧之有。

苏：然。然汝知彼等固何所恃而无惧乎。

克：无他。不过以国家有保护人民之责任耳。

苏：诚然。然试思设一巨富之人。有奴隶五十。一旦彼与彼之家属、财产、奴隶。为神明移至一荒僻之地。既非国家保护之力所及。又不能得同类之援助。彼不将大为恐慌。惧其妻子家属之将为奴隶所灭乎。

克：彼必然如是也。

苏：至此彼不将极力周旋其奴隶。出种种违心之举动。许以自由幸福。简言之。至此彼不得不谄谀其奴隶矣。

克：然。盖惟如是彼可希望幸免。

苏：然设彼神明更以多数之邻人。环居其侧。而此多数之邻人。不容人奴隶他人。苟有犯此者而为彼等所获。则必置之死地。

克：设如是。则彼之境遇不堪设想矣。盖如是则彼之邻人皆彼之敌人矣。

苏：彼富人之为恋爱等所宰制者。非常在如是之境地乎。此辈之欲本多而性又贪。惟以恐惧之故。终其身如妇人之深居不出。从不敢轻骑出游。凡常人之旅行游历。彼等只能嫉视而不能效法。

克：诚然。

苏：如是之人。非即吾侪所谓专制之人格。而亦即汝所谓最不幸者乎。然试思具如是之人格之人。设不得为平民。而竟为一国之专制之君。则彼之境遇将如何乎。彼不能自主而强为人主。是何异于强一病人起而与他人争战乎。

克：此喻甚切。

苏：此非最不幸而最可怜者乎。具如是之人格而处如是之境地者。较诸汝所谓最可怜者。非更可怜乎。

克：然。

苏：故真正之专制君。实为一真正之奴隶。彼不得不于同时施其最高之奴隶人之手段。与谄谀人之手段。人之最恶者彼有时亦必敬事之。彼之欲望又无穷尽。且终无满足之日。终其身惴惴于心。无时或释。故细察之。彼实为世间最苦之人。

克：诚然。

苏：不特此也。吾侪顷已云彼一经执权。势必更恶。必较平时为更妒。更不洁。更不忠。更不公道。更不可交。凡国中一切恶事。必因之而日见扩大。而其结果不出于使他人之境地。亦如彼之可怜而后已。

克：然。想有识者决不非难汝言也。

苏：然则请一评此数者之优劣可也。以汝之意。此五者之中。（贤人军阀富阀平民专制）孰为第一。孰为第二。孰为最不良者。请一一评定之。

克：此不难也。其优劣可以其引进之秩序为比例。其幸福与不幸。可以其善德与恶德为比例。

苏：然则吾侪可宣言于众曰。“哀里斯敦之子（克拉根）已判定最善而最公道之人。乃最有幸福之人。此人学识最富而又最能约束自身者。彼最恶而最不公道者。乃世上最不幸之人。此人即为一切欲望所宰制。而身为专制之君者。”吾侪将雇传令者宣布之乎。抑余当自为之乎。

克：汝自为之可也。

苏：余于此语之后。更加一语曰“无论为神人所觉与否。彼等之善恶幸不幸终如是也”。可乎。

克：可。

苏：此为吾侪所得之明证之一。然此外更有一明证。对于此问题。亦颇有价值者。

克：愿闻。

苏：此第二种之明证。可于人之心方面得之。吾侪非已分心为三部分乎。由此三部。吾侪可得一新见解。

克：如何之新见解乎。

苏：以余观之。此三部分有三种连带之快乐。三种连带之欲望与治权。

克：汝意云何。

苏：吾侪岂不云乎。一部分具受学之能力。一部分具能怒之能力。尚有一部分则以性质复杂而无定名。人每以欲望名之。凡饮食等欲皆在其内。而人每以此种欲望皆金钱所能使之满意者。遂以爱财名之。

克：诚然。

苏：然与此第三部分连带之快乐。既全赖金钱。则吾侪竟以“贪得”或“贪财”为第三部分之定名。似无不妥。

克：余亦云然。

苏：第二部分之能事。非专欲宰制或专胜他人。与得荣誉乎。

克：然。

苏：吾侪称之为争胜或好胜可乎。

克：甚宜。

苏：彼受学之一部分。专注于学识与真理。名与利非所计及。

克：然。

苏：“好学”或“好智识”非此部分最得当之名称乎。

克：是诚得当。

苏：然人性不一。偏重第一部者有之。第二部者有之。第三部者亦有之。

克：然。

苏：于是吾侪可假定有三类之人。好学者好名者与好利者。

克：是无不可。

苏：且必有三种快乐。为彼三种人之目的。

克：是必然者。

苏：设汝细观此三类人。而询其何者之生活为最有幸福。则彼等必各称扬其己之生活。而贬抑他人之境遇。彼好利者必称颂其金钱之效力。而以学问荣誉为虚无缥缈之物。不若金钱之有实力也。

克：诚然。

苏：彼好名者将何谓乎。彼不将以由金钱所得之快乐为卑鄙。而以学问上之快乐为纤小而不足道乎。

克：此等人固如是也。

苏：然哲学家不以彼二者之快乐为快乐。而徒以求学与得真理为快乐。彼以金钱与荣誉上所得之快乐。均无价值。惟其无价值。彼弃之如敝屣。

克：诚然。

苏：然则此三者之生活与快乐。均在争论之中。而未经解决者。今吾侪所欲解决者。非何者之生活为善。何者之生活为恶。何者为可敬。何者为可耻。乃何者较为快乐而无痛苦也。彼三者各称其己之生活为最快乐。究竟谁言为确。吾侪从何而知。

克：余不能辨。

苏：吾侪当以何者为评判之标准乎。经验学识与理由。非最高尚而最可持为标准者乎。

克：此固无疑。

苏：然则试思彼三者之中。对于各种之快乐。孰有最大之经验。彼好利者曾有经验于智识上与真理上之快乐乎。抑哲学家有经验于金钱上之快乐乎。

克：得兼此二者。必为哲学家。盖哲学家自幼至长。于金钱之上之经验。自不能免。彼好利者无求学之必要。故于学问真理方面未必有经验可言。竟有终其身而未尝一辨学理上之快乐者。

苏：然则好学者自较好利者为高。盖彼有二方面之经验也。非欤。

克：然。

苏：彼于荣誉上之快乐有经验乎。

克：彼三者既各达其目的。则各有荣誉。各有崇拜之者。惟其各有荣誉。则荣誉上之快乐自必各有经验。惟学识与真理上之快乐。除哲学家外。无人可得。

苏：然则彼既具三方面之经验。彼评判之能力。自必较他人为高。非欤。

克：彼固远胜他人。

苏：具智识而又具经验者。其惟彼欤。

克：然。

苏：然则辨别评判之能力。非彼好名好利者所得而有。有此者惟好学之哲学家耳。

克：此为何种之能力耶。

苏：理想力耳。人惟藉理想力。始能评判。

克：然。

苏：理想力为哲学家惟一之利器。非欤。

克：然。

苏：设吾侪之评判。以金钱为标准。则惟贪得者之判断为最有效。

克：然。

苏：设以荣誉胜利或胆量等为标准。则惟好胜者之判断为最有效。

克：然。

苏：然今既以经验学识理由为标准。则快乐之为哲学家所许可者。自必为快乐中之最得当而最确实者。

克：此由推论而得之结果也。

苏：然则顷间所云之三部之中。惟好智识之一部之快乐为三种快乐之冠。人而以此部为其主部者。自可有最快乐之生活。

克：此固不待言而明者。彼学识具长者。既任评判之责。其陈述自身之快乐。自必能言之有理。

苏：然彼将以何者之生活。何者之快乐。置于其次。

克：彼必以军人或爱荣誉者置于其次之位。盖此辈之行为与性质。较近于彼也。

苏：然则最后为好利者乎。

克：诚然。

苏：然则不公道者之为公道者所击败。已二次矣。今当观其第三次决斗之结果为何如。然余曾闻有识者曰。“除哲学家之快乐外。无正当之快乐。哲学家之快乐为真快乐。余皆快乐之影像耳。”此而果确。则不公道者之失败。诚无可挽回矣。

克：诚然。然请详言之。

苏：容余解说。汝答余可也。

克：善。

苏：快乐非与痛苦相反乎。

克：诚有之。

苏：汝知人于疾病时。当作何语乎。

克：愿闻。

苏：人于疾病之际。每谓乐莫乐于康健而无病。然此种快乐。不至疾病加身。总不之觉。

克：诚然诚然。

苏：人当身受痛苦之际。每谓乐莫甚于除其痛苦。汝未之闻乎。

克：此固余所习闻者。

苏：诸如此类之事。不胜枚举。人苟不幸而为疾病痛苦所侵。则苟能使其痛苦消灭。即视为无上之快乐。实则不痛苦不疾病。不过为中立之境。而无快乐在也。

克：汝言诚是。惟人处苦境。每以免苦即为其最乐之事。

苏：然则人当快乐之际。而快乐忽然消灭。非将视为痛苦乎。

克：此必然者。

苏：然则不苦不乐之中立地。人将视为快乐。亦视为痛苦。非欤。

克：然。

苏：然非快乐与非痛苦。能变为真快乐与真痛苦乎。

克：是决不能。

苏：快乐与痛苦均为心中所感之刺激。非欤。

克：然。

苏：顷所谓之无病与无痛。实为一中立之境而无所谓激刺也。

克：然。

苏：然则岂可以无痛苦为快乐。无快乐为痛苦哉。

克：是诚不能。

苏：然则此不过为形似之快乐痛苦。而非真确之快乐痛苦也。换言之。无痛苦与痛苦相较。则无痛苦为快乐。无快乐与快乐相较。则无快乐即为痛苦。然试以真正之快乐痛苦较之。则真伪自能立辨。

克：诚然。

苏：设汝一观其他之快乐。而无痛苦在其先者。则汝自不复谓无痛苦即快乐。无快乐即痛苦矣。

克：此为何种之快乐。当于何处求之乎。

苏：此种快乐甚多。今即以所闻之香气而论。闻香诚为一种快乐。然闻之之前。未必先受痛苦。其至也。突然而至。其去也。亦不留痛苦于其后。

克：诚然。

苏：然则吾侪对于无痛苦为快乐。无快乐为痛苦之说。万无可信之理。

克：然。

苏：然凡快乐之自躯体而传之于心者。人皆视为极大之快乐。实则非快乐。不过免痛苦耳。

克：然。

苏：人既以此为真快乐。则其所期望于将来者。亦惟此种之快乐耳。

克：然。

苏：余更取譬以解说之可乎。

克：善。

苏：设天地间有上中下三级。人自下级至中级。必自以为由卑升高。及其既至中级而设未见上级。彼不将自以为已在上级乎。

克：此固必然者。

苏：设其由中下降。彼不将自以为由上而降下乎。

克：此亦必然者。

苏：其故无非以彼之未明真正之上级中级下级耳。

克：然。

苏：然则不明真理之人。遇事每有错误。其误解快乐与痛苦之真义。自亦无足怪矣。此辈一遇患难。即觉痛苦。及其自痛苦而至中立之境。则以为已至快乐之极端。其故以此辈不知何为真快乐。每以痛苦与无痛苦相较。是何异于不以白较黑。而以灰较黑乎。汝以为善否。

克：余意亦然。

苏：今请更自他方面观之。饥渴等非表视人之身体上之需要乎。

克：然。

苏：无智与愚拙。非智识上之缺点乎。

克：然。

苏：食料与学问。非可以充足二者乎。

克：然。

苏：然体质与智识较。何者为更有价值乎。

克：是诚智识。

苏：由是可知人能补足其智识之缺点。其快乐为真快乐。如仅能充足其体质上之缺点。则其快乐为暂时而形似的。

克：诚然。

苏：人以不明乎此。而往往放弃道德学问。徒从事于饮食肉欲之中。徘徊于中下二级。从未知有更上之一级。盖彼等既至中级。已自满足。未尝有进取之心。其情形适与走兽同。盖其耽耽于酒肉。以醉饱为乐事。无异于牛羊之俯首地上。只知果腹而不知其他。

及彼此之欲望无餍足而起争端。则无异于兽之彼此以角激战也。

克：汝之描摹此辈。诚唯妙唯肖矣。

苏：此辈既不知真快乐何在。一味以征逐肉欲为快事。其结果势必至欲望丛生。举动与癫狂相类。

克：此必然者。

苏：彼好名而不知真快乐者。何独不然。

克：诚然。

苏：然则吾侪可深信凡好名好利之人。必智识与理想力为其引导。方能得真确之快乐。

克：然。

苏：且既有如是之引导。则名利与智识各部。能各得其宜。各尽其事。而最高最真之快乐。自能不求而自至。

克：然。

苏：不幸而设名利二者中之一。任引导之责。则无真快乐可得。所得者快乐之影像耳。

克：然。

苏：其离学理愈远。其所得之快乐愈离奇而愈虚伪。

克：诚然。

苏：离学理最远者。非即离法律与秩序最远也乎。

克：此自然之理也。

苏：与法律秩序相距最远者。非肉欲与专制君之欲望乎。

克：然。

苏：与之最近者。非哲学家或贤人之欲望乎。

克：然。

苏：然则人之离真快乐最远者。必为专制之君。最近者必为贤君。非欤。

克：此亦必然者。

苏：既如是。则专制之君必为最不快乐之人。而贤君必为最快乐之人。然欤。

克：然。

苏：汝欲一悉彼二者之快乐。相距之远。为何如乎。

克：愿闻。

苏：快乐有三。一真而二伪。彼专制君之所谓快乐者。实出于伪快乐范围之外。盖彼已久离法律与秩序。欲知其快乐之不及贤君为几何。当藉一数目明之。

克：请详言之。

苏：富阀政治后之第三级为专制。平民政治在此二者之间。非欤。

克：然。

苏：使此而果确。则专制政治之快乐。当较富阀政治之快乐少三倍。然欤。

克：然。

苏：然富阀政治犹在贤君政治后之第三级也。

克：然。

苏：然则欲知专制政治之快乐。与贤君政治之快乐相去几何。以三乘三可也。

克：此固显而易见者。

苏：然此尚为平面之数目。设以专制所得之一。富阀政治所得之三。贤君政治所得之九。均使之成立体。则其间相去之远。更何如哉。

克：然。算术家固易为之也。

苏：故设有人焉。欲知贤君所得之快乐。较专制君所得者如何。则可答之曰。贤君所得者多七二九倍。

克：噫、此二者相距之远。何其甚哉。然则公道与不公道。快乐与痛苦。相去之远。亦必如是矣。

苏：然。然公道者所得之快乐。既远胜不公道者。则其道德学识与一切道德之胜人。自不待言矣。

克：然。

苏：吾侪之讨论。既抵此点。盍不一回忆吾侪之所以讨论至此者为何。顷有人云。人能完全不公道。而能窃公道之名者。其行不公道。于彼诚有益。

克：此固余所习闻者。

苏：今吾侪既明公道与不公道之性质与能力。可与倡此说者一谈矣。

克：当告以何言。

苏：吾侪当先建一像于其前。使之不忘其前所云者为何。

克：如何之像乎。

苏：一理想之像耳。而惟须如古鬼神传中之一身而兼无数各别之性格乎。如吉满拉[①]雪拉[②]塞盘[③]是也。

克：此固余素所悉者。

苏：欲此像之成立。今当先建一多头之怪物。其头皆为兽类之头。其头之多少。能增减自如。且其中驯良者有之。凶悍者亦

---

① 荷马史诗《伊利亚特》中一狮头羊身蛇尾怪物，能喷火。

② 史诗《奥德赛》中的海怪名。

③ 赫西俄德《神谱》中一守卫地府的狗，蛇尾，三头。

有之。

克：设欲工匠制此。诚非易事。然以文字制之。转瞬立办。盖文字较蜡尤能屈曲自如也。

苏：此像既成。当更建一狮像与人像。第二像当较小于第一像。而第三像当较小于第二像。

克：此更易者。余已一一依汝言而建之矣。

苏：然后更联合之。使之成为一像。

克：诚如汝言。

苏：然后装饰其外表。使之成一人形。俾徒能观人之外表而不能察人之内容者。可见之而不觉其有兽类之痕迹。

克：然。

苏：于是吾侪对于素以行不公道为有益。行公道为无益之徒。可答之曰。诚如君言。则具此各种之性质形像者。必一方面放纵其多头之怪物。与强悍之狮。一方面抛弃其人。然后于彼有益。其第三者（人）之命运。当付诸第一第二者之手。彼非惟不能尽其调和与约束之能事。并当听彼二者中之自相攻击。自相吞灭。而不能一顾问也。

克：然。彼赞成不公道者。固当如是云。

苏：赞成公道者之说。自必与此绝端反对。彼必谓具此性情形像者。其举止行动。当悉归其内部之人之约束。彼之监视其多头之怪物。当如老农之察视其苗。不能稍有疏忽。善者培养之。恶者芟去之。彼更当引狮为臂助。以备不虞。然后此三部联络一气。而后有莫大之利益。

克：此诚谓赞成公道者之论调也。

苏：然由此可见不论自何方面立论。总觉赞成公道者之言之确而有理。而赞成不公道者之绝对的无理。盖不论以快乐或荣誉或利益论。占优势者。终为公道也。

克：诚然。

苏：吾侪于是可向赞成不公道者。举理而善导之。盖彼等固非故意诬蔑公道也。吾侪当询之曰。“诸君。君等以何者为可敬。何者为可耻。率兽服人。果非可敬之事。率人服兽。果非可耻之事乎。”想彼等不得不应曰“然。”非欤。

克：自无否认之理。

苏：彼既认此。则可更进一问曰。“设有人以贪得金钱之故。使其人格之最善之一部。奴隶于最恶之一部。其利益为何如乎。换言之。人售其子或女于最恶之人。无论其得价之巨为何如。彼果为得利者乎。人苟不丧心病狂。想决不以此为有利之举也。其然欤。”

克：余可代答曰“诚然”。

苏：无节制之人。非自古为世所轻视乎。其故以无节制之人。必放纵其内部之多头怪物。

克：然。

苏：傲慢暴躁之人。非亦为人所厌弃乎。其故以此辈每不能节制其内部之强悍之狮。非欤。

克：然。

苏：奢侈与委靡。亦为人所不器。盖此二端。每使人成胆怯无用之徒。

克：诚然。

苏：设人以其强悍之狮。降于多头之怪物。人不将以卑鄙无耻责之乎。设人以金钱之故。自幼磨灭其狮。而惟以谄媚为能事。彼不将如狮之一变为猴乎。

克：然。

苏：人之所以以暴躁与卑鄙为可耻即以此。盖此二端发现之时。必人之最善之一部极弱之时。而此二端一经勃发。人即不克约束其内部之各部。只能俯首听命于狮怪也。

克：想亦必然之势也。

苏：然人苟为其最善之一部所约束。则自必服从其内部之最高之智识。此种服从。不如奴隶之服从他人而受害。以其所服从者非他人。而即已有之神圣之智识也。设此而不能。则当服从他人之权力。而与此相等者。盖惟如是。人能受同等之管束。而得享真正之平等也。

克：诚然诚然。

苏：国家之所以必有法律者即以此。盖法律者国家所赖之以维持。人之管理儿童。不能极端放任。必俟其受教育明国民能自治之天职。然后可许其自由。亦以此也。

克：然。法律之命意固如是也。

苏：然则更有何法可证明人可由不公道不节制或其他卑鄙之行为而得利益乎。盖此数端者。虽或能助之得富贵。然终使其成一鄙贱恶劣之人也。

克：是岂有证明之道哉。

苏：设彼之不公道未经人察破。而未受相当之刑罚。则于彼果何益乎。未破露而未受罚者。必日趋于下。已破露而受刑者。其恶或可稍减。其恶果减。则公道节制等可有发达之余地。而或能恢复其应有之地位。此种善德之恢复。较诸身体上膂力与美观之恢复。更为宝贵。盖身体固不如性灵之宝贵也。

克：然。

苏：凡有识者。自当分外努力于此种之恢复。努力之道。当先研究关于此端之学问。

克：然。

苏：然后再留意于其身体上之进步。其所以如是者。并非其重视体育而欲得体质上之快乐。彼固以体育为第二要义者。其所以不得不留意于此者。欲得一强健之躯体。俾性灵可不为其所牵制也。

克：有识者固当如是也。

苏：彼之求利也亦必有一定之正道。彼不为世上之虚荣与不义之利所惑。彼亦不多聚无用之财以自害。

克：然。此固彼所必不为者。

苏：彼必常自省其内部之有无扰乱。盖人以金钱过多或过少而内部分裂者。固常见之事也。以此之故。彼必节制其财产。不使之过多或过少。俾可不受金钱上之掣肘。

克：然。

苏：凡荣誉之有益于其人格者。彼亦乐受之。凡彼以为有害于其人格者。则不论在公在私。一概屏绝。

克：然则彼终不愿为政治家矣。

苏：否否。彼于与其人格相似之国家中。亦愿为之。其于本国。固未必愿也。

克：余知汝意矣。汝意谓彼愿于吾侪所建之国中。出而任事。然此仅为理想国家。而世上固未尝有如是之国家也。然欤。

苏：天上固有此模范之国家在。有欲见此种国家之志愿者。自能见之。至于此国之果有与否。无关重要。

克：余亦以为然。

第十章　生活之酬报

苏：余回忆吾侪之理想国家之种种优点中。能惬余意者。当推取缔诗歌之法。

克：汝指何种诗歌而言乎。

苏：即摹仿的诗歌是也。盖性灵之各部今既已分辨清澈。则愈觉此等之诗歌。不可不加以取缔。

克：汝意果何谓乎。请详言之。

苏：余可直言告汝。然余不愿余言之为此等诗人所闻。余所以乐于排斥者。以此等诗歌于听者读者之智识有害。欲其无害。须读者先知其摹仿之性质而后可。

克：然。请更详为解释之。

苏：固所愿也。虽然。余自幼即敬爱花满。以彼为此种诗人之领袖。故今欲指摘之。尚觉言之难出。然余不当以爱个人而废真理。故今放胆言之。

克：甚善。

苏：请听余言。或竟答余问尤妙。

克：请发问可也。

苏：余实不知何为摹仿。汝能告余乎。

克：此岂余所能知乎。

苏：有何不能之理。目光之近者。非必不能见物。其见物也。有时竟在目光远者之先。

克：诚然。然在汝之前。余虽有意见。欲放胆吐出。诚非余所能。故汝仍询己为妥。

苏：然则仍依旧法。互相讨论可也。凡物之有相类之形像而人对之有相类之观念者。则人与之以普属之名称。汝明余意乎。

克：然。

苏：今请以普通之名物解释之。床与台。非世间极多之物乎。

克：然。

苏：然其物虽多而其意型仅二。一为床之意型。一为台之意型。

克：然。

苏：造床者与造台者。不过依此意型而为之。而供人之需要。造其他之物者。亦莫不如此。至其物之意型。非工匠技家所能造也。

克：是诚不能。

苏：此外尚有一技术家。不知汝将以为如何。

克：何人乎。

苏：即能造万物而并造造物之人者。

克：噫、此何人哉。

苏：请少安。汝自能知。此人所能造者。不徒寻常之用物。即天地与天地间之动植物。彼之自身。神与人。天上所有。地下所存。无不出自彼手。

克：彼必为精通巫术之人矣。

苏：汝不信乎。汝不信世间固有如是之造物者乎。汝不信汝自身亦能为如是之人乎。汝知此自一方面观之。彼固有此能力者。而自另一方面观之。则不成其为造物者乎。

克：如何而可。余不能明。

苏：此易事也。汝欲能实行。其道甚多。然莫便于以镜四照。盖于此之际。天与日地与人。汝之自身。动物与植物。及一切顷所道及者。皆在汝镜中矣。

克：诚然。然此皆不过物之形像耳。

苏：甚善。汝将明余之真意矣。画家所画者。亦不过物之形像。非欤。

克：此无待言者。

苏：余意汝将谓彼画家所画者。非真物。然欤。然自一方面观之。彼画一床而谓其造一床。亦不得为不通。

克：然。惟彼所造者终非真床耳。

苏：然彼造床者何如乎。汝不将谓彼亦未能造床之意型。其所造者。不过为一有形之床耳。然吾侪之意。惟能造意型者。方得谓真能造物。

克：然。此固余所已言者。

苏：彼既不能为此。则必不能造物之真存在。其所能者。不过为真存在之影像。如有人谓彼技术家所造之床台。即为床台之意型。则即可断定其言之不确也。

克：然。无论如何。哲学家终不能承认其言。

苏：其所以不能承认者。无非以其所造者非意型。不过由摹仿而得貌似耳。人之不承认。无足怪也。

克：然。

苏：于是吾侪可一察孰为摹仿者乎。

克：愿闻。

苏：吾侪现有三床。一为存于自然间之床。即天所造。盖余意除天外无人能造之。

克：然。

苏：次为木工所造之床。

克：然。

苏：又次为画家所绘者。

克：然。

苏：然则床有三种。而造之者为三人。天或上帝。木人与画家。

克：然。

苏：上帝仅造一床。彼从不造亦永不造第二床。彼苟非不愿为此。即不欲为此。

克：何故。

苏：以彼知苟造有二。即可有三。而此第二与第三者。亦必各有其意型。然凡物之意型。只可有一。而不可有二。此彼所以不造第二床也。

克：诚然。

苏：然则吾侪称上帝为自然之造物者。可乎。

克：有何不可。

苏：然汝将何以名彼木工乎。彼非亦为造床之人乎。

克：然。

苏：彼画床者亦将称之为造床者乎。

克：是诚不能。

苏：然则彼之对于其所绘之床。有如何之关系乎。

克：余意吾侪如称之谓摹仿他人所造者之人。谅无不当。

苏：善。然则摹仿家之如彼者。与物之意型相距三级。非欤。

克：诚然。

苏：彼专事摹仿之诗人。实与此辈同病。其与真理相距。亦有三级之隔。

克：亦如是也。

苏：摹仿家之为谁。吾侪已具同意。今试再观画家为何如。余所欲知者。画家所摹仿者。为自然之物。抑为工人所造之物。

克：工人所造之物耳。

苏：其所摹仿者。究竟为似乎如是。抑实在如是。此又汝所应辨明者。

克：汝意云何。

苏：凡人造之床。汝可自各方面观之。或正视。或斜视。或自背面视之。形虽不同。而床则仍为此床。非欤。

克：然。其不同者。不过此床各方面之影像耳。

苏：甚善。余所欲明于汝者。即彼画家所摹仿者。为该床之真相。抑不过其一方面之影像。换言之。彼所摹仿者。为意型抑仅影像。

克：是仅影像耳。

苏：然则摹仿家之与真理。其相距非可以道里计。盖彼见物之一小部而即摹仿之。而其所见之一小部。又不过为小部之影像耳。试举例以明之。彼设绘一屦人或木工。或其他之工匠。彼虽无屦人木工之智识。然彼苟长于绘物者。自能藉其摹仿之术。绘成一图。以见混于儿童。或脑筋简单之人。使彼等信以为真而不疑。

克：然。

苏：故设有人谓彼曾见一无所不知。无所不能之人。其所具之智识与能力。均高人一等。果有信之为真而以此告人者乎。设有之。余意其人必为脑筋简单之人。而受人之欺。其所以受欺之故。以彼不知真智识与摹仿之区别耳。

克：诚然。

苏：人固常谓花满与其同类。诚无所不知。天道人事。无一不谙。盖诗人而苟不能此。则安能有胜人之著作。此种论调。吾侪闻之熟矣。然吾侪当一究其说之果确与否。倡此说者。抑亦为摹仿术所蒙蔽。而未知此辈诗人所云。已离真理甚远。其所持以欺人者。仅为影像而非真事物。抑彼等之称颂诗人。诚非虚语。而彼花满辈诚不愧为无所不知无所不能之人。此非吾侪所当追究者乎。

克：然。是岂可不问哉。

苏：今者设有人能摹仿一物之影像。而亦能造此物之本身。彼将尽力于其本身乎。彼将以摹仿为惟一之事业乎。

克：是必尽力于本身。

苏：故凡技术家之有识者。非不知己所摹仿者为何物。然终以能造物之本身为目的。而不以能摹仿为自足。彼当于生前努力工作。不专事摹仿。俾可有多数之手创之物。为其身后之纪念品。彼不当以称颂他人之事物为乐事。而当求己之为人所摹仿也。

克：然。盖惟如是。彼可得较大之荣誉与利益。

苏：故吾侪不得不一问花满。然所问者并非如医术等技。盖此为彼诗中所不常道及者。吾侪不必询其果会如哀司雷毕之以医术救人。或遗一伟大之医校于后世。吾侪所必欲一知者。即彼之军事上、政治上、与教育上之智识。盖此数端者。为彼等著作之最要题旨。而屡见于其诗中者。吾侪可询之曰。“花满君。汝诗中所云之善德等。与真理相离仅二级。抑三级乎。汝果知何种事业。何种法律。能使人之生活。不论在朝在野。均能进步乎。何者能使人退步乎。汝果知此。则请明告吾侪。汝究于何时有此经验。

何国会受汝之益。来雪提孟之治理得宜。以有赖敢克其人。其余大小诸城之有良政者。亦皆各受其贤人之益。意大利与雪雪来。每以加伦达夸人。吾国之沙伦。亦名震各地。然受汝之益而汝曾为其治国或制法者。为何处乎。称扬汝之政绩与汝政事上之智识者。为何人乎。”汝知彼果能举例以答乎。

克：余意彼未必能。盖即崇拜花满之徒。亦未尝以政治家称之也。

苏：然则彼生时于军事方面有成绩可记乎。彼曾临阵制敌乎。或运筹帷幄以决胜乎。

克：是所必无。

苏：然则彼于工艺上或人事上有所发明乎。彼曾如衰尔爱奈加塞。或其他天赋聪颖者之发明新物以利人乎。

克：绝无。

苏：彼既未尝服务于公众。曾身为人之师表乎。彼生时曾有多数之弟子。乐受其教。死后有所谓花满遗训。能传至后世而不衰乎。毕散谷拉之为人所器重。而后世之所以乐于称道之者。即以其言行之不愧为人师表耳。彼花满辈亦如是乎。

克：余未之闻。汝不闻克里屋弗勒乎。彼非附和花满之人乎。然彼于花满生时。已不重视之矣。

苏：此固余所习闻者。然试思花满而果能有益于人类。果能有真确之智识。而不徒事摹仿。彼岂无爱之敬之之徒。而不为后人所乐道哉。泼洛推各拉与泼洛笛克之流。仅宣告于众曰。“汝侪欲家国之治。非吾侪任教育汝侪之职不可。”从之者已若鹜。设花满或黑西而果具致人于善之能力。则其平日所崇拜之者。自必乐为先导。以此告人。而人之乐受其教者。虽需巨资。亦不计也。

即彼或不愿以教育常人为己责。而不愿逗留于城市之间。则为其徒者。亦当负笈而从。以期得其完善之教训也。

克：汝言诚然。

苏：然余未闻有如是之敬爱花满者。其故维何。不难明矣。盖此辈诗人。皆仅能摹仿而不知真理者。彼所道及之善德。不过为善德之影像耳。其情形与顷间所言之画家。如出一辙。画家能绘一屦人。而实则绝无制屦之智识。其所绘者可以欺智识不在彼上之徒。盖此辈之观图。徒以彩色笔画之佳否为标准也。

克：诚然。

苏：诗人亦然。彼等之音韵与词令。即画家之彩色。其对于诗中所道及之各事物。不过略有所知。足供摹仿之用而已。奈世人不察。以彼之所谓军事政治或教育奉为真理。不知与其理相距尚远。其所以能感人如是之甚且易者。以常人之智识本浅。而加以音韵之易于动听故也。试以此辈之诗。去其和谐之音节。与鲜丽之词令。而以普通文字代之。然后一读。有不立变为味如嚼蜡者乎。想亦汝所深知者。然欤。

克：诚然。

苏：此种著作无异于貌之本不扬。而徒持其少年之丰彩以动人者。而今则其少年时代已成过去矣。

克：诚如是。

苏：此外尚有一端。亦吾侪所不可不知者。摹仿者非即不知真理而仅见物之形像者乎。

克：然。

苏：然则吾侪当由此更进一层。勿以已得其大略而自足。

克：愿闻。

苏：画家非能绘辔与勒乎。

克：能。

苏：操革业与铜业者。非能造此二物者乎。

克：能。

苏：然画家能确知如何之辔与勒为佳。孰为不佳乎。余意即彼造此者。亦未能一一尽知。知之者惟用此物之骑者乎。

克：诚然。

苏：其他之物。何莫不然。

克：请更申说之。

苏：不论于何物上。皆有三技。一为用物。一为造物。一为摹仿物。

克：然。

苏：各物之美恶利害。及与人之有何关系。惟用之者知之最审。

克：然。

苏：然则对于一物之最有经验者。当为用此物之人。彼可指视造者何者为善。何者为不善。吹笛者能告制笛者以如何之制法为最合用。而彼制笛者苟非绝端之愚人。自必乐从其言。

克：然。

苏：此二人者。一则能评定笛之优劣。一则深信其言之确而愿如法改良。

克：然。

苏：彼制笛者之所以能深信其言。而愿惟命是听者。以彼固知其言之诚由经验而来也。

克：诚然。

苏：然摹仿者需经验乎。需改良乎。彼亦须如制物者之须学自用物者乎。

克：是均无需。

苏：然则摹仿者之对于其所摹仿者之优劣。亦茫然无知也。

克：是必然者。

苏：然则彼之对于其己所摹仿者。固无确实之智识。非欤。

克：是必无者。

苏：然彼未尝以己之智识之缺乏。而放弃其摹仿之事业。彼虽未能确知何优何劣。终以众人所以为善者而尽力摹仿之。

克：此辈固如是也。

苏：然则摹仿术之无智识。吾侪已彼此同意矣。盖摹仿只可视为游戏之一种。彼花满辈所著之诗词。不论其格调为何种。总无真实之价值可称。然欤。

克：诚然。

苏：摹仿家所摹仿者。非与真理有三级之隔乎。

克：然。

苏：摹仿当属于何种之能力乎。

克：余不解汝意。

苏：容余解释之。物之见于近者。其形似大。见于远者。其形似小。非欤。

克：然。

苏：物之在水上者。直者为直。然自水中视之。则直者变为曲。凹者变为凸矣。实则物固未尝变化也。其所以能时曲时直者。以人类之目力本有限。而不免为光线作用所迷惑也。实则直者仍直。凹者仍凹。并无有丝毫之魔术在其间也。

克：诚然。

苏：于是有规定之数目度量等。以补人力之不足。此皆极有价值者。盖一有度量数目。则向之似大而似小者。既曲而亦直者。可不解而自明矣。

克：然。

苏：依数目度量而辨物。非即其心中有意识之一部乎。

克：然。

苏：然人于以其意识辨物之时。每指何者为大。何者为小。何者为相等。而同时有自相矛盾之点。而不与度量数目相符者。如顷所云之似大又似小。似曲而又似直之类。

克：诚然。

苏：然吾侪已承认此种矛盾之不可能。盖人对于一物而同时有矛盾之见解。乃理之所无者。

克：此固吾侪所已经申明者。

苏：能以度量数目为准则而辨物。为心之较善之一部。彼不以此为准则者。当为心之较恶之一部。非欤。

克：固无疑也。

苏：此即余所欲得之结断也。图画与一切摹仿之事业。其离真道已远。复就教于心之较恶之一部。此部既不从真实之度量数目。自亦必与真理相背。然则摹仿之无价值无正当之目的。无待言矣。

克：诚然。

苏：换言之。摹仿术无异于一无意识之人。更嫁于一无意识之人。其所生者。自亦必为无意识之人也。

克：此喻诚确切不移。

苏：然此皆对于目所能见之摹仿而言。耳所闻者亦如是乎。余意即图画等外。如人所吟咏之诗歌等。亦可以此例断定之乎。

克：想无不可。

苏：然决不可以约略出之。吾侪当细察诗歌方面之摹仿为何如。人于此端所用之意识。为善的抑为不善的。

克：然。

苏：吾侪可如是云。摹仿者摹仿人之动作。不论其动作为自愿的或不得已的。有动作自必有善或不善之结果。有结果自必有欢乐与悲苦。此数言可包括摹仿二字乎。

克：然。

苏：然人于此数端。果能有贯澈之见解乎。抑亦有自相矛盾之点。而不能有真确合理之见地乎。虽然。余亦无须问此。盖余固知此种自相矛盾之见解。几无人不充满心中。同一物也。同一时也。而人对之竟有自相抵触之见解。

克：此亦余所素悉者。

苏：然。然此外吾侪尚有遗漏而未言者。

克：遗漏者为何。

苏：吾侪岂不云。善人苟不幸而丧其子或其他关切之人。其忍受痛苦之能力。必较常人为甚。

克：然。

苏：彼岂对之而不觉痛苦乎。抑彼非不知痛苦。不过能于其痛苦上。加以节制乎。

克：后者为是。

苏：彼之奋力忍耐其痛苦于众人之前者。是否较其独居时为尤甚。请告余。

克：余意无甚区别。

苏：然彼独居时为痛苦而所有之言语行动。必有自以为可耻而不愿为他人所悉者。

克：诚然。

苏：盖当斯时也。其心中之法律与理由。均勉其忍受痛苦。而情感则令其发挥无已。

克：然。

苏：然人为绝端相反之二道所牵制。一欲其如此。一欲其如彼。其心中由此而生二种之趋向。自无待言矣。

克：然。

苏：一则欲其服从心中之法理。

克：法理欲其何为。

苏：法理告以人能忍受痛苦为最善。暴躁于痛苦无益。且此种痛苦之究为有益或有害。尚在未知。何必以暴躁出之。此世之快乐痛苦。亦无足重轻。人遇痛苦而不能自持。则痛苦时所不可不有之要素。不可得矣。

克：何为痛苦时之要素。

苏：人遇痛苦之事。则当平心静思。其举止行动。当惟理由是从。不可如小儿之于玩物毁坏之后。徒知号哭而不知补救之道。

克：然。此诚处置痛苦之要道也。

苏：识见之高者。能服从理由。此顷已言之矣。

克：然。

苏：识见之低者。徒回忆种种悲苦之情状。使其耿耿于心而不释。此为无理由。无实用。且必使人胆怯。汝以为善欤。

克：诚然。

苏：此与理由相背之道。非能供人以无数摹仿之资料乎。彼有识见而头脑清爽者。自能镇定。不喜摹仿。而亦不喜视他人之所摹仿。彼不愿如他人之群集剧场。以观剧为乐事。盖彼知演剧人之对于其所摹仿者。非有身历之经验可言也。

克：诚然。

苏：由此可知专事摹仿之诗人。实未尝能服其心中高尚之意旨。彼即欲依此意旨而取悦于人。亦非彼才力所及。故彼徒从事于情感之一部。俾可易于摹仿也。

克：汝言甚是。

苏：然则吾侪如以此辈与画家并立。谅无不妥。盖此辈与画家相似之点有二。一为彼二者所产出者。均离真理甚远。一为二者均服从背理之意旨。以此之故。此辈诚不可许其存在完善之国家。盖彼等专以制造影像为能事。不能辨别物之大小。徒知发展人之情感。而损害人之理想。人一经为此辈所摇惑。必一味放纵于情感。不复知有理由。与国政之为恶人所握。致善人日见衰弱。何以异哉。

克：诚然。

苏：然吾侪尚未道及其罪状之至大者。罪状为何。即其诗歌之害及善人是也。凡闻其诗歌而不受损害者。能有几人。此宁非一极大之罪状乎。

克：设其影响果如汝言。则自诚为极大之罪状无疑。

苏：请听余言之。当吾侪闻花满或其同类之诗人之诗。述及一不幸之英雄。如何演讲其悲苦之事迹。如何痛哭而流涕。如何呼天而抢地。则虽吾侪中之最善者。闻之能不大表同情。而赞美此诗人之艺术不止乎。其诗之愈能感动人之感情者。人必对之而愈爱。

克：此必然者。

苏：然试观人苟自遇不幸之事。则又必以能节制悲哀为自豪。彼必强为镇定。强为忍耐。盖彼知惟如是始不愧为男子。顷于诗中所闻者。实为一种妇女之行为。同一人也。其于闻诗中悲苦时之观念。与自身遇悲苦时之观念。其不同也如此。

克：人固大抵如是者。

苏：然则人于悲苦之境。而有诗中之行为者。诚当为吾侪所深恶。而视为不屑效法者。今竟赞美而与之表同情。谓其有理由乎。

克：是何理由之有。

苏：然自一方面观之。人固以此为诚有理由。

克：自何方面而言乎。

苏：人于悲哀之际。每欲一泄其所受之刺激。然又为理由所强制。而不能畅发。及闻他人之可悲之事。则苟非其服从理由之心已坚决不拔。必借之而一泄。盖己之悲苦。蕴蓄已久。一闻相类之事。每不复能操守如故。且彼以为悲他人之所悲。不若悲自身之不幸之可耻。人虽视为不能操守。彼方以为为之而有理。人之能明乎他人之处厄。亦当如己之镇定。己之处厄。亦当如他人之坚忍者。能有几人哉。

克：确哉汝言。

苏：笑之一端。何独不然。嘻笑之中。有汝所视为可耻而不屑为者。然于笑剧登台之时。或家居之际。汝竟闻之而欢悦。未尝以其无理无意而厌弃之。此非与悲哀相同乎。人固莫不有一种好笑之性。然终为理由所制。且恐为人所轻。故每欲发展而不得。然今竟何如。始则以笑剧为可喜。终则自为笑剧中之角色矣。

克：诚然。心中既无理由为之压制。自不至此不止。

苏：即喜怒悲欢。及一切之欲望情欲之于人。莫不皆然。人苟欲增进其道德与快乐。则此种种者。皆当为理由所随时节制而后可。彼摹仿之诗人。非惟不加以约束。且使之势力日增。致理由无立足之地。

克：证诸事实。固如是也。

苏：故汝苟闻崇拜花满辈者。谓彼等诚为教育希腊人之人。其所倡言于诗中者。皆为大有益于人类。而人当三复其言。而奉为处世之教训者。则汝亦当敬爱作此言之人。以作此言者。非不良之人。其所以有如是之论调者。其智识使然耳。且吾侪亦当认花满为此中之巨擘而诚可爱者。惟同时吾侪当坚拒此种诗歌之入人心。入人国。盖此种惑人之物。无论其为何种体格。一经入内。则治理人心与人国者。不复为法津与理由。乃为快乐与悲苦矣。

克：余亦云然。

苏：吾侪既申明此种诗歌之害。则当始终以此为拒绝此种艺术之理由。而不稍懈。然犹恐彼之以草率从事为责我之口实。则当委婉告以吾侪之所以有如是之举动者。以哲理与诗歌。自古有两不相能之势。诗歌中之可引以证明此端者。不胜枚举。如“猎犬向主吠”。“雄辩岂为才”等是也。吾侪并当以善言慰之。告其设一旦而竟能证明彼等诚有益于人类。则吾侪欢迎之不暇。决不无故而不纳。盖吾侪非不知其美者。今不过以保存真理之故。不得不暂时抛弃之。克拉根乎。花满之艺之美而足以动人。想固汝所深知。汝之见惑于彼。想亦不下于余。其然欤。

克：诚然。余固爱之甚深。

苏：然则吾侪岂不当许其有回复之一日。然须其于诗歌上能确尽改良。而不背于真理方可。

克：然。

苏：崇拜花满者。吾侪亦当许以自新之机会。果自能新。则彼等虽不能诗。亦可以寻常之散文。申明花满之何以不徒为可爱而亦为有益于人类。使其说而确。则吾侪亦何乐而不欢迎之哉。

克：诚然。

苏：设不能有此明白之辩护。则吾侪心虽爱之。仍当严密拒之。当如人之见所好之物。知取之非议。而强自抑制。吾侪生长此国。花满之可爱之点。自幼深印脑中。故于听其辩护之际。当谨记非彼之著作能合真理。不可稍为宽容。惟如是。或者可免如小儿之为甘言所摇惑也。至于吾侪之所以必如是之谨慎而严厉者。固已言之屡矣。无非为此种诗歌之不合真理。足以害及人心耳。

克：余亦同意。

苏：吾侪之决斗。至此可谓烈矣。盖此为成善成恶之关键也。欲不为荣誉。不为权利。不为金钱。而又不为诗歌之刺激所摇动。而能始终不忘公道与善德。岂易事哉。

克：汝言甚是。且余知他人之亦必表同意于汝言也。

苏：然吾侪尚未有一语道及善德所当得最大之酬报。

克：将更大于以上所道及者乎。设然。则诚不可思议矣。

苏：于人生短促之时间中。安能有极大之酬报。人生七十载。岂能得与永久之时间相较。

克：然。

苏：物之永久不灭者。将斤斤于短促之光阴。抑将以永久之酬报为虑耶。

克：是必重视永久者。

苏：汝知人之性灵为永久不灭的乎。

克（瞠目视苏）：否否、汝竟有如是之主张乎。

苏：然。此余所应主张者。且汝亦应有此主张。欲证明其所以然。亦甚易易。

克：余意非易事。然汝既不以为难。请详言之。

苏：然则容余一言。物有汝所以为善者。亦有汝所以为恶者。然欤。

克：然。

苏：具腐败与毁灭之性质者为恶。具保存与改良之性质者为善。非欤。

克：然。

苏：凡物皆有一善的性质与恶的性质。想亦汝所承认者。如盲为目之恶。亦为人体质上疾病之一。麦之腐。木之朽。铜铁之锈。皆恶也。故不论何物。皆有一连带之病或恶。汝以为然欤。

克：然。

苏：凡物之经此恶与病之侵害。则物亦成为恶。而终则由此消灭而死亡。

克：然。

苏：然则恶之与一物连带之关系。即毁灭该物。设物不能为其恶所毁。则该物无复毁之者。盖善固不能毁物。不善而亦不恶亦不能毁灭一物也。

克：诚然。

苏：然则设有一物。虽能为其连带之恶所损害。而不为其毁灭者。非为物之终无消灭之日者乎。

克：然。

苏：汝知有能损害人性灵之恶乎。

克：诚有。且甚多也。如顷间所道及之不公道、不勇敢、无节制、无智识等皆是也。

苏：此皆能毁灭人之性灵者乎。吾侪不可以不公道者之为人察破。由其多行不义而灭亡。而遂以此为毁灭性灵之恶物也。汝设有如是之观念则大误矣。请再以身体论。与身体连带之恶。即身体上之疾病。而能逐渐损害之而使之竟至死亡。顷所云之种种如铜铁等亦皆各有其连带之恶。而能使之由损害而至于消灭。汝以为善欤。

克：然。

苏：然后再观性灵为何如。性灵中所有之不公道与其他之恶。能由渐而毁灭性灵欤。能以其与性灵接触之近。而竟能置性灵于死地乎。

克：是诚不能。

苏：故人苟谓物不为其本身之恶所毁灭。而能为外入之恶所毁灭。诚不通之论也。盖不公道等诸恶。皆非性灵本身之恶也。

克：是诚不通。

苏：不观夫食品乎。食品之污浊与腐烂。固可谓食品之恶。然不可以人需食品。而遂以污浊腐烂之食品为毁灭人身之具也。设于人既进此食品之后其污浊与腐烂。使人疾病而死。则使其如是者。仍非食物之恶。乃身体本身之恶。而食品之恶能毁灭身体。则吾侪所万万不能承认者。

克：诚然。

苏：即以此理推之。则性灵之不能为外入之恶所毁灭。不能以身体方面之恶而灭亡。可不言而喻矣。

克：然。

苏：然则果有人谓性灵或他物。能不为其本身之恶所消灭。而能因他物之恶而灭亡。吾侪当毅然否认之。即不否认。吾侪终不可谓疾病或自戕。竟能灭人性灵。人虽分身万段。性灵终不因之而灭亡。苟非性灵因身体上之疾病而固能日趋于恶。则此说终无成立之理。

克：然。性灵岂有因疾病而变恶之理。

苏：然彼不肯承认性灵不灭者。必公然否认吾侪之主张。彼必谓身体之死亡。固能使性灵更为不义。更为不公道。此说而确。则性灵之因不公道而亡。犹诸身体之以疾病而亡。而不公道诚为行不义者之致死之道矣。如是之死。则与多行不义而为人处死之死又不可同日语也。非欤。

克：是诚不同。不特此也。使不公道而果为处死行不公道者之具。则人亦无须见之而生畏心。盖处死即救之出恶之道。然余不敢信此言之确。以余视之。可信者适为其言之反面也。盖不公道而有权。能杀人。能使杀人者不死。彼且能善自保身。远离险地。

苏：汝言甚善。然则性灵中固有之恶。且不能使性灵灭亡。则他物所有之恶。岂能使之损害而灭亡乎。

克：然。

苏：然此非性灵不灭之明证乎。

克：然。

苏：然尚有一说。亦吾侪所万不可信者。盖此说亦无充足之理由。即性灵之性质为复杂的。而又各各不同的。

克：汝意云何。

苏：余意谓性灵既为不灭之物。则其结构必最完美而非复杂之分子所成者。汝明余意乎。

克：明矣。且深以汝言为然。

苏：吾侪对此性灵不灭之一端。言之已详。凡可以引之而证明此说者。亦无须一一尽述之。然欲得见性灵之真相。亦非易事。盖已久为身体上或他物之恶所遮掩。欲一见之。非用极锐之目光。以理由为前导不可。盖惟如是。彼之真色能得熟视而无隐。且公道与不公道之真相。同时亦可大显。今常人所得见之性灵。犹诸海神克拉之像。其像之本身为蔓草所蔽。其身之四肢。已久为时代所磨灭。其像之基础。已为海草与蛤类所围绕。欲一望而即见。岂可得乎。人之性灵亦然。已久为千百外恶所掩蔽。吾侪而果欲一见。不当分外努力乎。

克：诚然。然究以何法见之。

苏：吾侪当观其对于智识之爱心。当细察其此种爱心之作用。与与其联络亲密之诸善德。并当试思其苟能始终由此爱心而进行。以一切永久不灭之善德为辅佐。则自必能脱离今日之苦海。可不致如彼神像之为外物所掩隐也。吾侪于此可一见其真面目。可一悉其真性情。并可知其究有复杂之分子与否。至今之遮掩性灵而使其真相隐匿之诸恶。则前已言之详矣。可不必复述。

克：诚然。

苏：然则吾侪所当言者。已尽言之矣。尚未论及者。即公道之酬报。此即汝所谓花满黑西均曾详论之者。然余以为公道已为性灵上最好之酬报。故无论人有否及奇之约指。总当以行公道为是。

克：诚然。

苏：余意吾侪不妨试述公道与其他善德所得之酬报。究何等多大。而此多大之酬报。皆得之于神人。得之于生前死后。

克：述之固无妨也。

苏：然则汝前所假定者。今可取消矣。

克：假定者为何。

苏：当讨论之初。汝未尝假定不公道者有公道之貌似。而公道者有不公道之貌似乎。汝所以有此种假定者。以为事实上公道与不公道。虽不能逃神人之目。然欲辨别真公道与真不公道。非有如是之假定不可。汝尚能记忆乎。

克：此固未之忘也。

苏：今者审判既终。余当为公道请求。凡神人所与之荣誉及一切本属于彼之报酬。今当一一归还之。盖今者彼已证明其能至真理。证明其不欺亦不负人之以彼为引导者。故彼所当得之报酬。皆当悉数恢复之。俾彼可有战胜之光荣也。

克：汝之要求。自甚公道。

苏：所当归还之第一件。即公道与不公道者之真性。此二者天固知之。

克：然。

苏：设二者均为天所深悉。则必一为天之友。一为天之敌。非欤。

克：此必然者。

苏：为天之友者。其所得于天者。除因宿罪而当得之恶果外。必皆物之最善而最美者。

克：然。

苏：然则公道者虽贫困。虽或有疾病。有患难。其疾病患难等。实皆有益于彼之生前或死后。盖人之行公道而欲其行为如天者。天必助之。

克：诚然。人之能以天为表率者。天不弃之。

苏：彼不公道之结果。不适与之相反乎。

克：此无待言矣。

苏：然则天固以胜利付公道者矣。非欤。

克：然。

苏：彼等所得于人者为何如。狡狯之不公道者。宛如赛跑失败之人。始则疾行如飞。超越众人。终则力竭气嘶。窘态毕露。岂能望其达目的而得奖品。彼真善跑者。能终其事而不懈。故能得最后之胜利。公道者亦然。彼有坚忍不拔之志。而终其身不为事物所影响。故终能得莫大之酬报。

克：然。

苏：凡汝前者所视为不公道者之幸福。余今当尽归公道者矣。幸福为何。即如年长后如愿出而治国。即可治之。欲娶何人。即可娶之。欲从何人。即可从之等是也。不公道者。虽大多数于其幼时。未为人觉察。然及其老也。未有不为国人与外人所同一贱视。甚致为人击扑者有之。为人惨杀者有之。凡汝前者所视为公道者之厄运。彼等皆身受之。汝以为然欤。

克：汝言诚是。

苏：此为天与人所赐与公道者今世之大酬报也。至公道本身所有之酬报。尚不在内。

克：然。且此种酬报。诚皆正当而可持者。

苏：然尚不能以其于死后所得者相较。盖其死后所得者。实远胜此一切也。余当为汝详述之。俾吾侪对于公道与不公道之问题。可有一澈底之解决。幸汝静听之。

克：此为余所最爱听者。

苏：余当以一故事告汝。然此非如哀而雪诺故事之简短者。此为一大英雄安之事迹。安为屋梅牛之子。而生于丕弗楼者。其人没于战事。没后越十日。其家人得其尸而舁之归。将营葬之。其时尸固尚未溃烂也。至第十二日当其身在葬地时。忽复回生。而以其此十二日中之所见所闻。告其家人。彼谓当魂离躯体后。经一极远之路程。而同行者颇不乏人。继抵一极奇妙之所。见地上有二孔。相距甚近。而天上亦有二孔。与地上之孔。遥遥相对。于此天地之中间。有审判官在。凡人一经审判之后。公道者则自右升天。不公道者自左降地。各人所得之判决书与其生前之行为。皆一一判明于各人之背上。及安行稍近。审判者即授以传递消息于彼世之职。命其遍观上下。俾可于回生时。有详细之报告饷人。于是彼见人之入右边之天孔者。与左边之地孔者。纷纷扰扰。此皆初经审判者。同时见有自右边之地孔而上者。皆形容憔悴。若曾经非常之劳苦者。亦有自左边之天孔而下者。其人皆容貌洁净。面呈愉快之色。而两方面之人。皆形似从远道而来。今皆欣欣然同赴一草场。扎营小住。如渡盛节状。其中之素所相识者。相见之下。自必各诉阔别之情。来自地下者。叩问天上之情形。来自天上者。亦乐闻地下之状态。地下者于述其一千年来（其在地适一千年）所历之种种困苦时。每涕泗交流。惨不忍闻。而天上者之述其于天上所遇之一切快乐。令人闻之而兴羡。惟欲余尽言之。觉太费事。简言之。凡人在此世有一罪。于彼世当受十倍之罚。换言之。即每百年受罚一次。盖彼世以百年为人生一世。人死后当居地下千年。受罚十次。故云十倍受罚。设有人于生前残害多人性命。或破家卖国。或有其他相类之行为。则每项皆须受十倍之罚。使其人而公道而勇敢。则其所受之酬报。亦每项十倍之。彼小儿之生而幼殇者可不论。凡罪孽中之亵渎神圣。虐待父母。与残杀他人者。其所得之罚较寻常为尤大。彼（安）谓彼曾目睹彼处有人问曰。“哀提在何处。”(哀提生于安之前一千年。其人曾为丕弗楼之专制君。曾弑父弑兄。并犯无数大罪。)应之者曰。“彼未来此。彼亦终不能来此也。”此后彼更见一极可怕之景像如下。当彼已遍视四周。将出洞口之时。哀提与许多同行之人忽然出现。其同行者大半为专制暴虐之君。其余为曾犯相类之罪恶者。此辈亦正准备出洞。不意甫至洞口。洞口忽发狂吼。禁其出洞。以彼等尚未足受相当之刑罚也。狂吼甫已。即有狰狞可怕之人。应声而至。缚其手足。牵之出。投之于地而鞭扑之。置其身于荆棘芒刺之中而拖曳之。复以其生前之行为告之路人。终则尽投之于地狱之中。安谓彼等所见诸事之中。此为最可怕者。以彼等当时亦将抵洞口。万一巨声一发。则必遇与哀提辈同等之厄运矣。故出洞时心中彼等无不惴惴。及出外皆庆己之幸免也。以上所述。皆为罪恶之报偿。至善德所受之酬报。其度量与之相等。在草场者小住七日。至第八日不得不依程而行。行后之第四日。彼等又抵一处。该处得见光线一。其直如柱。贯澈大地。其色如虹。惟较虹更明而更清澈。又一日竟至此光之中。得见自天下垂之光线。其形如练。亦如舟之横梁。此即系此世界于天界者。“需要”之纺竿。即系于此线之二端。世界循环之道。皆环绕此竿而行。竿之尖与钩。皆为钢质。而其螺环或涡卷则为铜与他质所成。螺环之形。与世间所用者无异。其结构彷彿如一中空而凹之大螺环。其中以相似之较小者实之。此较小者之中。又如之。如是者共有八。与器皿之成套者同。各环之边皆于上端可见。下端之边。则高低相同。成一平面。其中心则贯以顷所云之纺竿。其在外之第一环之边为最阔。在内之七环之边皆较狭。其比例如下。第六者较狭于第一者。第四者较狭于第六者。其次为第八者与第七者。第五者为第六。第三者为第七。第二者为第八。其最大者（或恒星）有复杂之色。第七者（或日）为最光明。第八者（或月）受第七者之反光。第二与第五（土星与水星）有相似之色。惟较以上数者为稍黄。第三者（金星）色最白。第四者（火星）色稍红。第五者（木星）色微白。当全体旋转之时。其在内之七环。向另一方向而旋转。而此七环中之旋转之最疾者。当为第八者。其次为第七者、第六者、与第五者。盖此三者为联结而动者。再其次为第四者。第四者之下为第三者。而末为第二者。此纺竿旋转于“需要”之膝。而在每环之上半边。皆有一惑人之女神。口唱歌曲。与诸环一同旋转。旋转之际。八环上之女神。同声唱和。此外更有三神。各居于位。其相距之远近皆相等。此三者为“命运”。即“需要”之女也。一为赖急西。一为克洛沙。一为哀出洛伯。皆身穿白色长袍。头冠花圈。同与海女唱和。赖急西唱已过之事。克洛沙唱现在者。哀出洛伯唱未来者。克洛沙于唱时。时以右手触螺环之外圈。哀出洛伯时以左手指导螺环之内圈。而赖急西则以左右二手触外圈与内圈。安等到此后。当先至赖急西处。是时即有一传意之人出。彼先以安等排列成行。然后自赖急西之膝下取阄与各种生活之模范。置于安等之前。已则登一甚高之讲台。宣言曰。“请听‘需要’之女赖急西之言。汝等暂时之人。请观此处更有一暂时之新生活在。汝等之命运。非由天定。乃汝等所自择。拈阄得第一号者。当首先自择命运。余可依号轮值。其所择者即为其来世一生之境遇。善德亦汝等所可自择者。来世善德之多少。即以今之爱恶善恶为比例。此皆由汝自决。与天无涉也。”此人言既毕。即以阄散置于众人之前。每人择其最便者而拾之。展视其号目。惟安则未拾。(以不为传意者所许。)然后传意者以各种生活之模范。置于地上。模范之数。较诸在场之人数为多。模范之种类。无奇不备。内有各种动物之生活。与各种人类之生活。及各种动物人类之生活。而在各种不同之境地者。其中专制君之生活亦皆完备。毕生专制者有之。至半途而失败而变为极端穷困者亦有之。享大名者之生活。种类亦颇复杂。有以容貌武力而得盛名者。有以功绩与阅阀而为后世所称道者。即行为与此数端相反而骂名后世者。亦无不备。此外妇人之各种生活。亦无不一一备具。而与各种命运所带连者。为金钱上之贫富。与身体之强弱。有与贫弱连带者。有与富强连带者。又有富强同属于一生活者。亦有在强弱之中间者。克拉根乎。此为人类最险之境。不可不万分注意。人当暂弃其一切学问。而专注于此。以求得明善恶之别。设己无此能力。则当求他人之指导。俾于自择命运时。可择得较善之生活也。人当以以上所述之各项。一一详细研究之。须明白各项之于善德之影响为何。当知每一种之生活。与贫富有何关系。与出身之贵贱有何关系。其强弱。其愚敏。其在野与在朝。均有何种之关系。及此种种者。既皆明白无遗。性灵之真性。亦已了解。则人自能断定何者为较善的。何者为较恶的。至自择之时。可不复自误。凡生活之能使其性灵趋于不公道者。则名之以恶。凡能使其性灵更公道者。则名之以善。其他皆非彼所计及。盖吾侪已知此种生活。实为最善。不论生时死后。皆当择之。且人于离此世时。对于真理。当抱一坚持不拔之信心。俾可于人彼世后。仍不为利禄所动。不为君权所惑。而致作恶多端以自害也。简言之。不论生时死后。人总当自择较善者。盖此为得幸福惟一之道也。当众人各自选择之先。传意者又曰。“即汝中之最后选择者。苟能审慎出之。亦能得一快乐之生活于来世。故先择者不可草率。后择者无须懊恼。”其言既毕。首选者即选一最专制之君之模范。盖此人已为专制君所具之暴行肉欲所惑。彼未尝于选择之先。悉心思考。亦未见及其将来之必有自残其骨肉之一日。及其既选之后。稍加思索。顿觉其命运之可悲。于是搥胸痛哭。怨怒并兴。盖传意者所谓选择由己。而不能尤天之语。彼已忘之矣。此人来自天上。其前生为一善国之人。而其德行则出于习惯而非由理想而来者。然类此者不独彼一人。凡如是选择者。大半来自天上。而未经实地之试验者。彼来自地下者。已饱受各种痛苦。选择之际。决不敢再草率从事。以此之故。善者与恶者之生活。每互相交换。安又谓人惟能于生时。埋头于哲理。而其轮值选择时。能幸而不在最后之列。则非惟于此世能得幸福。即至彼世时。其所历之道路。皆平坦而通天。且彼谓事之最可异最可笑又最可怜者。莫如此种选择。盖此种选择。皆以前生之所遇为根据。彼曾见沃非之灵。自择为一天鹅。其故以彼前生为妇人所害。不愿更择为人而为妇人所生也。彼并见塞满拉之灵。自择为一夜莺。飞鸟之中。如天鹅夜莺等。亦有自择为人类者。彼见拈得第二十号之阄者。自择为一雄狮。继见此即阿及克之灵。彼以前生遭遇之不平。故亦不愿复为人类。其次为哀克孟纳。彼择为一鹰。其意与阿及克略同。选择将至半。见阿脱来思太至。彼素慕大运动家之名。遂自选为一运动家。又见潘诺贝之子哀毕。自择为一有绝艺之妇人。再其次见滑稽家算塞。自择为猴。最后为屋笛散。彼于前生之事业与野心。已觉厌倦。故详细选择。欲得一身无责任之闲散人。此种生活为当时众人所忽。而彼亦半晌而始得之。彼得之甚喜。并云、彼即为首选之人。亦必选此。简言之。不独人变为畜。畜变为人。畜之驯者有变为悍者。悍者有变为驯者。人之善者有变为恶者。恶者亦有变为善者。此无须一一详述也。迨选择皆毕。各依其拈阄之次序而至赖急西之前。赖急西即依各人所自择之生活。一一与以相当之命运。其来世之前程。皆于此定。于是各人所得之新命运。引各人先至克洛沙之前。而置之于克洛沙所手触之螺环中。各人之命运。皆经克洛沙亲自核准。此手续既毕。然后再至哀出洛伯处。彼之职务。为使各人之命运。至人世后不能有所更改。自哀出洛伯处出。则不复循旧路而回。竟由"需须"之高位之下而出。于盛暑之中。行至"忘记"平原。该处为一荒废之地。无草无木。至晚小驻于"不留意"河畔。此河之水。非器皿可盛。至此者皆须饮河水若干。而智识薄弱者。当较他人饮更多。然一饮之后。前事尽忘。迨彼等于夜间休息之际。雷电交作。以彼等分布于人间而使之生。其分布之状。宛如流星之四射。惟安一人。则未经许其饮水。至彼之如何复生。彼亦不自知。彼惟知于晨间醒时。自见身卧为葬地耳。此故事流传至今而未亡。使吾侪果能信其言而服从之。则吾侪亦可以流传而不灭。吾侪可稳渡"忘记"河。而性灵不为所污。故余意吾侪当谨依天道而行。以公道与善德为标准。当知性灵为永久不灭的。而有忍受诸善与诸恶之能力的。盖惟如是。吾侪可于处今世之时。可于来世如得胜者受奖之时。均为神人所共爱。惟如是吾侪于现在。于顷所述之将来之一千年中。均能有安乐之生活也。

图书在版编目（CIP）数据

理想国 /（古希腊）柏拉图著；吴献书译. —南京：译林出版社，2014.7
（汉译经典）
ISBN 978-7-5447-4785-1

Ⅰ.①理… Ⅱ.①柏… ②吴… Ⅲ.①古希腊罗马哲学 Ⅳ.①B502.232

中国版本图书馆CIP数据核字（2014）第117996号

书　　名 理想国
作　　者 〔古希腊〕柏拉图
译　　者 吴献书
责任编辑 王振华
特约编辑 郭挚英
出版发行 凤凰出版传媒股份有限公司
译林出版社
出版社地址 南京市湖南路1号A楼，邮编：210009
电子信箱 yilin@yilin.com
出版社网址 http://www.yilin.com
印　　刷 泰安市恒彩印务有限公司
开　　本 640×960毫米　1/16
印　　张 21
字　　数 242千字
版　　次 2014年7月第1版　2023年10月第6次印刷
书　　号 ISBN 978-7-5447-4785-1
定　　价 50.00元